EINGEBOREN

Sayed Kashua

EINGEBOREN

Mein israelisch-palästinensisches Leben
Kolumnen aus den Jahren 2006–2014

Aus dem Hebräischen
von Mirjam Pressler

BERLIN VERLAG

Mehr über unsere Autoren und Bücher: www.berlinverlag.de

MIX
Papier aus verantwortungsvollen Quellen
FSC® C083411

ISBN 978-3-8270-1316-3
Die Originalausgabe erschien 2015 unter dem Titel
Ben Haaretz bei Keter Publishing, Jerusalem

Umschlaggestaltung: ZERO Werbeagentur, München
Typografie: Birgit Thiel
Gesetzt aus der Garamond MT und der AG Buch von Fagott, Ffm
Druck & Bindung: CPI books GmbH, Leck
Printed in Germany

Inhalt

Vorwort

Als ich vor über zehn Jahren anfing, eine wöchentliche Kolumne für die Zeitung *Haaretz* zu schreiben, lebte ich noch in Beit Safafa, mit meiner Frau und meiner ältesten Tochter. Inzwischen wurden mir zwei weitere Kinder geboren und ich zog aus dem Ostteil Jerusalems in den Westteil, die Verwaltungen wechselten, Kriege brachen aus, beruhigten sich und flammten wieder auf, und ich fuhr fort, jede Woche eine Kolumne zu schreiben.

Eine wöchentliche Kolumne zu schreiben kann ein wahrer Albtraum sein. Es gab Tage, an denen ich durch die Straßen Jerusalems streifte und immer wieder laut die Frage wiederholte: »Worüber soll ich diese Woche bloß schreiben?« Wenn ich das Gefühl hatte, die Kolumne sei nicht gut, oder wenn ich keine Ahnung hatte, was ich schreiben sollte, wurde ich depressiv. Wenn ich wusste, dass ich etwas Gutes geschrieben hatte, war ich glücklich, selbst wenn es sich um das Thema Raketenabschüsse handelte.

Das Verfassen der Kolumne bedeutete das Leben für mich. Wenn ich der Redaktion meinen Text geschickt hatte, dachte ich sofort an den nächsten. Ich suchte weder einen Gedanken noch eine Idee, sondern ein Gefühl. Meine Methode bestand darin, über das zu schreiben, was mich in der vergangenen Woche am meisten angeregt hatte. Ich prüfte meine Empfindungen, wog Angst, Schmerz, Hoffnung, Sehnsucht, Zorn oder Freude ab – und nahm mir vor, meinen Lesern diese Gefühle durch kleine Geschichten zu vermitteln. Ich versuchte, aufrichtig zu sein, die Wahrheit zu erzählen, so wie ich sie verstand, obwohl die Kolumnen zuweilen absolut fiktiv waren.

Im Lauf dieser zehn Jahre habe ich über fast alle Menschen geschrieben, die ich kenne, und mir sind nur sehr wenige Freunde geblieben. Die Menschen meiner Umgebung entfernten sich entweder von mir oder schwiegen, wenn ich anwesend war, weil sie fürchteten, alles, was sie sagten, würde in der Zeitung erscheinen. Ich habe in diesen Jahren meiner Frau und den Mitgliedern meiner Familie das Leben schwer gemacht. Wenn ich glaubte, eine gute Geschichte schreiben zu können, nutzte ich sie hemmungslos aus.

Ich glaube, ich versuchte vor allem, die Realität mithilfe von Wörtern zu überleben. Ordnung in das Durcheinander zu bringen und eine innere Logik in den Dingen zu finden, die mich umgaben und die ich erlebte. Mit meinen Texten konnte ich mich entschuldigen, ich konnte schreien, Angst ausdrücken, flehen, lieben und hassen – doch vor allem konnte ich die Hoffnung nähren, mein Leben etwas erträglicher zu gestalten. Deshalb fuhr ich fort, meine Kolumnen zu schreiben, solange es noch Hoffnung gab, dass am Schluss alles in Ordnung kommen würde, dass nichts anderes nötig wäre, als das Leben in Geschichten zu erzählen – und ein Happy End zu erfinden.

Sayed Kashua
April 2015

Erster Teil

IHR WURDET GEWARNT
2006–2007

Ihr wurdet gewarnt

An den Redakteur der Wochenendbeilage von *Haaretz*
Betrifft: Kolumne von Sayed Kashua

Sehr geehrter Herr,

es ist nicht das erste Mal, dass ich einen Brief an eine Redaktion schreibe, für die mein Mann arbeitet, der unter dem Namen Sayed Kashua bekannt ist. Auch dieser Brief ist, wie seine Vorgänger, eine offizielle Warnung. Sollte meinem Verlangen nicht stattgegeben werden, habe ich keine andere Wahl, als gerichtliche Schritte einzuleiten.

Ihr Journalist, mein Mann, ist ein chronischer Lügner, ein Schwätzer und Angeber, der seinen Lebensunterhalt zu meinem Leidwesen durch Verdrehungen der Wahrheit verdient. Es erstaunt mich, dass eine angesehene Zeitung wie *Haaretz* bereitwillig die verderblichen Worte meines Mannes veröffentlicht, ohne sich die Mühe zu machen, die publizierten Texte auf ihren Wahrheitsgehalt zu prüfen. Warum gibt es nicht einmal ansatzweise ein kluges Lektorat, das dafür Sorge trägt, dass es in der Kolumne Ihres Schreiberlings keine üble Nachrede und Verleumdung gibt?

Die Rechtsanwaltskanzlei, mit der ich mich in Verbindung gesetzt habe, versicherte mir, dass neunzig Prozent seiner in Ihrer Zeitung veröffentlichten Kolumnen Anlass zu einer erfolgreichen Klage bieten. Bisher habe ich davon abgesehen, weil ich nicht so geldgierig bin wie mein Mann, Ihr Journalist, der im Übermaß und ohne jeden Zweifel bewiesen hat, dass er sich, um seinen Lebensunterhalt zu verdienen, für kein Mittel zu schade ist. Die Handlungen meines Mannes erstaunen mich nicht, schließlich kenne ich seinen Charakter sehr gut. Doch es verwundert mich, dass die vielen angesehenen Redakteure Ihrer Zeitung den Ernst der Lage nicht erkennen.

Als Bedingung dafür, dass ich nicht den Weg vor Gericht einschlage, verlange ich von Ihrer geachteten Zeitung, eine klare Entschuldigung zu veröffentlichen, und zwar an einer ebenso prominenten Stelle, wie Sie sie Ihrem unmoralischen Schreiberling zugestehen. Die Leser Ihrer Zeitung müssen ohne jeden Zweifel verstehen, dass das Bild seines Familienlebens, das mein Mann beschreibt, eine grobe Lüge ist und mit der Realität nichts zu tun hat.

In seiner Frechheit und mit Ihrer Unterstützung zeichnet mein Mann fast jede Woche ein ungeheuerliches Bild, in dem ich meist eine tragende Rolle spiele. Diese Übergriffe müssen aufhören, und weil es keine Methode gibt, mit diesem Geisteskranken in Verbindung zu treten, der in meinem Haus wohnt, wende ich mich an Sie als die einzig Verantwortlichen, um diesen gemeinen Verleumdungen ein Ende zu bereiten.

Mein Mann, wie seine Leser wissen, leidet unter einem ernsthaften Suchtproblem, und ich meine dabei nicht Alkohol und andere Drogen, sondern seine Abhängigkeit von Lügen, die zu einem untrennbaren Bestandteil seines Alltagslebens geworden sind.

In seiner letzten Kolumne hat mein Mann neue Höhen erreicht, als er mich als zornige, nervöse Frau beschrieb, die sich nach seinem Tod sehnt und Sätze sagt wie: »Ich wünschte, die Würmer würden deine Lungen auffressen«, ein Satz, den ich natürlich nie ausgesprochen habe, er ist ein Produkt seines fiebrigen Gehirns, seiner Albtraumphantasien. Ganz zu schweigen von anderen Beschimpfungen, die mein Mann im Munde führt und die man hier lieber verschweigen sollte, um die Gefühle der Allgemeinheit nicht zu verletzen. Es ist überhaupt erstaunlich, dass mein Mann beim Schreiben Schimpfwörter als Stilmittel verwendet. Es entsteht zwangsläufig der Eindruck, als würden Ihre Redakteure angesichts der Schimpfwörter, die mein Mann in seinen Kolumnen regelmäßig benutzt, nicht mit der Wimper zucken.

Die Art und Weise, wie er mich in seinen Texten beschreibt, bereitet mir großen Kummer. Ich fühle mich gegen meinen Willen dazu gezwungen, Erklärungen im Kreis meiner Bekannten abzugeben, bei der Arbeit, gegenüber den Nachbarn und der Familie. Solange ich das Ziel seiner Pfeile war, biss ich die Zähne zusammen und beherrschte mich, um den häuslichen Frieden zu wahren. Aber in letzter Zeit wirkt sich das Verhalten meines Mannes auch auf unsere Kinder aus. Am letzten Purimfest traten mir Tränen in die Augen, als eine der Mütter wissen wollte, ob es stimme, dass meine Mutter, die von Ihrem Schreiberling als »meine Schwiegermutter« bezeichnet wird, wirklich eine solche Hexe sei, deren einziges Ziel es sei, mich und meinen Mann auseinanderzubringen.

Ich verstehe nicht, warum Familienangelegenheiten, egal ob wahr oder nicht, in Zeitungen verhandelt werden müssen, besonders nicht, wenn es sich um *Haaretz* handelt. Übrigens möchte ich Ihnen bei dieser Gelegenheit mitteilen, dass auch ich mein Abonnement gekündigt habe, und ich fordere jeden mit ein bisschen Verstand im Kopf auf, es mir und den vielen anderen gleichzutun, die nicht bereit sind, solchen Schund in ihr Haus dringen zu lassen.

Ich gehöre nicht zu den Menschen, die Familienklatsch in die Öffentlichkeit tragen, aber im vorliegenden Fall und nach den Erfahrungen der Vergangenheit weiß ich genau, dass dies der einzige Weg ist, die niederträchtigen Verleumdungen Ihres Journalisten zu unterbinden: Ich hoffe sehr, dass Sie dem Beispiel der Zeitungen folgen, die meine offiziellen Warnungen ernst nahmen, indem sie, wie ich es wünschte, meinen Mann auf der Stelle entließen.

Die Leserschaft muss wissen, dass mein Mann, und ich spreche hier aus meiner langjährigen Erfahrung als Krankenschwester einer psychiatrischen Klinik, an etlichen Persönlichkeitsstörungen leidet, in Fachkreisen würde man ihn als Borderliner bezeichnen, als eine Person mit verschiedenen Verhaltensauffälligkeiten, von denen die vielleicht schlimmsten paranoide Störungen, Wahnvorstellungen und schwere narzisstische Störungen sind. Die Leserschaft muss erfahren, dass mein Mann unter immer wiederkehrenden Wahnvorstellungen der Stufe 4 auf einer Skala von 1 bis 5 leidet, Wahnvorstellungen, die mit zunehmendem Alter schlimmer werden.

Ein kleines Beispiel unter vielen, nur um zu erklären, um was es sich hier handelt: Seit einiger Zeit ist mein Mann davon überzeugt, ein aschkenasischer Jude zu sein, mit polnischer Herkunft beider Elternteile, die bis heute in Tira leben, Holocaust-Überlebende, die 1945 illegal mit einem Schiff eingewandert wären. Mein Mann, verehrte Redakteure und Leser, Ihr Schreiberling, läuft neuerdings in den Straßen Beit Safafas herum und erzählt den Passanten, er wäre der einzige Aschkenasi im Dorf. Wenn er danach gefragt wird, gibt er als seine Adresse Beit Zefafa an.

Es erfüllt mich mit Bedauern, dass ich in diese Verleumdungen hineingezogen wurde. Angesichts der immer schlimmer werdenden Lage bleibt mir keine Wahl, als mich bei den Lesern zu entschuldigen.

Hochachtungsvoll
Sayed Kashuas Frau

PS: Bitte veröffentlichen Sie meinen Brief ohne Namensangabe.

7. April 2006

Himmelfahrt

»Was hast du heute vor?«, fragte meine Frau, als ich aufwachte.

»Was soll das heißen?«, antwortete ich erstaunt. »Ich werde versuchen zu arbeiten, wie immer.«

»Sag nicht, dass du es vergessen hast.«

»Was?«

»Ich glaube es nicht. Seit einer Woche sage ich dir, dass unsere Tochter heute keinen Kindergarten hat. Du hörst überhaupt nicht zu. Weißt du, wie oft ich dir das gesagt habe?«

»Wieso hat sie keinen Kindergarten, was ist heute für ein Tag?«

»Keine Ahnung, in der Ankündigung des Kindergartens stand ›Fest der Himmelfahrt‹.«

Sie übertreiben wirklich ein bisschen, dachte ich. Der Wunsch, alle Religionen zu respektieren, ist erfüllt, beide Sprachen, beide Narrative. Das alles finde ich richtig, trotz der unzähligen schulfreien Tage in der Schule. Aber eine Himmelfahrt?

»Papa«, mischte sich unsere Tochter ein, »die Erzieherin hat gesagt, das ist der Tag, an dem Jesus zum Himmel aufgefahren ist.«

»Ach ja?« Ich beruhigte mich. »Das muss man feiern.«

Gut, ich hatte schon länger keine Zeit mehr mit meiner Tochter verbracht, und das Fest der Himmelfahrt könnte eine wunderbare Möglichkeit sein, etwas zusammen zu unternehmen. »Wir machen uns einen schönen Tag«, sagte ich zu ihr. »Wir werden die Himmelfahrt feiern, wie es sich gehört.«

Wir fuhren gemeinsam los, brachten zuerst das Baby in die Krippe, die Gott sei Dank nicht zweisprachig oder sonst etwas Doppeltes ist und in der man die Feste nach dem muslimischen Kalender feiert, dann setzten wir meine Frau bei der Arbeit ab.

»Hast du Hunger?«, fragte ich meine Tochter, als wir allein im Auto waren, und fuhr zum Restaurant des Botanischen Gartens in Givat Ram. »Siehst du«, erklärte ich dem Mädchen voller Stolz auf die Bildung, die ich ihr bot, als wir uns über Salat und Käse hermachten, »dieser Garten ist voller Blumen, Bäume und Pflanzen aus der ganzen Welt.«

»Ich möchte im Garten herumlaufen, Papa.«

»Ach«, sagte ich, ein Spaziergang zu Fuß reizte mich nicht sonderlich, »reicht es nicht, was du von hier aus siehst? Schau doch, es gibt Enten auf dem Teich.«

»Nein, Papa, laufen wir ein bisschen.«

»Gut, dann iss auf.«

Nach fünf Minuten Spaziergang verfluchte ich meine blöde Entscheidung, ausgerechnet im Botanischen Garten zu essen. »Und was ist das, Papa?«, fragte meine Tochter und blieb vor jedem Schild mit Erklärungen stehen.

»Bist du nicht müde?«, fragte ich.

»Nein, es ist schön hier. Schau mal, Papa, schön gelb. Was steht da?«

»Vielleicht willst du ins Einkaufszentrum und ich kaufe dir ein Eis?«

»Ein Eis!«

Wir fuhren los. Ich könnte wirklich etwas kaufen, vielleicht endlich die Neonröhren fürs Badezimmer. Sie funktionierten schon seit einem Jahr nicht mehr, ich hatte die Leselampe hingestellt.

»Papa«, sagte meine Tochter, als ich vor der Kontrolle in der Autoschlange wartete. »Kann ich jetzt Arabisch sprechen?«

Ich drehte mich zu ihr um. »Was soll das heißen? Natürlich kannst du Arabisch sprechen, wann und wo du willst. Was meinst du überhaupt?«

Der Wachmann schaute durchs Autofenster und ich lächelte ihm zu. »Wie geht's, alles in Ordnung?«, fragte er. Bevor ich wie üblich antworten konnte, »gut, danke«, zwei Worte, die kein P und kein R enthielten, platzte meine Tochter mit einem »Elhamdulila« dazwischen. »Den Ausweis, bitte«, sagte der Wachmann. »Hör mal, Süße«, erklärte ich meiner Tochter, als wir das »Kaufen und selbst zusammenbauen« betraten, »du kannst Arabisch sprechen, wann und wo du willst, aber nicht gerade in der Einfahrt zum Einkaufszentrum, gut, mein Schatz?«

Ich kaufte zwei Sparlampen, einen Papierkorb fürs Büro und einen Schuhschrank. »Eine Überraschung für Mama«, sagte ich zu meiner Tochter, die sich in den Schuhschrank verliebt hatte. Sie weiß so gut wie ich, dass ihre Mutter schon seit ihrer Geburt einen Schuhschrank hatte haben wollen. Ich bekam einen großen Karton. Der Verkäufer sagte, das Zusammenbauen sei wirklich kein Problem. Man brauche dazu keine spezielle Ausrüstung, nur einen Kreuzschraubenschlüssel. Ich hoffte, ich hätte einen an meinem Schweizer Taschenmesser, das ist mein einziges Handwerkszeug.

Entschuldigt die derbe Sprache, aber sie sind verdammte Hurensöhne, die von »Kaufen und selbst zusammenbauen«. Wer braucht überhaupt einen Schuhschrank? Eine Million Jahre sind wir ohne Schuhschrank ausgekommen, also wozu? Ich werde es meiner Frau zeigen.

Zwei Stunden lang kämpfe ich mit meinem Taschenmesser und den beschissenen Schrauben, ich verstehe kein Wort von der Bauanleitung und alles geht schief. Ich schwitze wie ein Esel und bekomme Blasen an den Händen. »Das Zusammenbauen ist ganz einfach«, hat er gesagt. Verdammte Scheiße. Mein Rücken tut weh und meine Nerven sind zum Zerreißen gespannt. Ich versuche daran zu denken, dass meine Tochter neben mir steht und ich nicht allzu viel fluchen sollte. Und dafür nehmen sie auch noch Geld! Ich werde die Drecksäue verklagen. Und dieses Himmelfahrtsfest, wo haben sie das auf einmal hergezaubert?

Gut, ich muss mich beruhigen und von vorn anfangen. Ich habe noch drei Stunden, bis ich meine Frau von der Arbeit abhole, ich werde tief durchatmen, noch einmal von vorn anfangen und mich genau an die Anleitung halten.

Ich breite eine Zeitung auf dem Boden aus und darauf ordne ich die Schrauben, die Nägel und die Plastikteile der Größe nach, alles getreu der Anweisung. Ein Schweißtropfen fällt mir von der Nase direkt auf das Foto von Olmert, der vor dem amerikanischen Kongress eine Rede hielt. Ich habe sie damals im Fernsehen gesehen, sie wurde auf allen Kanälen als Liveübertragung gebracht, eine aufregende Rede, er streckte die Hand zum Frieden aus und alle Amerikaner haben stehend Beifall geklatscht. Was bedeutete es schon, dass er damals vier Araber in Ramallah ermorden ließ. Was habe ich jetzt mit Olmert zu tun? Ich muss mich auf das Wesentliche konzentrieren: ein Schuhschrank, drei Stunden.

Das ist es, was ich an den Juden am meisten liebe, ihre Versprechungen. Sie können schön reden. »Was soll das heißen, kompliziert? Man braucht eine halbe Stunde zum Zusammenbauen.«

Um drei fuhr ich mit unserer Tochter los, um meine Frau von der Arbeit abzuholen. »Na, habt ihr Spaß gehabt?«, fragte sie. Ich gab keine Antwort. »Papa hat eine Überraschung für dich gemacht«, sagte unsere Tochter.

»Wirklich? Was für eine?«

»Ein Geheimnis«, antwortete die Kleine.

Als wir zu Hause ankamen, stand der Schuhschrank bereit, kognakfarben und schön und an der richtigen Stelle. Der Schreiner hat mich hundert Schekel gekostet, für eine Viertelstunde.

»Hast du das gemacht?«, fragte meine Frau. Ich nickte. Sie gab mir einen Kuss.

»Aber Papa«, sagte unsere Tochter, »du hast gesagt, dass man nicht ...« Ich hob sie hoch in die Luft, um sie zum Schweigen zu bringen, und flüsterte ihr ins Ohr: »Heute darf man das, heute ist Himmelfahrt.«

1. Juni 2006

Wer hat gewonnen?

Das Telefon weckt mich. Mein Kopf platzt, und ich falle fast zu Boden, als ich aufstehe, um den Hörer abzunehmen.

»Schläfst du noch?«

»Nein, ich arbeite«, antwortete ich meiner Frau. »Ist was passiert?«

»Nein, ich wollte dir nur sagen, dass mein Handy leer ist. Mach dir also keine Sorgen, wenn ich nicht drangehe.«

Oh, was für Kopfschmerzen. Wie viel Uhr ist es? Ich schaue zur Wanduhr. Es ist zehn, und was für einen Tag haben wir? Sonntag. Ja, Sonntag. Was habe ich gestern Abend getan? Ich versuche mich zu erinnern, wie nach jedem anderen Absturz, um mich zu versichern, dass ich nichts besonders Schlimmes angestellt habe. Offenbar habe ich es doch getan. Ich bin nicht selbst mit dem Auto zurückgefahren, das weiß ich noch. Ich habe den Schlüssel meinem Nachbarn gegeben. Schließlich habe ich ihn von vornherein mitgenommen, weil mir schon klar war, dass ich am Schluss des Spiels Frankreich gegen Brasilien meine Umgebung nicht mehr genau sehen würde. Ich war nicht wegen des Spiels ausgegangen, sondern wegen des Alkohols. Ich wollte mich von vornherein besaufen. Wer hat eigentlich gewonnen? Ich werde gleich mal im Internet gucken.

Mich packt eine schreckliche Übelkeit, ich renne zum Klo, bücke mich und schiebe den Kopf über die Kloschüssel, aber es kommt nichts. Wer hat gerade angerufen? Gerade eben hat doch das Telefon geklingelt. Ach ja, stimmt, meine Frau. Was hat sie gewollt? Frankreich hat gewonnen. Wirklich? Ich muss nachsehen, ich bin mir nicht sicher.

Ein starker schwarzer Kaffee wird mir helfen, sage ich mir und weiß genau, dass er es nicht tun wird. Ich hoffe nur, dass ich die Barkeeper in der *Bar Labor* nicht allzu sehr belästigt habe. Und wenn, dann hoffe ich, dass sie es mir verzeihen, sie kennen mich ja. Bestimmt war ich auch mal nett. Sie müssen verstehen, dass ich es nötig hatte. Diesmal hatte ich es wirklich nötig. Ich glaube, ich hatte vier Wodka und drei Bier.

Ich muss damit aufhören. Wie soll ich jetzt arbeiten? Ich habe so viel zu tun, und dabei möchte ich nur zurück ins Bett. Der Kaffee wird mir bestimmt helfen, und wenn nicht, nehme ich eine Tablette, ich muss arbeiten.

Der Kaffee macht die Übelkeit nur schlimmer. Ich versuche es mit einer Zigarette. Ich zünde sie an und schalte den Computer ein. Er braucht ewig, um hochzufahren. Das Antivirusprogramm teilt mir mit, dass der Rechner in Gefahr ist. Das Telefon klingelt. Bestimmt meine Frau. Ich habe das Gefühl, als hätte sie vorhin schon mal angerufen, mal sehen, was sie will.

»Hallo«, sage ich und gehe ins Internet. Frankreich hat gewonnen.

»Ich rufe aus dem Hort an«, sagt die Erzieherin. Das ist der Anfang eines Satzes, von dem nicht zu erwarten ist, dass er gut endet. »Ihr Kleiner hat Fieber, er weint schon seit heute Morgen, er isst nicht, er trinkt nicht, er weint nur. Ich habe versucht, seine Mutter zu erreichen, aber sie geht nicht ans Telefon.«

Meine Frau hat das Auto genommen. Sie geht nicht ans Handy, man landet bei der Voicemail. Ich werde ein Taxi nehmen. Ich schaue in mein Portemonnaie und finde kein einziges Geldstück. Ich habe gestern alles bis zum letzten Schekel vertrunken. Ich bekomme von der Auskunft die Nummer der Arbeit meiner Frau, und rufe immer wieder an, aber es ist besetzt. Es dauert eine Viertelstunde, bis ich eine Stimme höre, die mir die Nummer der gewünschten Abteilung mitteilt. Ich wähle wieder eine Viertelstunde, ohne Erfolg.

Mein Kopf platzt, bestimmt schreit der Kleine jetzt. »Hallo!«, sage ich zu meinem Nachbarn, dem Saufbruder von gestern. »Ja, ich bin zu Hause«, antwortet er schlaftrunken, »aber ich kann nicht fahren, komm und hol dir mein Auto. Es hat einen Kindersitz.«

Auf dem Parkplatz fällt mir der Anruf ein, den ich eine halbe Stunde vor dem Spiel von meiner Mutter bekommen hatte. »Ich rufe an, um dir zu sagen, dass alles in Ordnung ist«, hatte sie gesagt, »außer dass man deinem Bruder das Auto angezündet hat.« Dass man Autos abfackelt, ist in Tira zwar schon ganz normal geworden, aber meinem kleinen Bruder? Was konnte er schon angestellt haben? Warum hätte ihm jemand das Auto anzünden wollen? »Wahrscheinlich war es einer, den er entlassen hat«, sagte meine Mutter. Mich packte die Wut. Jemand hat meinem kleinen Bruder etwas angetan. Um zwei Uhr nachts waren sie von einem Knall vor dem Haus aufgewacht, ein Glück, dass ein paar Nachbarn geholfen und verhindert haben, dass das Feuer auf das Haus übergriff. Er hat jemanden entlassen. Das reicht als Grund in einem Ort, der für seine Kriminalität bekannt ist. Ich kann mir schon kein arabisches Dorf mehr vorstellen, in dem es anders ist. »Glaubst du, ich will das nicht?«, antwortete mein kleiner Bruder am Telefon, als ich ihn anschrie, er müsse unbedingt aus diesem beschissenen Ort wegziehen, abhauen. »Wohin soll ich gehen?«, fragte er. »Und welche Arbeit kann ich finden? Glaubst du, das ist leicht? Ich würde liebend gern wegziehen, oder meinst du, ich will, dass mein Junge hier aufwächst? Ich denke die ganze Zeit darüber nach, aber wohin soll ich gehen?«

Mein Kleiner weint. Seine Augen sind rot und sein Gesicht glüht. Ich umarme ihn und spüre das Fieber in seinem kleinen Körper. »Komm zu Papa, komm zu Papa, mein Süßer. Alles wird gut.« Er leg seinen Kopf an meinen Hals und weint.

Die Erste-Hilfe-Stelle im Einkaufszentrum hat offen. Man müsse ihn beobachten, sagt die Ärztin, Trinken sei besonders wichtig, sonst trockne er aus. Sie rät zu süßer Flüssigkeit und schreibt mir ein Rezept. »Das wird aber nicht von der Krankenkasse übernommen.«

Bis heute kenne ich nichts, was mich trauriger stimmt als ein weinendes Kind. Ich weiß, dass mein Sohn normalerweise den Streichelzoo im Einkaufszentrum besonders liebt. Ich bringe ihn dorthin, und auf seinem Gesicht erscheint ein kleines Lächeln. »Hase«, sagt er, als er einen Hasen sieht, und sein Blick folgt den Papageien.

Ich hasse es, Tiere in Käfigen zu sehen. Trotzdem beschließe ich, im Geschäft gegenüber etwas zu kaufen. Zwei Vögel, einen Käfig, Sand, Futter und noch etwas zum Spielen. Ich bezahle mit der Kreditkarte. Im Auto stelle ich den Käfig neben den Kleinen und er beruhigt sich. Als wir zu Hause ankommen, versuche ich wieder, ihm etwas zu trinken zu geben. Milch, Wasser, sogar Eis, aber er will nichts. Ich schiebe ihm eine Tablette in den Mund, er weint noch ein bisschen und schläft dann bald ein. Ich trage ihn ins Bett, kehre zu den Vögeln zurück und gebe ihnen Wasser und Futter und zerschneide eine Mispel, aber sie essen nichts. Sie stehen nur auf ihrem Plastikzweig und zittern.

7. Juli 2006

Werter Juror

Was habe ich hier verloren? Diese Frage ließ mich nicht mehr los.

Mir ist, als wäre ich gerade aus einem seltsamen Traum aufgewacht, in dem ich in einem teuren Restaurant zwischen vielen reichen amerikanischen Juden saß, zum Teil sehr bekannten Leuten, von denen ich nicht gewusst hatte, dass sie Juden waren. Bestimmt habe ich sie irgendwann im Fernsehen gesehen, sie sahen wichtig aus, trugen Krawatten, redeten schön und lächelten selbstbewusst. Stars. Im Traum war ich sicher, dass am Tisch eine große Transaktion stattfand, an der ich irgendwie beteiligt war. So musste es funktionieren, ein festliches Freitagabendessen in einem teuren Restaurant, zwischen Menschen, für die Geld keine Rolle spielt. Ich muss meinen Alkoholkonsum reduzieren, sagte ich mir, meine Träume werden von Tag zu Tag seltsamer.

»Ja, danke«, höre ich mich sagen und lächele der Kellnerin zu, die mir einschenkt. Dann wache ich auf, schüttele den Kopf und versuche mich zu erinnern, wen ich im Traum in jenem Restaurant getroffen hatte. Amerikanischer Akzent von links, ich wende den Kopf und sehe, dass Jeff Goldblum, dieser große schöne Mann aus *Die Fliege*, direkt neben mir sitzt. Er spricht freundlich, bewegt den Kopf mit gemessenen Bewegungen.

»Sie müssen unbedingt den Pinot noir aus der Kellerei Jarden probieren«, sagt jemand und dreht mit Kennermiene das Glas in den Händen.

»Wie bitte? Ja, klar, ein Pinot noir.« Ich nehme einen Schluck von dem Pinot noir und erinnere mich daran, dass ich hier bin, um ein Urteil zu fällen. Auf Englisch heißt das *jury*, das ist etwas weniger ehrenhaft, aber ich habe schon immer mal Geschworener sein wollen, vorn im Gericht stehen und am Schluss der Beratung rufen: »Not guilty!«

Ein Juror ist so etwas wie ein Richter, er spricht ein Urteil, und das bringt Prestige, auch wenn es sich nur um die Jury beim Filmfestival in Jerusalem handelt. Tatsache ist schließlich, dass ich neben der Fliege in einem teuren Restaurant sitze. Und nicht nur neben ihm. Vor ungefähr zwei Stunden saß ich im Vorführraum der Cinemathek neben Debra Winger. Nicht zufällig, natürlich. Ich bin Mitglied der Jury, genau wie sie. Eine halbe Stunde vor dem Film saß ich mit ihr in einem Café bei einem Bier. Nun ja, ich habe Bier getrunken, sie hat Sprudel getrunken und wir waren auch nicht allein. Sie weiß nicht, wie ich heiße. Okay, mag sein, dass sie auch nicht weiß, wie ich aussehe, ich glaube nicht, dass sie den Kopf in meine Richtung gedreht hat, obwohl wir ungefähr drei Stunden zusammen waren. Na und, ich bin Juror, genau wie sie, und ich bin ziemlich sicher, dass sie sich in acht Tagen, nach neunzehn Filmen, neben mich setzt und mir einen Blick zuwirft. Heute ist erst der zweite Tag des Festivals.

»Wie ist der Pinot noir?«, fragt die Stimme neben mir, der Sprecher dreht noch immer das Glas in den Händen.

»Ausgezeichnet«, antworte ich und nicke. Das ist erst der Anfang, und es scheint, als würde ich in der Festivalwoche an mehr Cocktailempfängen und Essen teilnehmen als je in meinem Leben. Ich bin verrückt nach großen Gesten, krank nach Posen, ich spiele den Reichen, wann immer man mich lässt. Ich kann auch ein Gespräch über Pinot noir von Jarden führen, Jahrgang 2002, ohne das Geringste davon zu verstehen. Ich bin zu einem falschen Leben bestimmt. Ich trage ein Hemd und eine Hose, die zu einem derartigen Anlass passen. Stimmt, die Sachen sind alt, aber noch immer passabel. Obwohl, wenn ich jetzt darüber nachdenke, ist es mir nicht angenehm, dass mich Debra und Jeff – ich glaube, ich kann ihre Vornamen benutzen, schließlich sind wir Kollegen –

jeden Tag in denselben Klamotten sehen. Vielleicht kaufe ich mir was Neues.

Bis jetzt habe ich meine guten Sachen zweimal bei diesem Festival getragen, heute und gestern bei der Eröffnung. Aber gestern habe ich weit weg von den wichtigen Leuten gesessen und bin nicht zu den vorderen Reihen gegangen, obwohl man mir dort einen Platz reserviert hatte. Ich war mir nicht sicher und wollte mich nicht mit den Wachleuten anlegen und ihnen schwören, dass ich Jurymitglied sei, und sie beknien, dass sie mich vorlassen. Ich saß also weit entfernt, unter dem einfachen Volk. Gut, so haben meine Kollegen wenigstens nicht gesehen, was ich anhatte.

»Ja«, sage ich zu der Kellnerin, »ich glaube, ich nehme den Seebarsch«, in einem Ton, als wären wir, der Seebarsch und ich, alte Bekannte.

Am Eröffnungsabend ist es nett gewesen. Die Sänger Juli Tamir und Ofir Pines, der Bürgermeister Yigal Amadi und noch ein paar andere hielten schwungvolle Reden. Sie sprachen über die Bedeutung der Kultur, vor allem in Jerusalem. Auch meine Bekannten Jeff und Debra betraten die Bühne. Jeff sprach Hebräisch, er sagte »Schalom« und vergaß auch nicht, Gilad Schalit baldige Befreiung zu wünschen, dessen Namen er, wie das Schalom, von seinem Zettel ablas. Das Publikum klatschte Beifall.

Viele weiße Luftballons flogen durch die Luft und wurden vom Wind ostwärts getrieben. Dann fing das Feuerwerk an. Kriegslärm ließ den Sultansteich erzittern.

»Noch etwas Pinot noir?«

Wieder lächele ich die Kellnerin an. »Ja, bitte.«

Was tue ich hier? Diese Frage ging mir auf dem Heimweg nach Beit Safafa nicht aus dem Kopf. Es ist nur ein Traum, und er geht die ganze Nacht weiter. Debra schläft neben mir. »Hast du die Bilder von Gaza gesehen?«, sagt sie auf Arabisch, mit einem dörflichen Akzent. Ich hebe den Kopf vom Kissen und sehe eine weinende Frau. »Dort war ein Baby, sie haben es bei Al-Jazeera gezeigt.«

»Come on, Debra«, sagte ich auf Englisch zu meiner Frau, »let me dream.«

14. Juli 2006

»Entschuldigung«, sagte die Schwester, eine Spritze in der Hand. »Wem gehört dieses Mädchen?«

»Mir«, sagte ich.

»Bitte, nur die Mutter soll bei dem Baby bleiben. Das ist kein Ort für Kinder, sie braucht solche Sachen nicht zu sehen.«

Die Schwester hatte recht, unsere Tochter brauchte solche Sachen nicht zu sehen. Ich küsste den Kleinen, der schlaff wie ein Lappen auf dem Schoß meiner Frau lag, und prüfte, ob sein Fieber gefallen war. War es nicht. »Komm, Süße«, sagte ich zu meiner Tochter und nahm sie an der Hand. Auf dem Weg nach draußen traf ihr Blick einen jungen Mann, der auf einem Bein hüpfte und sich auf einen Krankenpfleger stützte. »Ein Verkehrsunfall«, sagte der Pfleger. Ich spürte, dass sie meine Hand fester hielt. »Hab keine Angst«, sagte ich zu ihr, »ihm ist nichts passiert, das ist nur wegen der Versicherung.«

Das Wartezimmer der Ambulanz war voller Familien. Meine Frau rief an und sagte, es dauere lange, Blutuntersuchung, Urin, ein Abstrich aus dem Hals. »Fahrt nach Hause, die Kleine muss schlafen. Ich nehme dann ein Taxi.« Es war schon zehn, zwei Stunden nach ihrer Schlafenszeit. Aber sie sei noch nicht müde, sagte sie, sie könne noch ein bisschen warten.

Ich war froh, dass ich dortbleiben konnte. Der Kleine machte mir Sorgen. Er war vor drei Tagen geimpft worden, und sein Fieber fiel nicht unter vierzig Grad. Tabletten, Beruhigungsmittel, Wickel – nichts half, das Fieber um mehr als ein Grad und nicht länger als für eine Stunde zu senken. An den ersten beiden Tagen sagten sie, es handle sich um eine Nebenwirkung, dann, es habe wohl nichts miteinander zu tun. Sicher war nur, dass es so nicht weitergehen konnte, die beiden letzten Nächte waren ein einziger Albtraum. Unentwegt Weinen, Schreien, es zerriss einem das Herz beim Anblick des leidenden Kindes. Man schickte uns zur Ambulanz, dort war es angeblich angenehmer als in der Notaufnahme.

»Papa, ihr lasst aber nicht meinen Geburtstag ausfallen, nicht wahr?«

»Wieso sollten wir das tun?«

»Weil mein Bruder im Krankenhaus ist.«

»Nein, nein, wir lassen deinen Geburtstag nicht ausfallen, dein kleiner Bruder wird nur untersucht, er wird nicht dortbleiben.«

Im vergangenen Jahr hatten wir ihren Geburtstag im letzten Moment nicht gefeiert, weil der Kleine ins Krankenhaus gekommen war. Er ist ein Champion, mein Kleiner, er hält, Gott behüte, einen beeindruckenden Rekord, was Krankenhausaufenthalte betrifft. Mir fällt nichts ein, was er ausgelassen hat. Was war letzten August? Ach ja, die Beschneidung. Vier Tage lang war er im Krankenhaus, wegen einer Blutung nach der Beschneidung. Was soll man machen, so ist er eben. Meine Freunde sagen, er sei ein extremes Kind, das habe er von mir. Wenn als Nebenwirkung einer Impfung die Temperatur für achtundvierzig Stunden auf achtunddreißig Grad steigt, muss er für sechsundneunzig Stunden vierzig Grad bekommen.

Meine Tochter und ich verließen das Wartezimmer und betrachteten die Rettungswagen, die ankamen und abfuhren. In der Stille, die nach ihrer Abfahrt einsetzte, konnte ich meinen Sohn schreien hören und spürte, dass mir der Kopf platzte. Ich kannte dieses Jammern, diese Schreie. Ich rief meine Frau an, um zu erfahren, was los war. »Man hat ihm gerade Blut abgenommen«, berichtete sie. »Was ist, seid ihr nicht nach Hause gefahren?«

»Nein, ich warte. Ich möchte wissen, was passiert. Ruf mich sofort an, wenn es Ergebnisse gibt, ja?«

Ich wollte weg, weg von diesem Weinen. »Es gibt hier ein Einkaufszentrum«, sagte ich zu meiner Tochter, »wollen wir hin?«

Sie nickte fröhlich und wir liefen zum Center. Eine Million Jahre war ich nicht mehr dort gewesen, seit dem Gymnasium. Früher hatte es dort ein Kino gegeben.

Im Center befanden sich fast nur orthodoxe Familien. Offenbar waren alle fromm, außer den Verkäufern, die hinter den Theken mit Süßigkeiten, Eis und Fleischspießchen standen. Fröhliche kleine Kinder und schwangere Frauen. »Ich möchte von diesen Schlangen«, sagte meine Tochter und deutete auf eine Theke voller Schachteln mit Süßigkeiten in allen möglichen Farben. Sie nahm eine Tüte und füllte sie mit ein paar Schlangen und Schmetterlingen aus Weingummi.

Ich fühlte mich nicht wohl bei dem Lärm und der bedrohlichen Enge. Trotzdem musste ich Zigaretten kaufen. Zwei Schachteln, verlangte ich von der Verkäuferin, in der Hoffnung, dass diese Nacht nicht so lang werden würde, wie es jetzt schien. Als ich bezahlte, fiel mein Blick auf eine Reihe kleiner Schnapsflaschen, wie man sie vom Flugzeug kennt. »Kann ich ein Fläschchen haben?«, bat ich die Verkäuferin. »Oder geben Sie mir doch gleich zwei.« Ich stopfte sie in die Tasche und wir verließen das Einkaufszentrum. Auf dem Rückweg zur Ambulanz lutschte meine Tochter an ihren Süßigkeiten und sagte, an ihrem Geburtstag wolle sie solche Schlangen in den Kindergarten mitnehmen.

»Hallo«, sagte ich, als das Telefon klingelte, und spürte, wie mein Herz klopfte.

»Das Blut ist normal«, sagte meine Frau, »jetzt warten wir noch auf Urin.«

Wir setzten uns auf die Treppe zur Blutbank, meine Tochter mit ihrer Tüte voller Süßigkeiten und ich mit meinem Whisky. »Papa, was ist das?«

»Whisky.«

»Warum ist die Flasche klein, ist die für Kinder?«

Der Whisky half wirklich. Schade, dass ich keine drei Fläschchen gekauft hatte. Ich fühlte mich ein bisschen ruhiger. Alles wird gut, sagte ich mir, bestimmt ist es irgendetwas Virales, wie sie gesagt haben, nichts Ernstes. So ist das mit Babys, sie sind die ganze Zeit krank. Hohes Fieber sagt gar nichts. Vierzig Grad bei einem Baby ist wie achtunddreißig bei einem Erwachsenen. So redete ich beruhigend auf mich ein, als ich meine Tochter sagen hörte: »Papa, ich bin müde.« Sie legte die Hände vor die Augen.

»Wenn du willst, zeige ich dir etwas Interessantes«, sagte ich. »Komm.« Ich ging mit ihr zum Auto, und sie begeisterte sich tatsächlich dafür, dass sich der Sitz nach hinten klappen und in eine Liegefläche verwandeln ließ. Ich machte die Fenster auf und setzte mich neben sie. Sie wollte, dass ich Musik anstellte, und war gleich darauf eingeschlafen.

»Nun«, sagte ich ins Telefon.

»Nichts, er hat nicht gepinkelt«, sagte meine Frau. »Er wird auch nicht pinkeln, er hat ja nichts getrunken. Ich bin fix und fertig, ich kann nicht mehr.«

»Willst du tauschen? Fahr du mit der Kleinen nach Hause. Ich bleibe hier.«

»Gut, ich komme gleich raus.«

Ein paar Minuten später kam sie mit dem Baby aus dem Haus. »Nun, hat er gepinkelt?«, fragte ich.

»Nein, der Arzt hat gesagt, er hält es nicht für ernst, wir könnten die Untersuchung morgen fortsetzen.«

»Gut«, sagte ich, obwohl ich die Sache am liebsten so schnell wie möglich hinter mich gebracht hätte.

»Mir geht es nicht gut, ich habe Kopfweh und ich spüre was im Hals«, sagte meine Frau.

»Bestimmt ist es die Müdigkeit.«

»Ich glaube, ich rufe morgen die Kinder an, die ich eingeladen habe. Ich schaffe es einfach nicht.«

»Was? Sie wird durchdrehen«, sagte ich.

»Es geht nicht anders, wir verschieben ihren Geburtstag auf September.«

»Gut«, sagte ich und hob das Mädchen vom Vordersitz. Sie wachte erschrocken auf, ihr Körper zitterte. »Schschsch … ich bin es, meine Süße, ich bin es.«

15. August 2006

Urlaub in Tel Aviv

»Also los«, sagte ich zu meiner überraschten Familie am Freitagmorgen, »wir fahren in Urlaub.« Es war wirklich im letzten Augenblick, ich hatte vor dem Computer gesessen und in verschiedenen Hotels ein freies Zimmer gesucht, erst in der Nähe, im Raum Jerusalem. Aber ich hatte nichts gefunden, deshalb hatte ich auch im Raum Tel Aviv geschaut und ein Zimmer im Sheraton gefunden. Der erste Urlaub in Tel Aviv, das konnte nett werden.

»Wohin?«, fragte meine Frau.

»Tel Aviv, Sheraton.«

»Bist du noch normal? Wer fährt schon nach Tel Aviv in den Urlaub? Eine Viertelstunde von Tira. Dann fahren wir doch lieber zu den Eltern.«

»Ich habe das Zimmer schon bestellt. Was ist mit dir, das Sheraton liegt am Strand. Dort waren wir noch nie.«

Meine Frau ließ sich überzeugen, vor allem, weil sie bereit ist, alles zu tun, nur um nicht zu Hause zu bleiben. Sogar wenn es sich um Tel Aviv handelt. Außerdem hatten wir unserer Tochter einen Sommerurlaub versprochen und waren nicht weggefahren, deshalb würden wir mit ihr in ein Hotel in Tel Aviv fahren, sie würde im Pool baden, auch ein bisschen im Meer, also konnte sie uns nicht beschuldigen, ein Versprechen gebrochen zu haben. Woher sollte die Kleine wissen, was Tel Aviv ist? Tatsache war, dass sich auf ihrem Gesicht ein Lächeln ausbreitete, als wir es ihr mitteilten, und sie sprang sofort auf, um ihre Sachen zu packen. »Toll, Tel Aviv, toll.«

Ich kenne Tel Aviv kaum. Das ist ein sehr bekanntes Jerusalem-Syndrom. Ein Freund von mir hängt jedes Mal, wenn er nach Tel

Aviv fährt, ein Schild an die Heckscheibe: »Ein Jerusalemer, Entschuldigung«. Er erzählt, dass deshalb sogar Verkehrspolizisten ihm verzeihen, wenn er auf der Spur der öffentlichen Verkehrsmittel fährt oder da wendet, wo es verboten ist. Echte Jerusalemer verirren sich schon auf der Stadtautobahn, so wie ich. Aber ich hatte mir, bevor wir losfuhren, alles genau auf der Karte angeschaut. Man fährt die Stadtautobahn entlang bis zur Abzweigung Rockachallee, biegt nach links ab und dann sieht man schon das Hotel.

»Da ist es«, sagte ich, »das ist das Hotel.«

»He, wir waren schon einmal hier«, sagte meine Frau.

»Wieso denn? Wann?«

»Was ist mit dir, hier hat man mir die Frisur für die Hochzeit gemacht, weißt du das nicht mehr?«

Ehrlich gesagt, ich erinnerte mich nicht. Es war so lange her, ich war sehr jung und ich weiß nur noch, dass ich eines Morgens aufwachte und man mir sagte, ich sei verheiratet. Damals staunte ich sehr. Und ich staune bis heute.

»Ich kann nicht glauben, dass du dich nicht erinnerst«, sagte meine Frau. Sie war ein bisschen beleidigt. »Am Tag vor der Hochzeit haben wir ein Kleid geliehen und haben eine Frisur im Sheraton geschenkt bekommen.«

»Ja, ja. Natürlich erinnere ich mich«, sagte ich. »Gut, du steigst mit den Kindern aus und ich suche einen Parkplatz, ja?«

Die Wahrheit ist, dass ich mich nicht erinnerte. Aber langsam kehrte das Bild zurück. Ich war einen Tag vor der Hochzeit nach Hause gefahren. Es war mitten im Winter und es war nicht schwer, einen Saal zu finden, denn die Araber heiraten fast nie im Winter. Sogar der Saalbesitzer war erstaunt, wir schlossen das Geschäft von einem Tag auf den anderen ab. An jenem Tag gab mir mein Vater fünftausend Schekel, denn ich war pleite, und sagte, das sei für einen Anzug und ein Kleid. Eine Verwandte brachte uns zu einem Laden in Tel Aviv, wir liehen uns das billigste Kleid und ich kaufte einen billigen, hässlichen schwarzen Anzug. Ich erinnere mich noch, dass von den fünftausend Schekel meines Vaters noch etwa fünfzig Schekel übrig blieben, für die wir Strümpfe kauften. Die brauchten wir unbedingt.

Vom Hochzeitstag weiß ich nur noch, dass mein Freund Jonathan zu Besuch nach Tira kam. Ach ja, wir fuhren mit der Braut auch nach Tel Aviv. Und dann ist alles dunkel. Ich erinnere mich an nichts mehr. Ich war jung, und damals begnügte ich mich nicht nur mit Alkohol. Gerade habe ich einen Parkplatz gefunden, dort, wo dieses runde, hässliche Ding ist, unter dem man den Jarkon überquert, neben der Tankstelle.

Die Kinder waren glücklich in der Lobby, meine Frau weniger. Ich hob den Kleinen hoch und ging zum Empfang. »Schalom, ich habe ein Zimmer auf den Namen Kashua bestellt.«

»Kaschuach, finde ich hier nicht.«

»Kashua. Ich habe das Zimmer vor etwa zwei Stunden reserviert.«

»Okay, dann hat man es bei mir noch nicht eingegeben. Einen Moment. Wie haben Sie gesagt?«

»Kashua.«

»Nein«, sagte der höfliche Angestellte, »ich kann es nicht finden. Bei wem haben Sie es reserviert?«

»Beim Hotelportal, bei der Nummer, die im Internet angegeben ist.«

»Okay, einen Moment, mein Herr. Sayed?«

»Ja, genau.«

»Gut, es ist falsch geschrieben. Ich korrigiere es sofort, mein Herr.«

Meine Kinder sind verrückt nach Hotels. Vor allem, weil es in Hotels, anders als zu Hause, Kabelanschluss und eine Fernbedienung gibt, dazu ihre Lieblingssender. Was sie betrifft, könnten sie stundenlang auf einer weichen Matratze vor dem Fernseher verbringen und wären glücklich. Es war zu heiß, um zum Strand zu gehen, deshalb verstauten wir sie vor dem Fernseher und gingen hinaus auf den Balkon, ich, um zu rauchen, und meine Frau, um mit mir abzurechnen.

»Das ist es, was du mit uns tust? Bringst uns in ein Hotel in Tel Aviv, um den Familienvater zu spielen?«

»Was redest du da. Es tut mir leid, dass ich für den Urlaub keine Zeit hatte. Du weißt doch, wie viel ich am Hals habe.«

»Wie viele Verabredungen hast du heute in Tel Aviv?«

»Hör doch auf, ich bin hier, um vor dem Ferienende ein bisschen Zeit mit den Kindern zu verbringen.«

»Nun, wie viele Verabredungen hast du ausgemacht?«

»In Ordnung, zwei, das ist alles, nur zwei. Na und? Aber ihr habt hier einen Pool, das Meer, Restaurants.«

»Ich kann so nicht weitermachen.«

»Was heißt das, so?«

»So allein.«

»Aber was soll ich tun? Arbeite ich etwa für mich allein? Du weißt genau, dass es für die Wohnung ist. Glaubst du, die Arbeit macht mir Spaß? Dass ich nicht lieber die ganze Zeit mit euch zu Hause wäre?«

»Aber du setzt uns alle unter Druck.«

»Was soll ich machen?«

»Erinnerst du dich an unsere Hochzeit?«

»Ja, natürlich. Wir sind hierhergekommen, nicht wahr? Zum Friseur.«

»Ja. Aber das habe ich nicht gemeint.«

»Was denn sonst?«

»Nichts. Vergiss es.«

»Nun sag's schon. In Ordnung. Ich weiß, dass es bei uns anders war als bei allen anderen, wir hatten es eilig, na und? Du weißt, dass mir die Leute zuwider sind, die eine Hochzeit Jahre vorher planen, na und?«

»Nein, nein, mich interessiert das auch nicht besonders.«

»Worum geht es dann?«

»Ich weiß nicht, ob du dich erinnerst, aber ich erinnere mich noch genau, dass du in unserer Flitterwoche einen Artikel für die Zeitung geschrieben hast.«

»Wirklich? Hört sich seltsam an.«

»Ja, so war es. Damals hast du das Gleiche gesagt.«

»Was habe ich gesagt?«

»Ich tue das nicht für mich. Es ist für uns. Wir müssen eine Wohnung kaufen. Erinnerst du dich?«

»Nein.« Ich erinnerte mich nicht.

8. September 2006

Ich werde beschuldigt

»Hallo.«

»Ja, Vater, was ist?«

»Sag mal, liest du deine Kritiken?«

»Manchmal schon, warum, was ist passiert?«

»Sie haben deinetwegen das Abonnement gekündigt, so haben sie geschrieben. Du musst aufpassen, sonst wird die Zeitung noch zugemacht.«

»Nein, das ist nicht meinetwegen, es ist wegen Gideon Levy. Er ist verrückt.«

»Nein, auch wegen dir. Ich lese jede Leserzuschrift.«

Ich glaube wirklich nicht, dass irgendjemand das Abonnement kündigt, weil irgendjemand irgendetwas in der Zeitung geschrieben hat. Vor allem weiß ich aus meiner Erfahrung in anderen Firmen wie Lavyan, dem Internet und Cellular, dass es sehr schwer ist, ein Abonnement zu kündigen. Du rufst dringend und wütend das Servicetelefon an und beginnst in energischem Ton: »Hallo, guten Tag, ich möchte sofort mein Abonnement kündigen. Auf der Stelle.« Im Allgemeinen wirst du gebeten, einen Moment zu warten, du wirst zu einer anderen Angestellten durchgestellt und sagst: »Ich möchte mein Abonnement kündigen«, und sie stellt dich weiter durch, bis alle sicher sind, dass du wirklich entschlossen bist, dein Abonnement zu kündigen. Erst dann verbinden sie dich mit der Verantwortlichen, üblicherweise eine Frau mit einer sanften Stimme, gebildet, höflich, die ein Masterdiplom in Psychologie hat und zugleich ein kleines Flittchen ist. Sie wird deinen Ärger absorbieren, wird ihn an die richtige Stelle platzieren, sie wird dich verstehen, sie wird deinen Zorn über die Gesellschaft verstehen, bei der du ein Abonnement hast. Sie wird auch ein angenehmes Gespräch mit dir anfangen, an dessen Ende du, jedenfalls war es in meinem Fall so, statt zu kündigen, einen neuen Vertrag wählst, den du in den nächsten drei Jahren nicht kündigen kannst.

Ich hoffe also, dass es bei der *Haaretz* einen solchen Abonnementfachmann gibt. Eigentlich müsste es bei einer angesehenen Zeitung ein Rufweiterleitungssystem geben, das derartige Gespräche an mindestens zehn Fachleute für Stornierungen weiterleiten kann. »Wenn der Herr/die Dame das Abonnement wegen eines redaktionellen Artikels kündigen möchte, drücken Sie bitte auf die 1, wenn Sie wegen Amira Hass kündigen wollen, die 2, wenn es um den Araber geht, die 3 … Bei Gideon Levy gilt die Kündigung des Abonnements bei Beendigung des Gesprächs.«

Nun, jetzt im Ernst. Bitte kündigt euer Abonnement nicht wegen mir. Ich bin verrückt nach euch, ich liebe euch und ich bedauere alles zutiefst. Ich bitte aus vollem Herzen um Verzeihung. Seit es mir zu Ohren gekommen ist, dass Menschen meinetwegen kündigen, lebe ich in Angst und Schrecken. Sogar wenn es zwei sind, sind es trotzdem Abonnenten von *Haaretz*, und wie viele gibt es schon. Bitte bleibt, ihr müsst sie ja nicht lesen, macht es wie ich – blättert sofort zum Bild der Familie am Schluss. Bitte.

Ich bekenne, dass ich einen Fehler gemacht habe, ich hätte mich nicht verführen lassen und über jenen verdammten Krieg schreiben dürfen. Aber ich möchte hier erläutern, ein für alle Mal, selbst wenn es mich teuer zu stehen kommt: Man hat mich gezwungen, so zu schreiben. Es handelt sich nicht wirklich um meine Überzeugung, man hat gedroht, mich umzubringen, wenn ich nicht das veröffentliche, was damals veröffentlicht wurde. Aber ich fürchte mich nicht mehr, und wenn es zu Abonnementskündigungen kommt, bin ich bereit, mein Leben auf dem Altar der Meinungsfreiheit zu riskieren.

Ich war, das schwöre ich, ihr könnt sogar meine Frau fragen, für den Krieg, das heißt, für Israel und im Krieg gegen die Achse des Bösen. Beim Leben Allahs, fragt meine Frau, sie hat gehört, wie ich im Traum ein paarmal »vernichten, zerschlagen« geschrien habe. Und ich, der ich dachte, dass ich in einem demokratischen Land lebe und meinen Standpunkt zum Krieg frei äußern kann, lief durch unsere Straßen und sprach in aller Öffentlichkeit über meine Gefühle und über meinen Wunsch, Beirut zerstört zu sehen, solange noch ein Mensch im Land sich bedroht fühlte.

Übrigens, ich bin auch dafür, Gaza zu zerstören. Hat etwa jemand gelesen, dass ich auch nur ein Wort darüber geschrieben habe? Kein einziges. Warum, was ändert das? Dort wird nach rechts und links totgeschlagen. Aber ich habe nicht geschrieben, dass ich dagegen bin, das Morden in Gaza hat mir niemand vorgeworfen, nur das im Libanon.

Einen Tag nachdem ich meinen Vortrag im Dorf wegen der Verbrechen der Hisbollah mit meinem Herzenswunsch beendet hatte, Nasrallahs Kopf würde auf einem Pfosten auf dem Rabinplatz aufgespießt werden, hat jemand in einer besonders dunklen Nacht an meine Tür geklopft, bumm, bumm, bumm, ich schwöre euch, dass es so war. Meine Frau stand erschrocken auf und die Kinder fingen an zu weinen. »Wer ist da?«, schrie ich durch die Tür.

»Araber! Mach auf, das Haus ist umstellt, wenn du nicht aufmachst, brechen wir die Tür auf.« Ich drehte den Schlüssel im Schloss, und schon stürzte sich eine Truppe echter Araber auf mich, ich konnte sie dem Geruch nach identifizieren. Meine Frau und die Kinder schrien erschrocken, zwei bärtige Araber gingen auf mich los, zwei andere Bärtige fingen an, mir ins Gesicht und gegen die Rippen zu schlagen. Meine Frau und die Kinder standen erschrocken dabei und sahen alles. »Bist du im Krieg für Israel?«, fragte einer und versetzte mir einen Faustschlag.

»Ja, ich bin für Israel, ja«, schrie ich und fing an, die Hatikva zu singen. Die Faustschläge und die Fußtritte störten mich nicht, ich blieb standhaft. Wenn sie nicht meine Kinder gepackt und mit der Waffe bedroht hätten, hätte ich nicht nachgegeben. Erst dann sagte ich, gut, wir werden tun, was ihr wollt, nur damit ihr uns in Ruhe lasst. Sie gaben mir zwei vorbereitete Kolumnen, eine über die Piloten der Luftwaffe, die zweite über die Panzerführer, die ich laut vorlesen sollte und die in den nächsten Wochen genau so veröffentlicht werden mussten. Ich gab die beiden Kolumnen sofort an die Redaktion weiter, mitten in der Nacht. In der Redaktion korrigierten sie »b« und »p«, damit hatte ich nichts zu tun. Mein Plan war, am nächsten Morgen bei der Redaktion anzurufen und alles zu erklären. Doch die Araber, ihr Name sei ausgelöscht, waren nicht so dumm, wie ich dachte, sie waren Schlangen. Sie nahmen eines meiner Kinder als Geisel und sagten, sie würden es erst am Ende der Woche freilassen, wenn sie sich versichert hätten, dass ihr giftiges Propagandamaterial tatsächlich veröffentlicht worden sei.

Übrigens ist es jetzt Zeit, das mitzuteilen, die Redakteure der Zeitung waren natürlich nicht bereit, diese Kolumnen zu veröffentlichen, standen sie doch im Gegensatz zu ihrem Standpunkt und zur Politik der Zeitung. Erst bei einer geheimen Sitzung, in der der Ernst der Situation erhellt wurde und sie verstanden, dass das Leben eines Kindes in Gefahr war, erklärten sie sich mit einer Veröffentlichung einverstanden. Gott sei Dank wurde das Kind freigelassen und erzählte, dass es in einem Zimmer voller Kinder von Mitarbeitern der *Haaretz* festgehalten wurde. Es gibt welche, deren Namen ich aus Gründen der Sicherheit nicht nenne, die schon seit Beginn der ersten Intifada festgehalten werden.

Doch inzwischen bin ich, auf Anweisung der Sicherheitsbehörden, in eine der Siedlungen gezogen und werde sorgfältig geschützt. Mir ist klar, dass mein Leben in Gefahr ist. Es handelt sich um blutrünstige Fanatiker, die bestimmt in einer Ecke lauern und auf den richtigen Moment für eine Aktion warten. Gegen den Rat der Sicherheitsbehörden habe ich beschlossen, die wahre Geschichte hier öffentlich zu machen, vor euch, obwohl ich weiß, dass ich damit mein Leben riskiere. Ich werde alles durchstehen. Hauptsache, keiner kündigt meinetwegen sein Abonnement.

15. September 2006

Die Naht

Am Donnerstag habe ich mich großartig gefühlt. Nachmittags reichte ich die von mir erwarteten Artikel ein und der Chefredakteur sparte nicht mit Lob. Und nicht nur das, das gute, richtige Gefühl begleitete mich den ganzen Abend. Ich lachte mit den Kindern und flehte meine Frau an, mit mir auszugehen, aber sie wollte nicht. »Geh allein aus, aber komm nicht zu spät nach Hause«, sagte sie, meinte wirklich, dass ich außer Haus gehen solle, irgendwie schien sie sich für mich zu freuen.

Alles lief prima. Ich sang unter der Dusche. Sogar der Spiegel lachte mich an, die Drei-Tage-Stoppeln sahen gut aus, ich beschloss, mich nicht zu rasieren. Das Deodorant brannte mir nicht in den Achselhöhlen. Mein Lieblingshemd und meine Lieblingshose waren sauber und gebügelt und rochen angenehm frisch gewaschen. Das passiert nicht oft, ich atmete tief und spürte, dass kein Schleim in meinen Lungen saß und mein Bauch nicht aufgebläht war. Ich beschloss, trotz aller Gegenbehauptungen daran zu glauben, dass Schönheit eine Sache des inneren Gefühls sei, dass Schönheit das sei, »was du ausstrahlst«. Wie ließe sich sonst wissenschaftlich erklären, dass ich einen toll aussehenden Kerl im Spiegel sah? Alle Falten hatten sich geglättet, machten mich auf einmal charmant, alle Beulen, die ich sonst so hasste, sahen plötzlich fast vollkommen aus, sogar das Gel verteilte sich diesmal gut in den Haaren.

»Hoppla«, sagte meine Frau, als ich aus dem Schlafzimmer kam. »Du siehst aus wie ein Bräutigam. Komm bald zurück, ich werde auf dich warten.« Sie gab mir einen liebevollen Kuss auf die Wange, ich warf die Autoschlüssel in die Luft und verließ das Haus, um die Hauptstadt zu erobern.

Das Auto sprang beim ersten Versuch an und setzte sich in Bewegung, und Nick Drake stimmte ein melancholisches Lied an. Ich hatte keine Lust darauf, ich nahm die CD heraus und stellte den Militärsender an. »London Bridge«, ein rhythmisches Lied, das sich eine Truppe irgendwo im Norden gewünscht hatte, ein neues Lied von einer piepsigen Sängerin, das ich zum ersten Mal hörte, aber es passte zu meiner Stimmung und ich sang laut mit, tanzte fast auf meinem Sitz.

An der ersten Ampel schaute ich lachend geradeaus, ich wusste, dass die schöne Frau, die ihren BMW neben mir abbremste, den Blick kaum von mir lassen konnte, es war eine Frage des Gefühls. Ich schaute mich nicht um.

An der zweiten Ampel standen wir wieder nebeneinander und ich wusste, dass sie es absichtlich so eingerichtet hatte, um mich noch einmal zu betrachten. Nur weil ich nicht nur gut aussehe, sondern auch sensibel bin, erlaubte ich ihr, nach rechts zu schauen, und sah mich irgendeinem Angeber gegenüber, der in sein Handy sprach. Auch das verdarb mir nicht das Siegesgefühl, »Sex machine« im Radio gab mir die Sicherheit zurück, und der perfekte Parkplatz, zwei Meter vom Pub in der Ben-Sira-Straße entfernt, bewies, dass mein Stern weiterhin strahlte.

Es war noch relativ früh, und ich ergatterte einen Hocker mit exzellentem Überblick über die Bar. Im Hintergrund erklang ausgezeichnete Musik, das Bier strömte durch meine Kehle und die Zigarette erhöhte das Vergnügen. Ich wippte zum Takt der Musik auf meinem Sitz hin und her, bewegte die Schultern wie einer, der den Takt genießt, doch nur in Maßen. Schnell wurde es voll. Ich war genau zum richtigen Zeitpunkt gekommen, Blicke trafen mich. Zwei Frauen, Freundinnen, setzten sich neben mich, absichtlich, das war klar. Ich schaute geradeaus und sagte zum Barkeeper: »Entschuldigung, kann ich noch eins haben? Danke.«

»Ich hoffe, ich störe Sie nicht«, hörte ich die Frau zu meiner Linken sagen und schaute in ihre Richtung. Was für Augen, *ya al-*

lah, ich war ein bisschen verlegen. »Nein«, antwortete ich und bemühte mich, meine Stimme zu beherrschen.

»Bist du's?«

Ich wusste, dass sie mich erkannt hatte. Ich streckte die Hand aus und stellte mich vor.

»Jo, ich glaub's nicht. Ich habe dich mir ganz anders vorgestellt. Nein, ich bin überrascht. Angenehm überrascht, wie man sagt. Ich habe gedacht, du wärst ganz ... anders. Als meine Freundin sagte, dass du es bist, habe ich ihr nicht geglaubt. Jo, was rede ich überhaupt? Ich heiße Neta, ich lese deine Kolumnen wirklich sehr gern.«

»Danke«, sagte ich und trank einen Schluck Bier. Ich sage euch, es liegt alles nur am inneren Gefühl, so etwas wie äußere Schönheit gibt es nicht. Tatsache ist doch, dass wir uns schon in weniger als einer Minute zuprosteten und über Jerusalem sprachen, über ihr Studium, das letzte Jahr Medizin, sie wolle sich auf Gynäkologie spezialisieren, sagte sie. Wow, wie bescheiden ich doch sei, sie hätte nie gedacht, dass ich so jung sei. Und überhaupt, sie sei absolut links, obwohl sie in einer rechten Familie aufgewachsen sei, sie habe an der Uni eine arabische Freundin aus Bi'ina, und wie schwer es doch sei, Araberin zu sein. »Es braucht mehr Menschen, die denken wie ich, damit Araberinnen sich befreit fühlen.« Ich spielte passenderweise den Feministen seit Geburt, warum auch nicht.

Sie ließ ihr Feuerzeug von der Bar fallen und ich, ein echter Gentleman, bückte mich, hob es vom Boden auf, um es ihr hinzuhalten. In dem Moment spürte ich, wie eine Naht an meiner Hose aufplatzte. Ich wurde rot und hoffte nur, sie habe es nicht gehört. Ich richtete mich wieder auf. Sie sah aus, als hätte sie es nicht mitbekommen. Ich schaute mich um und konnte keine amüsierten Blicke entdecken. Nicht alle Leute schauen dich die ganze Zeit an, sagte ich mir, bilde dir das nicht ein.

»Was ist?«, fragte sie, als ich versuchte, mein Zittern zu unterdrücken.

»Nichts, gar nichts«, sagte ich und zündete ihr die Zigarette an.

»Ich habe Lust auf was Starkes«, sagte sie und bestellte einen Whisky.

»Nein«, sagte ich und verlangte noch ein Bier. Ich musste meine Selbstbeherrschung bewahren. Der Staat sei wirklich beschissen, sagte sie, sie verstehe, warum ich traurig sei, bestimmt wegen der Kinder in Gaza, sie hätten dort nichts zu essen. Ich nickte.

»Was für ein schönes Lied. Ich habe Lust zu tanzen, kommst du mit?«

»Nein«, sagte ich und versuchte ein Lächeln, »das ist mir ein bisschen unangenehm.«

Ich schaute ihr beim Tanzen zu, eine ganze Gruppe junger Männer umgab sie, sie winkte mir, ich schüttelte den Kopf. Vorsichtig, damit es niemand bemerkte, tastete ich die Rückseite meiner Hose ab. Ich spürte den Riss nicht und hoffte nur, er würde nicht so auffallen, außerdem bemühte ich mich, so zu sitzen, dass ich ihn möglichst verbarg. Es war erst Mitternacht, und meine Blase regte sich. Ich würde keinen Schluck mehr trinken.

Neta kam schwitzend zurück. Sie bestellte noch einen Drink und trank das Glas auf einen Zug leer. »Was, du hast wirklich keine Lust zu tanzen?«, fragte sie.

»Nein, sei mir nicht böse.«

»Mache ich dir vielleicht Druck?«

»Nein, überhaupt nicht. Ich bin halt so …«

»Vielleicht gehen wir ein bisschen raus, frische Luft schnappen? Es ist schön warm.«

»Ach, ich könnte meinen Platz verlieren, du weißt doch, wie es hier ist.«

Sie setzte sich. »Jo, ich fühle mich wirklich beschissen, entschuldige, dass ich dich so überfallen habe. Bestimmt passiert dir das ständig.«

Nun, noch nie war es mir passiert, aber ich nickte und das Herz tat mir weh, als sie bezahlte und ging. Drei Stunden saß ich wie angenagelt auf meinem Stuhl, verfluchte die Hose und den Tag, an dem ich sie gekauft hatte. Ich versuchte unnötige Bewegungen zu vermeiden, sonst wäre mein Bauch geplatzt. Drei Stunden saß ich da, ohne etwas zu bestellen, und wartete, dass die anderen gingen, damit ich aufstehen und zur Toilette gehen könnte. Ein Tisch blieb übrig, ein dummes Paar, das unbedingt schmusen musste. Der Barkeeper stellte schon die Stühle zusammen und machte die Kasse. »Wollen Sie noch was? Ich mache jetzt zu.«

Hoffentlich verschwinden sie bald, diese Scheißtypen, damit ich endlich pinkeln kann. Als ob es eine Rolle spielte, dass meine Hose einen Riss hatte. Als ob jemand jetzt, in der Dunkelheit, auch nur einen Meter weit sehen könnte. Aber ich konnte es einfach nicht, ich würde noch ein bisschen warten. Der Barkeeper verschwand, und dann verzog sich auch das letzte Paar. Ich rannte sofort zur Toilette. »Nicht eintreten, ich putze gerade«, rief der Barkeeper.

Ich rannte zum Auto, es sprang nicht an. Ich hatte Schwierigkeiten mit dem elektronischen Autoschlüssel und musste bis zum nächsten Versuch drei Minuten warten, ich fluchte, schaute rechts und links die Straße hinunter, stieg aus, mit dem Gesicht zur Wand, und befreite meinen Körper von seinen Qualen. »Wie eklig«, hörte ich jemanden sagen und verstand nicht, warum ich Idiot den Kopf drehte. »Jo«, hörte ich eine Frau aus einer Gruppe heraus sagen, »das ist er, der arabische Zeitungsmensch, wie heißt er?«

»Kashua.«

13. Oktober 2006

Frohes Fest

Es ist der Vorabend des Festes. Das Jaulen eines jungen Hundes schallt durch das ganze Haus. Aus dem Fenster des Wohnzimmers sehe ich ihn auf dem Dach des Nachbarhauses. Er hat einen Strick um den Hals, steht auf dem Betonboden und jault.

Mein Handy klingelt ein Mal und verstummt. Ich sehe »Papa« auf dem Display. Bestimmt will er wissen, ob ich wach bin. »Ja, ich bin wach«, sage ich zu ihm. »Gut, ich komme.«

In letzter Minute haben meine Eltern und zwei meiner Brüder ihre Pläne geändert, und statt am Montag zum Fest in den Sinai zu fahren, haben sie beschlossen, einen Tag davor abzureisen. »Mach die Runde zusammen mit deinem Bruder«, bat mein Vater, bevor wir anfingen, die Geschenke von seinem Auto in meines umzuladen. »Und pass auf Großmutter auf, gut? Bist du sicher, dass du nicht mitkommen willst? Schade, den Kindern würde es großen Spaß machen.«

Noch einmal Tira, noch einmal bis Mitternacht wach bleiben, am Vorabend des Festes schläft man schlecht. Ich bin mir nicht sicher, ob es an der Schlaflosigkeit liegt, die mir in der letzten Zeit zu schaffen macht, an diesem bedrückenden Gefühl der Ausweglosigkeit, das mich jedes Mal ergreift, wenn ich nach Hause komme, oder am Lärm der nicht enden wollenden Explosionen. Morgen beginnt der Feiertag. Offiziell nach dem Morgengebet, bis dahin wünscht man sich noch nicht einmal »Frohes Fest«, anders als bei den Juden, bei denen der Vorabend immer das Wichtigste ist. Id al-Fitr, das Fastenbrechen, gehört zu den wichtigsten Festen, die wir haben, und die Kinder wissen nichts Besseres, als für das Fest

Feuerwerkskörper und Knaller zu kaufen und sie die ganze Nacht auf die Straße zu werfen.

Ich beschuldige weder das Kultusministerium noch das Innenministerium. Nein, das tue ich nicht mehr. Ich glaube nicht, dass irgendetwas jetzt helfen kann. Mir ist klar, dass ich ein Schwarzseher bin, diese Neigung wird bei mir immer stärker, doch ich weiß auch, dass es sich dabei nicht um den Pessimismus handelt, der mich schon mein Leben lang begleitet. Ich spüre, dass wir die letzte rote Linie überschritten haben, und sehe keinen Weg, noch etwas zu retten.

Oh, Tira, wohin sind wir gekommen, was für schwere Tage sind das, o weh, o weh, o weh.

Am Morgen des Festes. Die Kinder wecken mich ziemlich früh. Der Hund auf dem Dach des Nachbarhauses jault immer noch, meine Tochter hat schon ihr Feiertagskleid an, sie wird mich begleiten. »Papa, wie seh ich aus?«, fragt sie.

»Sehr schön, frohes Fest.«

»Mama, machst du mir zwei Zöpfe?«

»Frohes Fest«, wünsche ich meiner Frau, »meine Eltern sind in der Nacht gefahren, ich schaue jetzt nach Großmutter.«

Großmutter ist nervös, sie ist grundsätzlich nervös und fast nie mit dem zufrieden, was meine Eltern seit ihrer Hochzeit unternommen haben. »Frohes Fest«, schreie ich ihr ins Ohr, damit sie es versteht, richtig sehen kann sie auch nicht mehr. »Hast du gesehen, was deine Mutter getan hat, sie hat ihn in ein Hotel geschleppt. Wer fährt am Fest in den Urlaub? Sie werfen ihr Geld zum Fenster heraus. Und wofür? Sie haben mich allein gelassen. Bald werden die Gäste kommen, und nichts ist im Haus.«

»Sie haben alles vorbereitet, für die Gäste ist alles da«, schreie ich und fange an, ihr Zimmer für die Gäste herzurichten, die vielleicht kommen werden. Obst, Kekse, Kaffee in der Thermoskanne, meine Mutter hat alles vorbereitet, bevor sie losfuhren. »Ich kaufe auch Schokolade«, schreie ich, »etwas Gutes, damit du zufrieden bist.« Ich gehe zum Lebensmittelgeschäft unten im Haus und bin zwei Minuten später wieder bei Großmutter.

»Wer ist da?«

»Ich bin's, Großmutttter.«

»Siehst du, sie sind am ersten Feiertag weggefahren und haben mich allein gelassen, sie schmeißen einfach ihr Geld zum Fenster hinaus. Sie haben nichts vorbereitet, dein Bruder hat alles gekauft.«

»Ich bin's, Großmutter.«

»Ach so, ich habe gedacht, du bist dein Bruder.«

Es ist das erste Mal, dass einer meiner Brüder und ich allein die Festbesuche erledigen. Im Allgemeinen ziehen wir früher los, aber mein Bruder hat sich in einem Einkaufszentrum in der nahen Stadt amüsiert, ist spät nach Hause gekommen und noch nicht aufgestanden. Um halb zehn beschließe ich, ihn zu wecken, denn ich will vor Anbruch der Dunkelheit nach Hause kommen. »In einer halben Stunde bin ich fertig«, verspricht er verschlafen.

Im Auto zähle ich sechzehn Geschenke. Sechzehn Wohnungen müssen wir aufsuchen, eine nach der anderen. Die Runde zum Fest. Ich rekonstruiere die Besucherliste, die wir zweimal im Jahr abarbeiten, solange ich mich erinnern kann. In genau der gleichen Reihenfolge wie immer, wir werden im Osten anfangen und im Westen des Dorfs aufhören, nein, der Stadt, ich vergesse immer, dass Tira jetzt eine Stadt ist.

»Du hättest sehen sollen, was gestern Abend hier los war«, sagt mein Bruder gleich nach seinem »Frohes Fest«. »Tausende waren auf der Straße, ein langer Stau, noch nie habe ich hier so einen Stau gesehen. Erstaunlich, bis ein Uhr waren die Leute auf der Straße.«

»Gut, fährst du mir nach?«

Ich weiß von vornherein, was uns in jedem Haus erwartet. Es sind die gleichen Geschichten, im Lauf des Jahres ändert sich wenig, ich weiß sogar, was im Haus eines jeden Verwandten auf dem Tisch stehen wird und in welcher Ordnung. Ich weiß, wer Kuchen serviert und wer Eis anbietet, wie die Festtagskekse bei jedem Einzelnen schmecken, wo es eine Schale mit Nüssen gibt und wie hoch der Prozentsatz an Cashewnüssen sein wird.

»Hast du schlafen können?«, murmele ich, als wir das erste Haus betreten.

»Hast du schlafen können?«, fragt mein Cousin und drückt mir die Hand. »Bis vier Uhr quietschende Autobremsen und Knallerei, was ist das bloß für ein Ort, wie halten es die Menschen hier aus?« Tatsache ist, dass ich nicht weiß, wie die Menschen es hier aushalten. »Was ist das für eine Geschichte mit den vermummten Menschen?«, fragt ein anderer Verwandter. »Dutzende junger Leute mit Masken treiben sich in der Stadt herum, was soll das?«

»Ja, ich habe sie gesehen«, antwortet mein Bruder. Das Fest ist hier wirklich bedrückend, ich fühle eine schwere Last, als ich von Freudenschüssen aus Autos höre, einfach so, zum Spaß, und ich werde verrückt, als ich von den drei Getöteten höre, mitten auf der Straße erschossen am Abend des Fests im nahegelegenen Jaljalija. Was wird aus uns? Mir drückt es das Herz ab.

»Gut«, sage ich nach einer Viertelstunde Geschichten und darüber, was gestern Abend passiert ist, »wir müssen weiter, habt ein frohes Fest.«

Alle stehen nach mir auf und ich habe einen Moment lang das Gefühl, dass ich die Rolle eines Familienvaters ausfülle, eines Mannes, der bestimmt, wo es langgeht. »Einen Moment«, sagt mein Cousin und hält meiner Tochter einen Geldschein hin. »Hadia« nennt man das Geld für die Kinder, zu Ehren des Fests. Das Mädchen nimmt das Geld, sagt danke und steckt es in ihre Festtagstasche. Sie lächelt mich glücklich an, das Glück des Fests, das mich blitzschnell dreißig Jahre zurückversetzt, und ich verstehe sofort, dass hier alles in Ordnung ist. Nichts hat sich verändert.

27. Oktober 2006

Statt einer Geschichte

Ich habe große Lust, zur Abwechslung mal etwas Kluges zu schreiben. Vielleicht eine Kurzgeschichte mit einer dunklen Stimmung und unklarem Schluss. Etwas, was Eindruck macht. Die Leser werden mit offenem Mund dasitzen, wenn sie meine Geschichte gelesen haben, die Raucher unter ihnen werden sich eine Zigarette anstecken und sich an den Kopf greifen, und die Nichtraucher werden in diesem Moment überlegen, ob sie nicht mit dem Rauchen anfangen sollen. Für solch eine Geschichte muss ein vernünftiger Schriftsteller betrunken sein, aber ich habe nichts im Haus. Gar nichts. Ich habe im Kühlschrank gesucht, in den Schränken, unter der Spüle. Nichts. Ich bin seit Langem clean.

Es ist ziemlich spät, sonst wäre ich losgefahren, um etwas zu kaufen. Aber um diese Uhrzeit müsste ich bis ins Stadtzentrum, um einen offenen Laden zu finden. Ich rufe meinen Nachbarn an. »Hallo?«

»Ja, was ist? Alles in Ordnung?«

»Ja, ja. Habe ich dich geweckt?«

»Nein, nein.«

Ich weiß, dass es doch so ist, aber das macht mir nicht wirklich etwas aus. »Sag mal, hast du vielleicht was zu trinken?«

»Jetzt?«

»Keine Angst, ich will es mir nur abholen. Ich stecke fest, ich brauche etwas für eine ernste Geschichte, eine lange, also hast du was?«

»Keine Ahnung, ich muss nachschauen.«

»Tu das. Ich komme rüber.«

Er hat einen Rest Finnlandia, in Zimmertemperatur. Ich habe

nichts zum Verdünnen. Wir haben nicht einmal Eis in der Gefriertruhe. Meine Frau schläft, sonst hätte ich ihr Vorwürfe gemacht. Der Wodka reicht nicht für eine gewichtige Geschichte. Es tut mir leid, ihr werdet euch, so wie ich mich auch, mit einer mittelmäßigen zufriedengeben müssen.

Ich habe viel zu erzählen und werde mit etwas Gutem anfangen. In der letzten Woche habe ich zu meiner Freude festgestellt, dass ich, anders als erwartet, in den letzten Jahren die Fähigkeit zu weinen noch nicht verloren habe. Ich meine damit nicht einfach Tränen in den Augen oder das Weinen eines Betrunkenen, sondern das echte Weinen, das Schluchzen mit ganzen Strömen von Tränen, das Weinen, wie es nur Kinder fertigbringen. Ich schaute mir die Nachrichten auf einem arabischen Sender an, ich sah die Leichen von kleinen Kindern und weinte. Ich war nicht zornig, ich wurde nicht nervös, ich weinte nur sehr lange. Ich schaltete um und sah mir eine ägyptische Komödie an, die zum zehnten Mal ausgestrahlt wurde, trotzdem flossen meine Tränen von ganz allein weiter.

Erst als ich draußen die Schritte meiner heimkehrenden Familie hörte, sprang ich vom Sofa auf. Ich rannte sofort ins Badezimmer, wusch mir das Gesicht und lief, als es klingelte, mit dem Handtuch los, um die Tür zu öffnen. Meine Tochter kam als Erste in die Wohnung, und statt mir wie üblich in die Arme zu springen und mir einen Kuss zu geben, warf sie ihren Ranzen auf den Boden und sprang mit einem verzerrten Gesicht auf das Sofa.

»Was ist passiert, meine Süße?«

»Ich will nicht mehr in die Schule gehen.«

Meine Frau trat ein, über der Schulter den Kleinen, dem der Rotz bis zum Schnuller lief. Ohne nachzudenken, wischte ich ihm den Rotz mit dem Handtuch über meiner Schulter ab. Er fing an zu brüllen.

»Was hast du getan?«

»Nichts, gar nichts.«

»Warum wischst du ihn mit dem Handtuch ab, das deine Eltern vor zwanzig Jahren aus dem Hotel *Dan Panorama* geklaut haben?«

»Entschuldige. Meine Eltern sind immerhin in Hotels gegangen, ganz im Gegensatz zu deinen.«

Der Kleine weinte. Ich streckte die Arme nach ihm aus, und das brachte ihn dazu, sich nur noch stärker an seine Mutter zu klammern und mir den Rücken zuzukehren. Wer weiß, womit sie ihn bestochen hat. Mit einer Kopfbewegung zu meiner Tochter, die das Gesicht im Sofa vergraben hatte, fragte ich: »Was ist passiert?«

»She doesn't want to go to school«, sagte meine Frau. Seit unsere Tochter auch Hebräisch beherrscht, sprechen wir Englisch, damit sie uns nicht versteht. Aber was soll ich sagen, unser beider Englisch ist beschissen, und das wenige, was wir wissen, nützt nichts zum gegenseitigen Verständnis, denn ich stamme aus Süd-Tira und meine Frau aus Nord-Tira, das sind zwei verschiedene Welten.

»Why? What happened?«, fragte ich und versuchte, den Akzent von Nord-Tira zu imitieren, damit mich meine Frau besser verstand.

»Sie glaubt, sie ist dumm«, fuhr meine Frau auf Englisch fort. »Sie sagt, man hat den fortgeschrittenen Kindern in der Klasse andere Hefte gegeben.«

»What, what, what?«, schrie ich mit südlichem Akzent, der alle Schranken in mir niederriss. »Who is fortgeschrittener than my daughter?«

»Weiß nicht, ich kann nur wiederholen, was sie gesagt hat. Ich habe keine Ahnung, ob es ernst ist oder nur Theater.«

»Was soll das heißen, Theater?«

»Weiß nicht, es hört sich einfach nicht vernünftig an. Wir schicken sie in eine offene, nicht leistungsfixierte Schule. Eine, in der es angeblich keine Konkurrenz unter den Kindern gibt.«

»Hat sie gesagt, wer die fortgeschrittenen Kinder sind?«

»Ja.«

»Jüdische oder arabische?«

»Nach dem, was sie gesagt hat, nur jüdische.«

»Fuck, I knew it«, schrie ich. »Wie sagt man Konspiration auf Englisch?«

»Conspiration«, sagte meine Frau. Sie kommt von der Akademie.

»Exactly. Das ist eine verdammte Scheiße, sage ich dir.«

»Was meinst du?«

»Ich habe darüber gelesen, das nennt man Politik der Nichtbeachtung. Ich glaube, bei Azmi Bischara oder Emil Thoma, I can't remember now. Man verspricht eine offene Erziehung dafür, dass die Kinder nichts lernen. Aber es sind letzten Endes nur die arabischen Kinder, die nichts lernen. Ein geheimer, vorgefertigter Plan, noch aus der Baseler Zeit.«

»Gut, gut, aber sag mal, warum hast du so geschwollene rote Augen?«

»Ach, das ist nichts. Ich glaube, es liegt am Computer. Ich habe heute viel geschrieben, frag bloß nicht.«

(Ehrlich gesagt, die Fortsetzung der Geschichte war sehr traurig und führte zu drastischen Veränderungen in unserem Leben. Wir waren beide in der Schule Klassenbeste gewesen, sie im Norden Tiras, ich im Süden. Wir haben uns erst in Jerusalem getroffen und uns schon damals geschworen, vor zwölf Jahren, dass unsere Kinder eine andere Kindheit haben sollten als wir. In dieser Woche entdeckten wir, dass die Realität stärker ist, als wir dachten. Glaubt mir oder nicht, es gibt noch immer Dinge, die ich nicht erzählen kann. Deshalb gebe ich dieser Geschichte ein fiktives Ende. Wenigstens halbwegs.)

Mir brach das Herz, als ich hörte, wie meine Tochter, als sie sich endlich vom Sofa erhob, sagte, sie sei eben dumm, in ihrer Klasse gebe es viele Kinder, die klüger seien als sie. Ich nahm sie fest in den Arm und erklärte ihr, es sei nur wichtig, dass sie sich selbst treu sei und nicht auf andere schauen solle und dass wir sie genau so liebten, wie sie war, sogar wenn sie dumm wäre, würden wir sie vor ihrem achtzehnten Lebensjahr nicht wegschicken, es sei denn, sie fände mit fünfzehn einen Bräutigam. Sie lächelte, und ich küsste sie und erklärte ihr mit warmer Stimme, wenn das wahr wäre, könnte ich nur die Gene beschuldigen, die sie von ihrer Mutter geerbt hätte. Sie erwiderte meinen Kuss und fragte: »Was sind Gene?« Und dann sagte sie, ihre Mama habe im Auto das Gleiche über mich gesagt.

17. November 2006

Windpocken

Auf der Bühne stand ein schwarzer Flügel, im Saal saßen Eltern. Die Lehrerin stieg auf die Bühne, das Programm in der Hand, und begrüßte das Publikum, wünschte, dass ihm die Musik gefallen möge, und stellte das Programm für diesen Abend vor. »Zuerst wird die jüngste Teilnehmerin spielen«, sagte sie, und ich streichelte meiner Tochter über den Kopf und ihre Mutter gab ihr einen Kuss. Ich schaltete meine kleine Videokamera kurz vor dem Moment ein, in dem die Lehrerin ihren Namen nannte und meine Tochter aufforderte, auf die Bühne zu kommen. Sie ging langsam, mit gesenktem Blick, und setzte sich unbeholfen hin. In der Kamera sah ich, dass ihr ein Schauer über den Rücken lief.

Am Morgen hatte sie aus dem Sekretariat angerufen und gebeten, abgeholt zu werden. Als ich kam, stellte ich fest, dass sie rote Flecken im Gesicht hatte. Sie weinte und erzählte, die anderen Kinder hätten sie ausgelacht. Ich war nicht sicher, ob das stimmte; mir scheint, Kinder wissen genau, dass ihre Eltern empfindlich reagieren, wenn sie einen Satz hören wie: »Die anderen Kinder haben mich ausgelacht.« Manchmal sieht es aus, als wären alle Eltern davon überzeugt, dass ihre eigenen Söhne und Töchter Opfer der Grausamkeit anderer Kinder wären, etwas, was sie absolut nicht zulassen können. Es ist, als wären sie selbst in der Schule Opfer von Gewalt gewesen, und das dürfe ihren eigenen Kindern auf keinen Fall passieren. Kinder können nun mal die grausamsten Menschen sein, die man sich nur vorstellen kann, vor allem die besonders netten.

»Also was ist, fahren wir nach Hause?«, fragte ich meine Tochter.

»Ich weiß nicht. Können wir woanders hin?«, antwortete sie.

Im Gilopark lachte sie und rannte schnell zu den leeren Schaukeln, bevor jemand anderes ihr zuvorkommen konnte. Sie war ebenso überrascht wie ich, dass es so leer war und man noch nicht einmal vor den beliebten Schaukeln Schlange stehen musste. An diesem Sonntagmorgen waren zwei Gruppen von Kindern im Park, sie sprachen Englisch und spielten miteinander. Die eine Gruppe war teilweise blond, die andere sah indisch oder pakistanisch aus. Die dazugehörigen Eltern saßen auf der Steinmauer, die den Spielplatz umgab. Ich setzte mich in sicherem Abstand auf eine Holzbank und warf einen Blick auf die beiden Autos auf dem Parkplatz und stellte fest, dass es sich um zwei Jeeps mit weißen Nummernschildern handelte.

Ich habe sie schon immer beneidet, diese Besitzer weißer Nummernschilder, die durch Jerusalem fahren. Ich hatte schon immer einer von denen sein wollen, die man bei uns »Uno« nennt. Doch die meisten Journalisten gehören nicht zur Uno, sondern sind einfache Ausländer mit Mietautos und gelben Nummernschildern. Uno ist, genau genommen, die Bezeichnung für jeden Fremden, der bereit ist, für seine Wohnung die dreifache Miete zu bezahlen.

Ich betrachtete die Unotypen und ihre Kinder. Fremde Kinder kommen mir immer viel besser erzogen vor als die Kinder hier, auch wenn sie sich gegenseitig verhauen. Während ich darüber nachdachte, dass ich, hätte ich es geschafft, eine Heirat bis, sagen wir mal, fünfundzwanzig zu vermeiden, hätte ich jetzt eine gute Chance, mir irgendeine Unofrau von einer bedeutenden französischen Zeitung zu schnappen. Dann wäre alles anders. Das Gefühl, dass mein Leben ganz anders verlaufen würde, müsste ich nicht für die Miete sorgen, lässt mich einfach nicht los.

Meine Tochter schaute zu den Englisch sprechenden Kindern hinüber, und als diese zurückschauten, verließ sie ihre Schaukel und kam zu mir.

»Papa, was sagen sie?«, fragte sie zornig.

»Nichts, sie spielen, sie haben nichts gesagt.«

»Bist du sicher, dass sie nicht über mich gesprochen haben?«

»Nein, sie haben nicht über dich gesprochen.«

Meine Tochter kehrte zu ihrer Schaukel zurück, die Mütter riefen ihre Kinder und alle gingen. Ich sah, dass meine Tochter den Kopf senkte und davon absah, die Beine anzuziehen und zu strecken, wie sie es sonst tat, wenn sie möglichst hoch hinauf schaukeln wollte. Sie saß dort und wartete darauf, dass die Schaukel sich langsam auspendelte und stillstand.

»Sie wollten nur woanders spielen«, sagte ich zu ihr und schob ihr die Haare zurück, die ihr über das Gesicht gefallen waren.

»Ich möchte gehen«, sagte sie und lief vor mir her zum Auto.

Wir hatten noch ungefähr eine Stunde bis zum Arzttermin. Es lohnte sich nicht, nach Hause zu gehen, es war besser, ein bisschen mit dem Auto herumzufahren. »Man sieht fast nichts mehr«, sagte ich zu meiner Tochter, die still auf dem Rücksitz saß. Im Spiegel sah ich, dass meine Worte sie nicht überzeugten, ich versuchte es noch einmal: »Du wirst sehen, bis heute Abend ist alles weg.« Und sofort war mir klar, dass ich einen großen Fehler gemacht hatte. Ich hätte das Wort »Abend« nicht erwähnen dürfen, bestimmt setzte es meine Tochter noch mehr unter Druck. Ich sollte lieber den Mund halten, deshalb suchte ich eine CD aus, die sie mochte, und fuhr ziellos durch die Gegend.

Im Wartezimmer der Praxis saßen uns zwei ältere, sehr gepflegte Frauen gegenüber. Sie waren mit schönen, glitzernden Ohrringen geschmückt, und am Handgelenk der einen klirrten mehrere Armreifen. »Mir tut seine Frau leid«, sagte eine der Frauen. »Ja, wirklich, die Ärmste, eine gute Frau, es ist wirklich traurig.«

»Die Beerdigung ist um drei, nicht wahr?«

»Ja, aber ich kann nicht hingehen, es fällt mir schwer, weißt du, ich werde später bei ihr vorbeigehen.«

»Nein. Ich muss wegen Fanny hingehen, die Ärmste, sie war bei der Beerdigung meines Mannes und zweimal während der Trauertage.«

»Ja, sie ist wirklich eine Seele von Mensch.«

»Was hat sie eigentlich, Windpocken?«, fragte die Frau mit den klirrenden Armreifen, während sie meine Tochter mit zusammengekniffenen Augen musterte. »Das ist nicht schlimm, Süße, eine Woche oder zehn Tage, dann ist es vorbei.«

»Es sind keine Windpocken«, stellte die Ärztin fest, nachdem sie sich überzeugt hatte, dass meine Tochter nur im Gesicht Pocken hatte. »Habt ihr die Seife gewechselt?«, fragte sie, und meine Tochter schüttelte den Kopf. »Hautcreme? Ein neues Kopfkissen? Neue Bettwäsche? Es ist eine Allergie gegen irgendetwas, weißt du nicht mehr, was du dir ins Gesicht geschmiert hast, Schätzchen?«

»Nein.«

»Gut«, sagte die Ärztin zu mir, »ich verschreibe ihr Tropfen gegen die Allergie, sie machen ein bisschen müde, wenn Sie also sehen, dass sie irgendwie verschlafen ist, wissen Sie, dass es wegen des Medikaments ist.«

»Heute Abend hat sie eine Veranstaltung«, sagte ich.

»Dann sollte sie die Tropfen erst vor dem Schlafen bekommen«, sagte die Ärztin.

»Papa«, flüsterte meine Tochter, »frag sie, ob ich heute Abend Make-up auflegen darf.«

»Nein, das ist keine gute Idee, es könnte die Sache noch schlimmer machen«, sagte die Ärztin und wandte sich meiner Tochter zu. »Du brauchst kein Make-up, du bist auch so sehr schön.«

Im Auto schlief sie ein. Prima, sie musste am Abend gut gelaunt sein, es war ihr erstes Konzert. Schon seit über einem Monat hatte sie auf diesen Tag gewartet, nur um morgens aufzuwachen und ein mit roten Pusteln übersätes Gesicht im Spiegel zu sehen.

»Sie ist vor einer Stunde eingeschlafen«, sagte ich zu meiner Frau, als sie von der Arbeit kam.

»Sehr gut«, sagte sie, »wir lassen sie noch eine halbe Stunde schlafen, dann wecken wir sie. Gleich kommt der Babysitter.«

Wir hatten uns schon umgezogen, als wir sie weckten. Die Babysitterin spielte im Wohnzimmer mit dem Kleinen, und er lachte, bevor er anfing zu weinen. Meine Tochter rannte sofort zum Schrank und holte ihre Anziehsachen heraus, die sie für heute Abend ausgesucht hatte, eine rosafarbene Strumpfhose und ein rotes Kleid, dazu eine Kette mit einem kleinen Schmetterling. »Mama, mach mir Zöpfe«, bettelte sie. Und dann lief sie zum Spiegel, um das Ergebnis zu begutachten.

19. Januar 2007

Liebst du mich?

»Kannst du einen Moment kommen?«, rief ich meiner Frau aus dem Arbeitszimmer zu.

»Was willst du? Ich muss sauber machen«, antwortete sie geduldig, wie sie es üblicherweise tat.

»Ich weiß nicht, was ich schreiben soll, deshalb werde ich dich diese Woche interviewen. Aber rede nicht über Sauberkeit, das stellt mich als Chauvinist dar.«

»Warum willst du mich interviewen?«

»Das weiß ich noch nicht.«

»Gut, frag, was du willst.«

»Worüber möchtest du sprechen?«

»Über nichts, stell deine Fragen, wenn du welche hast.«

»Liebst du mich?«

»Ja«, sagte sie.

»Lügnerin.«

»Das ist kein professionelles Interview.«

»Hast du der Zeitung nichts Wichtiges mitzuteilen?«

»Frage, dann antworte ich.«

»Wie geht es dir bei der Arbeit?«

»Ich hasse die Arbeit, sie ist mir zuwider.«

»Deine Kollegen werden das lesen.«

»Na und, wissen sie es nicht? Die Klienten mag ich. Aber das Institut hasse ich.«

»Sei vorsichtig, das erfährt die Verwaltung.«

»Das ist mir egal. Man schuftet wie ein Esel und bekommt nichts. Es gibt keine finanzielle Entschädigung, das bisschen Geld reicht nicht zum Leben, man tritt auf der Stelle.«

»Nenne für unsere Leser deine Arbeitsstelle.«

»Das geht nicht. Ich bin Sozialarbeiterin.«

»Herzlichen Glückwunsch, ihr habt einen neuen Sozialminister. Was kannst du zu ihm sagen?«

»Keine Ahnung, ich habe sein Foto gesehen, wie heißt er, Buji, oder? Er war früher beim Ministerium für Tourismus, nicht wahr?«

»Was hältst du von ihm?«

»Alles, was ich von ihm weiß, ist, dass er eine Affäre mit Bar Refaeli hatte.«

»Liebst du mich?«

»Ja, das habe ich schon gesagt.«

»Warum?«

»Hab ich vergessen. Jetzt fragst du das, nach zwölf Jahren?«

»Du willst dich also nicht scheiden lassen?«

»Nein.«

»Warum nicht?«

»Ich habe keine Klagen.«

»Wirklich nicht?«

»Keine Ahnung. Zurzeit stört mich die Ehe nicht. Ich denke nicht über dich nach. Mich stört die Arbeit. Die Arbeit und das Studium.«

»Was ist mit dem Studium?«

»Ich möchte etwas lernen. Aber habe ich überhaupt Zeit?«

»Was möchtest du lernen?«

»Ich weiß nicht, ob ich mich weiter mit Sozialarbeit beschäftigen oder lieber etwas ganz anderes machen soll.«

»Was zum Beispiel?«

»Einen Beruf mit einem normalen Gehalt. Mit besseren Bedingungen.«

»Wie was?«

»Automechanikerin oder Versicherungsgutachterin.«

»Wow, Automechanik, dann könnte ich dich als erste arabische Automechanikerin interviewen.«

»Ja, man könnte mich mit ölverschmierten Händen unter einem Auto fotografieren.«

»Aber warum machst du dir solche Sorgen wegen des Gehalts?«

»Warum? Du fragst warum? Weil du am Ersten jeden Monats sofort anfängst zu schreien, wenn du bei der Bank angerufen hast.«

»Nur weil ich schreie?«

»Auch. Wenn ich irgendwann einmal allein lebe, kann ich mich mit meinem Gehalt nicht ernähren, ganz zu schweigen von den Kindern.«

»Moment, du willst dich also doch scheiden lassen?«

»Nein. Aber angenommen, du stirbst.«

»Pfui, was ist mit dir?«

»Gut, nicht sterben. Du hast aufgehört zu schreiben, man hat entdeckt, dass du kein Talent hast, du bist zusammengebrochen, versuchst, dir das Leben zu nehmen, und bleibst mit einem Gehirnschaden zurück. Was ist dann mit mir?«

»Es gibt doch die staatliche Rente, nicht wahr?«

»Wie viel ist das schon? Du hast doch keine private Versicherung abgeschlossen. Wie viel Staatsrente bekomme ich denn?«

»Gut, gut, hören wir jetzt mit der Arbeit und dem Studium auf. Was sagst du zur politischen Lage?«

»Zur politischen Lage? Alles beschissen.«

»Könntest du das genauer formulieren?«

»Ich habe keine besonderen Einsichten. Ganz allgemein ist es schlecht, Araber zu sein.«

»Und Jude?«

»Das kommt mir auch nicht so toll vor.«

»Hättest du einen Juden geheiratet?«

»Nein.«

»Das ist rassistisch.«

»Nein, ist es nicht. Das Land ist korrumpiert.«

»Was hat ein korrumpiertes Land damit zu tun, einen Juden zu heiraten?«

»Es ist der gleiche Grund, weshalb ich nicht will, dass unsere Tochter einen Juden heiratet.«

»Ach nein? Dabei habe ich gedacht …«

»Wozu? Haben wir nicht genug Schwierigkeiten? Warum soll man sich von vornherein neue Schwierigkeiten aufladen?«

»Und was ist mit der Liebe?«

»Man muss schon vor der Liebe Entscheidungen treffen, man muss von klein auf wissen, dass es verboten ist.«

»Glaubst du, unsere Tochter weiß, dass es ihr verboten ist, sich in einen Juden zu verlieben?«

»Ja.«

»Wie kommst du darauf?«

»Sie spielt in der Schule nicht mit Juden. Möchtest du, dass sie einen heiratet?«

»Wer hat dir gesagt, dass sie nicht mit ihnen spielt?«

»Sie.«

»Warum nicht?«

»Sie hat gesagt, die jüdischen Kinder lassen sie nicht mitspielen.«

»Das ist nicht wahr.«

»So hat sie es erzählt. Sie hat ein paar Kinder aus der jüdischen Gruppe angesprochen und die wollten nicht, dass sie mitspielt.«

»Das wird sich ändern, wenn sie älter ist.«

»Dann werden wir mit ihr reden.«

»Was wirst du ihr sagen?«

»Dass es verboten ist, einen Juden oder einen Christen zu heiraten.«

»Auch Christen lehnst du ab?«

»Natürlich.«

»Warum?«

»Also noch einmal: Auch so ist es schwer, warum soll man sich neue Schwierigkeiten aufladen? Was soll sie mit einem Christen anfangen?«

»Und was ist mit der Liebe?«

»Ich richte mich nach dem Verstand, nicht nach Gefühlen.«

»Hast du dich nach dem Verstand gerichtet, als du mich geheiratet hast?«

»Das war ein Glückstreffer, Verstand und Gefühl kamen zusammen.«

»Lügnerin.«

»Schreib nicht, dass ich eine Lügnerin bin.«

»Warum nicht?«

»Wer bist du, dass du schreiben darfst, ich wäre eine Lügnerin? Muss ich den Preis dafür zahlen, dass du mit deiner Kolumne nicht weiterkommst?«

»Was hältst du von der Kolumne?«

»Hör ja nicht auf damit. Ich mag deine Kolumnen.«

»Wirklich?«

»Klar, du schreibst Unsinn, arbeitest eine Stunde pro Woche und bekommst dafür doppelt so viel wie eine Sozialarbeiterin, die sich einen ganzen Monat den Arsch aufreißt.«

»Deshalb liebst du mich?«

»Nein. Ich hätte jemand finden können, der viel mehr verdient.«

2. März 2007

Neureich

»Aaaaaah!« Ein schrecklicher Schrei gellte durch das Haus und weckte mich. »Das ist Mama«, sagte meine Tochter, »sie ist auf der Toilette.«

»Was ist passiert?«, schrie ich, rannte erschrocken zum Badezimmer und rüttelte an der verschlossenen Tür. Dann versuchte ich es mit der Schulter, wie in Filmen, aber die Tür rührte sich nicht.

»Was ist passiert? Alles in Ordnung?«, schrie ich und versuchte es noch einmal mit der Schulter.

»Nein«, rief sie von innen, »nichts ist in Ordnung. Fahren wir einmal jährlich ins Ausland, in den Urlaub?«, schrie sie von hinter der Tür.

Dann stürmte sie mit einem vor Zorn roten Gesicht aus dem Badezimmer, eine Zeitung in der Hand. »Darüber rede ich.« Sie drückte mir die Zeitung ins Gesicht. »Darüber«, sagte sie und deutete mit dem Finger auf eine Schlagzeile: »Der arabische Drehbuchschreiber gibt dreihunderttausend Schekel im Jahr aus.«

»Ach ja, das«, sagte ich und kratzte mich am Nacken. »Deshalb schreist du so? Du hast mich wirklich erschreckt!«

An diesem Morgen hatten sie in der Zeitung eine Liste der wöchentlichen Ausgaben veröffentlicht, und man hatte mich gebeten, den Fragebogen auszufüllen und mir dafür ein bisschen Geld versprochen. Ich hatte zugestimmt. Dann riefen sie an und fragten nach weiteren familiären Ausgaben, und ich sagte unter anderem, dass meine Frau und ich einmal im Jahr ins Ausland führen, zum Preis von zweitausend Euro. »Zusätzlich«, berichtete die Zeitung, »fährt er mit seiner Frau vier-, fünfmal im Jahr für etwa dreitausend Schekel pro Reise auf einen Erholungsurlaub.« Ehrlich gesagt, ich musste über diesen Artikel ein bisschen lachen. Und glaubt ja nicht, dass es nicht wahr war. Ich hatte diese Dinge wirklich gesagt, sie waren die Gutgläubigen, ich war der Lügner.

»Vier-, fünfmal Urlaub?«, protestierte meine Frau. »An den Feiertagen bringst du uns nach Tira, und das nennst du einen Urlaub für dreitausend Schekel?« Sie fing an zu schreien. »Wir fahren dorthin, um Geld zu sparen. Essen, Trinken, alles auf Kosten der Eltern.«

Im Gegensatz zu meiner Frau hatte mir dieser Artikel Spaß gemacht. Bis zur Veröffentlichung hatte ich Angst gehabt, ich würde mich unter allen Befragten als Ärmster wiederfinden. Ich hatte unsere Ausgaben aufgeblasen, um auf einem guten mittleren Platz zu landen, ich war nicht auf die Idee gekommen, dass ich auf dieser Liste mit dreihunderttausend Schekel jährlich den ersten Platz machen würde. Ich war nicht nur der Erste, ich gewann durch K. o. Damit ihr es richtig versteht: Der Nächste gab wesentlich weniger aus, nur einhundertneunundsechzigtausend Schekel im Jahr.

»Gut«, sagte ich, »ich habe ein bisschen übertrieben, na und? Was ist dir lieber, dass sie uns für arme Schlucker halten oder glauben, wir hätten es ganz dick?«

»Wenn du mich fragst«, sagte sie, »geht es niemanden etwas an, wie viel wir ausgeben oder nicht.«

»Nun, das ist etwas anderes«, antwortete ich. Wir, meine Frau und ich, haben verschiedene Lebensauffassungen. Was sie Privatsphäre nennt, bezeichne ich als Recht der Öffentlichkeit auf Information. Mag sein, dass ich ein bisschen übertrieben habe, na und? Übertreibungen sind zum Lebensstil geworden, vor allem, wenn es sich um die finanzielle Situation handelt, wie soll man sonst überleben? In den Tagen, wenn das Minus auf meinem Konto ein Ausmaß erreicht, dass die Bank sich erkundigt, wann ich gedenke, es wieder auszugleichen, kann ich abends mit Freunden zusammensitzen und sie stundenlang mit meinen Überlegungen verrückt machen, welches neue Auto ich kaufen will. Dann sage ich, ich könnte mich einfach nicht für einen Passat entscheiden, »man sagt, er lohnt sich«, oder für einen BMW der 3er Serie, »sicher ist sicher«. In den Monaten, in denen ich mit der Bank im Reinen bin, erlaube ich mir, bei Immobilienbüros anzurufen und mich nach einer Fünfzimmerwohnung zu erkundigen, »nur im alten Viertel Katamon oder in Baka«.

Ich weiß nicht, ob es etwas damit zu tun hat, aber jetzt fällt mir eine Geschichte aus meiner Kindheit ein, oder besser, ein Geheimnis, das mir meine Großmutter einmal anvertraut hat. Damals, als ihr Mann umgekommen war und sie nach dem Krieg mit einem Haufen Waisen zurückließ, hatte sie, wie sie sagte, nichts zu essen im Haus. Sie, die nie jemanden um Hilfe gebeten hatte, ließ die kleinen Kinder in der Obhut ihrer ältesten Tochter und zog im Morgengrauen los, arbeitete für ein paar Cent auf den Feldern und kam erst zurück, wenn es dunkel wurde. Aber, erzählte sie, niemand wusste von ihrer Not und von ihren Kindern, sie hätte nie zugelassen, dass jemand Mitleid mit ihr hatte. Sie füllte die Sitzpolster mit Zeitungsschnipseln, so dass die Frauen aus der Nachbarschaft, die sie freitags besuchten, das Rascheln hörten, wenn sie sich hinsetzten. »Oh«, sagte sie dann entschuldigend zu den Nachbarinnen, »ich habe Geldscheine darin versteckt, ein Glück, dass ihr gekommen seid, sonst hätte ich sie glatt vergessen.«

13. April 2007

Unabhängigkeitstag

Ich sitze schon zwei Tage vor dem Computer und finde keine Worte, mir platzt bald der Kopf vor Nervosität, und die Kinder haben Angst, in meine Nähe zu kommen, weil ich diesen irrsinnigen Blick habe. Warum? Wegen der beschissenen Kolumne, die unter der Liste von Steaks und Grilltipps zum Unabhängigkeitstag erscheinen soll. Spielt es wirklich für irgendjemanden eine Rolle, was ich kritzeln werde? Warum mache ich es mir nicht einfach, warum versuche ich nicht, mir einen Spaß zu machen? Doch ich neige nicht dazu, mir einen Spaß zu machen, das habe ich noch nie gekonnt. »Es sieht aus, als würde dir das ganz einfach zufallen.« Das ist ein Satz, der mich jedes Mal, wenn ich ihn höre, wahnsinnig macht. »Wie lange brauchst du dazu, eine Stunde?« Aber so ist es nicht. Manchmal braucht man eine Ewigkeit, dann wieder geht es so weit, dass ich zu Hause Sätze höre wie: »Entscheide dich, entweder ich oder die Kolumne.«

Diese Woche ist nichts passiert. Nicht nur in meinem Leben scheint nichts passiert zu sein, auch nicht in diesem Dorf, in dem ich feststecke. Das ist gut, ein langweiliges Dorf ohne Neuigkeiten gilt als Fortschritt. Dafür bezahlt man als Zulage zweihundert Dollar im Monat. Denn welche Neuigkeiten aus einem arabischen Dorf könnten schon gut sein?

Meine Nachbarn waschen seit ein paar Stunden ihr neues Auto. Ihr kleiner Sohn sitzt darin und vertreibt sich die Zeit damit zu hupen. Ich muss hier weg, ich muss eine Wohnung an einem Ort finden, wo etwas los ist, wo es reicht, aus dem Fenster zu schauen oder auf die Straße zu gehen, um sofort ein interessantes Gesicht zu entdecken, das Stoff zum Schreiben bietet. Ein Viertel, in dem man sich hinsetzen kann, Kaffee trinken, Zeitung lesen und Passanten beobachten. Ich wohne in der Wüste. In den vergangenen zwei Tagen habe ich alle Orte im Dorf aufgesucht, die ich aufsuchen kann, ich war beim Friseur, beim Metzger, beim Gemüsehändler, und nichts ist passiert, sie waren wortkarg. Alle scheinen an Flucht zu denken, genau wie ich.

Hier am Ort kann sich kein guter Schriftsteller entwickeln. Wie sollte das auch gehen? Ich brauche eine richtige Stadt, kein Spielzeugdorf in der Nähe einer Stadt, die eher aussieht wie ein grauer militärischer Stützpunkt. Und um noch Salz in die Wunde zu streuen, bin ich die ganze Woche mit Orhan Pamuk in Istanbul herumgewandert. Was Istanbul heiliger als Jerusalem macht, ist die Tatsache, dass es dort Bordelle und Nachtclubs gibt. Wie kann man in einer Stadt schreiben, in der es keine Kneipe gibt?

»Ich würde nicht in der Schweiz wohnen wollen«, werden irgendwelche Dummköpfe erklären. »Dort ist es langweilig. Es passiert nichts. Nicht wie bei uns, wo es jeden Tag etwas Neues gibt.« Was gibt es schon Neues? Sogar die Kriege sind seit hundert Jahren einer wie der andere. Von mir aus kann es ruhig Kriege geben, Hauptsache, es gäbe Bordelle in der Stadt. Wisst ihr was? Für mich ist das der wahre Zionismus: den Staat für interessant zu halten, Jerusalem für schön und Tel Aviv für aufregend. Es stimmt ja, in Tel Aviv gibt es wenigstens Bordelle, aber mit Huren, über die du nichts schreiben kannst, weil du nämlich nicht in der Lage bist, ein Wort mit ihnen zu wechseln, es sei denn, du hast vor zwanzig Jahren Zahnheilkunde im Auftrag der kommunistischen Partei studiert.

Oha, endlich klingelt das Telefon. Irgendein Drama.

»Hallo?«

»Schalom, bin ich beim Zeitungsjournalisten gelandet?« Eine Frauenstimme.

»Nein.«

»Ist das nicht die Nummer von Sayed Kashua?«

»Doch.«

»Kann ich ihn bitte sprechen?«

»Am Apparat.«

»Sie sind es?«

»Ja.«

»Schalom, ich wollte Sie fragen, ob wir Sie für ein spezielles Programm interviewen dürfen, das wir anlässlich des Unabhängigkeitstags ausstrahlen.«

»Klar. Wann?«

»Wenn Sie ein paar Minuten haben, würde ich Ihnen gern ein paar Fragen zur Vorbereitung stellen.«

»Ich habe alle Zeit der Welt.«

»Also, als Erstes möchte ich Sie fragen, wie Sie sich als Araber und Staatsbürger am Unabhängigkeitstag fühlen.«

»Beschissen.«

»Aaaah, könnten Sie das etwas näher erläutern?«

»Natürlich. Der Unabhängigkeitstag gibt mir als Araber und Staatsbürger ein beschissenes Gefühl.«

»Ich verstehe. Aber könnten Sie erzählen, warum das so ist? Ist es wegen einem Gefühl der Nichtzugehörigkeit? Wegen der Diskriminierung? Können Sie …?«

»Es hat nichts mit der Zugehörigkeit zu tun. Was sollte es damit zu tun haben? Mir geht es schlecht, ganz ohne Zusammenhang.«

»Und der Unabhängigkeitstag? Ich stelle mir vor, dass er Ihre Bedrückung als Bürger dieses Staates noch verstärkt.«

»Das ist richtig.«

»Können Sie das näher ausführen?«

»Ja, natürlich. Ich fühle mich auch am Unabhängigkeitstag schlecht und deprimiert, und meine Kinder haben schulfrei.«

»Das verstehe ich nicht …«

»Ich meine, dass sie am Unabhängigkeitstag zu Hause sind und mich stören, ich muss den ganzen Tag mit ihnen verbringen.«

»Was erzählen Sie Ihren Kindern am Unabhängigkeitstag? Was sagen Sie ihnen an einem solchen Tag?«

»Ich sage ihnen, sie sollen aus dem Wohnzimmer verschwinden. Manchmal verfluche ich sie.«

»Aha. Noch eine Frage, die wir allen Teilnehmern unseres Specials stellen. Wenn Sie Ministerpräsident wären, was würden Sie bei uns verändern?«

»Ich würde in Huren investieren.«

»Entschuldigung?«

»Ja, das würde ich tun, ohne Zweifel, ich würde in Huren investieren.«

27. April 2007

Ein Zimmer für sich allein

Diese Woche habe ich ein Zimmer für mich gefunden. Im letzten Jahr hatte ich mir schon einmal ein Arbeitszimmer gemietet, aber das war nur für einen Monat, in dessen Verlauf ich mir nur an vier Tagen die Mühe gemacht habe, das kleine Zimmer in einer Studentenwohnung aufzusuchen, und mein Aufenthalt hat jedes Mal höchstens zwei Stunden gedauert. Jetzt ist es eine ganz andere Geschichte.

Ich kann, anders als im letzten Jahr, zu Hause nicht mehr schreiben. Mein Zimmer ist seit dieser Woche offiziell zum Kinderzimmer erklärt worden. Wir waren alle zufrieden. Die Kinder, die nicht mehr ein Zimmer teilen müssen, meine Frau, die das ganze Jahr über den Platzmangel jammert. »Warum kaufst du dem Kleinen einen Ball, wo soll ich ihn unterbringen, was heißt das schon, dass es nur ein Tennisball ist?« Aber am zufriedensten war ich. Schon immer hatte ich das Gefühl, dass ein Arbeitszimmer am richtigen Ort und mit der richtigen Aussicht mich von dem großen Werk trennte, das ich seit jeher hatte schreiben wollen, etwas Besonderes, Unvergessliches, etwas, was meiner Ansicht nach alles, was ich bisher geschrieben hatte, als minderwertig erscheinen lassen würde, etwas, was sich kaum definieren ließ, aber ich konnte seine Aura erahnen.

Ich habe ein Zimmer im Stadtzentrum, zwischen dem Markt und der Fußgängerzone, und ich fühle mich wie in den Geschichten meines Vaters über Nagib Mahfuz, den er in seinem Stammcafé im alten Kairo gesehen hatte, wie er jeden Tag zur gleichen Zeit am selben Tisch saß, mit einer Tasse Tee, und das wirkliche Leben beobachtete. Und nun bin ich in einem alten Haus, das schön sein könnte, und direkt unter mir spielt sich das richtige Leben ab. Bald werde ich es beobachten können, es dauert nicht mehr lange. Wir müssen das Zimmer nur noch streichen und das Türschloss auswechseln, dann liegt das Leben vor mir.

Ich hatte gleich das Gefühl, dass der Streit mit dem Maler übertrieben war. Schließlich handelte es sich nur um ein mittelgroßes Zimmer, ohne Renovierung und ohne Feuchtigkeit, weiß streichen ohne Decke, ohne Rahmen. Tausend Schekel kamen mir dafür zu viel vor, vor allem wegen jener Pappschilder, die man an jeder Ampel der Stadt sieht: »Wir streichen Ihre Wohnung für tausendvierhundert Schekel.« Ich will mir keinen neuen suchen, denn einen Maler zu finden war schon ermüdend genug. Alle waren beschäftigt, sie schickten mich vom ersten zum zweiten und zum dritten, erst der fünfte konnte am nächsten Tag mit der Arbeit anfangen.

»Bist du verrückt geworden?«, sagte mein Vater, als ich ihn anrief, um mich mit ihm zu beraten. »Tausend Schekel wofür? Was kosten fünf Liter Farbe, hundert Schekel? Ich verstehe nicht, warum du nicht selbst streichst.«

»Ich weiß nicht«, antwortete ich. »Er hat auch versprochen, das Türschloss auszuwechseln.«

»Was ist mit dir? Das ist das Leichteste von der Welt. Sag bloß nicht, dass du kein Türschloss auswechseln kannst.«

Kaum zu glauben, wie leicht es ist, einen Laden für Baubedarf zu finden, wenn man mitten in der Stadt wohnt. Ich ging die Straße entlang und dachte gerade, wo finde ich jetzt Farbe?, und schon stand ich vor der Tür eines Ladens mit einem netten Verkäufer, der mich mit Farbe und einem zylindrischen Pinsel versorgte, und weil er merkte, dass ich unerfahren war, erklärte er mir das Mischen, das Streichen, die Behandlung der Ecken und wie leicht man ein Türschloss wechselt. Alles zusammen kostete etwa zweihundert Schekel. »Ach«, sagte er, bevor er mir die Sachen einpackte, »haben Sie Klebeband?«

»Nein, wozu?«

»Um die Rahmen abzukleben, Türstürze und so.«

Gut, zuerst das Schloss. Seiner Erklärung nach gibt es drei Schrauben. Erst die mittlere aufschrauben, eine neue hineinstecken und Sie wieder zuschrauben. Bei meiner Tür gab es nur zwei Schrauben, also keine mittlere. Zum Glück war der Laden nicht weit. »Dann haben Sie sicher ein ganz altes Schloss«, sagte der Verkäufer, »dann müssen Sie den ganzen Körper austauschen. Das ist ganz leicht. Erst den kleinen Nagel entfernen, der den Griff hält …«

Ich konnte den kleinen Nagel sehen, der den Türgriff hielt, und leistete mir drei Wunden und ungefähr zehn blutende Schnitte an den Händen. Alle Finger taten mir weh, ich konnte die Zange nicht mehr halten, deren Form sich brennend rot in meine Handfläche drückte. Doch der kleine Nagel, der den Türgriff hielt, bewegte sich nicht von der Stelle.

Ich rief meinen Vater an. »Papa?«

»Nun, bist du schon fertig mit dem Streichen?«

»Fast«, antwortete ich.

»Ich habe dir ja gesagt, dass es Blödsinn ist.«

»Sag, Papa, gibt es ein Patent, den kleinen Nagel aus dem Türgriff herauszubekommen?« Ich weiß nicht, warum mein Vater so gereizt reagierte und keine Antwort gab. Er schrie geradezu ins Telefon: »Sag mal, bist du mit dem Auto in dein Büro gefahren?«

»Ja, warum?«

»Ich schlage vor, dass deine Frau dich hinfährt und abholt. Wenn du nicht in der Lage bist, einen kleinen Nagel rauszuziehen, bin ich nicht sicher, ob du überhaupt weißt, wo du wohnst.«

Bevor er auflegte, hörte ich ihn noch rufen: »Wie habe ich überhaupt so einen Jungen zeugen können? Bist du sicher, dass er von mir ist?«

Ich zündete mir eine Zigarette an, lehnte mich an das Fenster meines neuen Zimmers. Es war ein Uhr mittags, und zehn Meter unter mir liefen viele Menschen, die von oben den Eindruck machten, sie wüssten wirklich nicht, wohin sie gingen.

11. Mai 2007

Die nächste große Sache

Ich sitze schon zwei Stunden vor dem Computer, tippe einen Satz und lösche ihn wieder. »Ich weiß nicht, was ich schreiben soll.« Manchmal ist mir das leere Blatt so unangenehm, dass ich Songtexte aus dem Radio abtippe, sie markiere und wieder lösche. Ich hasse diese Wochen, in denen ich von vornherein weiß, dass ich nichts zu schreiben habe, nur weil ich letzte Woche nicht auf meiner Bitte um Urlaub bestanden habe. Nächste Woche wird mir das nicht passieren, verspreche ich mir, da nehme ich Urlaub. Nicht dass ich vorhabe, eine Tasche zu packen und zu irgendeinem Strand zu fliegen oder auch nur zu fahren. Nein, nur Urlaub von der Zeitung, und das bedeutet konzentriertes Arbeiten am Drehbuch. Bald wird gefilmt. Bald sind wir so weit. Obwohl ich den Satz »Bald sind wir so weit« schon seit zwei Jahren höre, diesmal wird es so sein.

Im August dreht man die Serie, die ich geschrieben habe, diesmal scheint es ernst zu sein, es gibt schon einen nach Tagen aufgeteilten Kalender im Produktionsraum. Die Tage für die Proben sind eingetragen, für die Aufnahmen, für das Schneiden. Alles für die große Sache, die man Fernsehserie nennt. Ich arbeite an den letzten Korrekturen und versuche, sie an mindestens drei verschiedene Faktoren anzupassen. Manchmal vergesse ich meinen eigenen Geschmack. Doch das ist nicht immer wichtig, vor allem jetzt nicht. Selbst wenn ich wirklich einen persönlichen Geschmack hätte und auf ihm bestehen wollte, hätte ich vernünftigerweise darauf verzichtet, um nicht das lange strapaziöse Abenteuer zu gefährden, das Anfang 2004 begonnen hat. Außerdem habe ich keinen persönlichen Geschmack, jedenfalls keinen erkennbaren, denn er ist veränderlich. Er hängt von den Reaktionen ab. Noch nie konnte ich unterscheiden, ob mein Geschmack gut oder schlecht ist, vor allem beim Schreiben nicht.

Es ist das erste Mal, dass ich mit anderen Menschen zusammenarbeite. Das ist erschreckend. Plötzlich bekommen die Figuren klare Gesichter und die geschriebenen Sätze menschliche Stimmen. Es gibt einen Regisseur, Schauspieler, Kameraleute, Produzenten, Redakteure und am beängstigendsten – Zuschauer. Noch nie habe ich mich so unter Druck gefühlt, das ist zwar ein fester Satz in meinem Repertoire, aber ich glaube ihn mir immer wieder aufs Neue. Manchmal, in ganz besonderen Momenten, wenn ich an einem Satz feile oder mir einen Schauspieler vorstelle, der ihn sprechen wird, packt mich Optimismus und ich denke, so wird es gut, es wird sogar ausgezeichnet. Die meiste Zeit glaube ich aber, dass es furchtbar sein wird, dass ich diese Sache mein ganzes Leben lang bedauern werde. Bestimmt werde ich von einer Ausstrahlung zur nächsten leiden, von einer Woche zur nächsten, bis es vorbei ist. Und auch dann werde ich mich absondern müssen, ich werde für mindestens ein halbes Jahr in eine Depression versinken, ich werde innerlich eine lange, ermüdende Abrechnung mit mir selbst führen, in der Hoffnung, dass ich ein ernsterer und weniger verbitterter Mensch werde.

Manchmal stelle ich mir vor, dass das Ergebnis so furchtbar wird, dass ich nicht weiß, was mich trauriger machen würde: wenn es gesendet wird oder im Archiv verschwindet. Noch kränkender ist allerdings, dass es zu einem Kompromiss kommen könnte, schließlich wurde in die Produktion viel Geld investiert, schließlich wird es als arabische Sendung angesehen, deshalb wird die Serie ohne Rücksicht auf Qualität ausgestrahlt werden, irgendwann, zur Sendezeit von Dokumentationen, Programmen, von denen man nichts zu erwarten hat. Ich habe Angst, zum Lückenbüßer für eine halbe Stunde am Freitag oder am Schabbatnachmittag zu werden.

Es gibt keine Möglichkeit, das vorherzusehen, man muss abwarten. Bald fangen die Aufnahmen an, es liegt schon nicht mehr in meiner Hand. Und jetzt tippe ich einen Liedtext ein, der mir plötzlich durch den Kopf geht: »Was hast du getan, fragen sie, wie hast du das alles vergeudet, du hattest eine Chance und jetzt wirst du neu anfangen müssen.«

Manchmal sehe ich am Freitagnachmittag Leute mit Tüten nach Hause zurückkehren, und schlagartig leert sich die ganze Straße. Ich stelle mir Familien in ihren Wohnungen im Osten der Stadt vor, Cafés mit Getränkekarten und Wasserpfeifen und andere klimatisierte Lokale, in denen man koffeinfreien Kaffee serviert. Bauarbeiter legen die Arbeit nieder, Hausfrauen machen eine Pause, in den Empfangshallen der Krankenhäuser drängen sich Kranke in Rollstühlen. Die Soldaten an den Checkpoints fordern die Wartenden auf, ihnen für eine halbe Stunde Gesellschaft zu leisten. In Gaza wird es jede Woche einen festen Waffenstillstand geben. Alle warten, dass die Werbung aufhört, dass zum ersten Mal in der Geschichte des Fernsehens in der Hauptsendezeit etwas anderes als Werbung ausgestrahlt wird. Eltern bringen ihre Kinder zum Schweigen und Kinder beruhigen die Haustiere, und auf einmal hört man im ganzen Nahen Osten: »Schschschsch. Es fängt an.«

6. Juli 2007

Bärchen ja, ja

Niemand nimmt mich ernst. Alle denken, dass ich die ganze Zeit lache. Ehrlich gesagt, es handelt sich nicht um ein allgemeines Problem, es ist mein persönliches Problem. Ich kann nie nein sagen. In der letzten Zeit habe ich das Gefühl, es ist genetisch oder kulturell bedingt, obwohl ich natürlich weiß, dass Kultur und finanzielle Situation weniger genetisch sind als das Down-Syndrom.

Die Unfähigkeit, entschieden nein zu sagen, habe ich entweder geerbt oder sie wurde mir anerzogen, es ist auch möglich, dass ich sie nachträglich entwickelt habe. Als ich die jüdische Welt betrat, das heißt, als ich anfing, unter jüdischen Chefs zu arbeiten, die normalerweise älter waren als ich, sagte ich zu allen Tätigkeiten, die ich erledigen sollte und eigentlich nicht erledigen wollte, »inschallah«, die höflichste Formulierung, die ich einem älteren Menschen gegenüber benutzen konnte, um »ich will nicht« auszudrücken. Die Juden betrachten Inschallah als Zustimmung. Wenn ein Araber sagt: Inschallah werde ich um fünf Uhr kommen und Ihren Wasserhahn im Badezimmer reparieren, meint er eigentlich: Vergiss es, ich habe keine Zeit, ruf einen anderen Installateur an. So fand ich mich aufgrund der fehlerhaften Benutzung von »inschallah« verpflichtet, in dem Restaurant, das ich aufgesucht hatte, um zu essen, das Geschirr zu spülen, ich verließ die Universität und wurde zum Sexsklaven eines Steakhouse-Besitzers, der die sechzig bereits überschritten hatte.

»Du triffst mich also später im Lager?«

»Inschallah.«

Später, als mir klar wurde, dass »inschallah« in anderen Kulturen anders interpretiert wird, veränderte ich es in: »Ich denke nicht, dass ich das will.« Denn höflich bleibt höflich, und ich kann wirklich nicht nein sagen. Vor allem nicht einem Juden gegenüber. Das ist eine Sache der Kastenzugehörigkeit.

Nachdem der Restaurantbesitzer wegen Steuerbetrug verhaftet worden war, machte ich mich daran, mein altes Leben wiederherzustellen. Ich begann erneut am Bezalel Fotografie zu studieren und genoss jede Minute. Als der Zeitpunkt kam und das Entwicklungsmaterial und das Papier Summen erforderten, um die ich meine Eltern nicht mehr bitten konnte, suchte ich Arbeit. Ich suchte mit einer Arbeitsmappe und einem Fotoapparat über der Schulter den Redakteur einer Lokalzeitung auf und fragte, ob sie einen freischaffenden Fotografen brauchten. »Fotografen brauchen wir nicht«, sagte er, und dann fragte er: »Sagen Sie, sind Sie Araber?«

Ich nickte. »Ja.«

»Können Sie schreiben?«

»Ja.«

»Wir suchen einen Reporter für arabische Angelegenheiten.«

»Ich glaube nicht, dass ich das möchte«, sagte ich.

Nach der falschen Anwendung von »ich glaube nicht, dass ich das möchte«, fand ich mich klopfenden Herzens in Gaza wieder, in Nablus, in Dschenin. Ich weinte mit hungrigen Kindern, floh vor den Scharfschützen beider Seiten, ich interviewte Gesuchte und Siedler und versuchte, vor Hubschraubern zu fliehen. Als der Krieg aufhörte, sexy zu sein, fing ich an, Models und Hundefriseure zu interviewen, ich schrieb über Fernsehen und Autos, über das Nachtleben, Restaurants, über Zuhälter und Nutten.

Es vergingen ein paar gute Jahre, bis ich den Satz »das passt nicht zu mir« entdeckte. Ich änderte mein Leben, schrieb Bücher, sparte Geld und hatte eine Freundin.

»Willst du heiraten?«

»Das passt nicht zu mir.«

»Ein großer Festsaal im Dorf?«

»Das passt nicht zu mir.«
»Tausend Schekel in bar?«
»Das passt nicht zu mir.«
»Flitterwochen in Antalya?«
»Nein, das passt wirklich nicht zu mir.«
»Ein Kind?«
»Das passt nicht zu mir.«
»Noch eins?«
»Das passt nicht zu mir.«
»Was ist mit einem dritten?«
»Nein. Ich will nicht. Hörst du? Ich will nicht.«
»In Ordnung, in Ordnung. Seit wann bist du so entschieden?«
»Ich will einfach nicht.«

Mit dem Leitsatz »ich will nicht« geschahen Wunder. Ich übernahm nur noch Arbeiten, die ich wollte. Ich schrieb nur, was ich wollte. So einfach war das. Wie hatte ich ohne den Satz »ich will nicht« überhaupt überlebt? Ich schrieb das Drehbuch für einen Kinofilm, ich schrieb eine Fernsehserie, die ich schreiben wollte, und dann bekam ich langsam immer mehr Angebote von Produzenten und großen Agenten. Eine Erfolgsgeschichte. Bis sich auf einmal Leute an mich wandten, die kein Nein als Antwort akzeptieren.

Schon beim ersten Treffen mit einem Produzenten, der mir vorschlug, eine Telenovela zu schreiben, brachte ich den zerschmetternden Satz hervor, der mich in den letzten Jahren gerettet hatte. »Ich will nicht.« Für Produzenten und Agenten war mein Nein, wie sich herausstellte, keine Option. Es war wie in *Der Pate*. Zu einem ernsthaften Produzenten kannst du nicht nein sagen. Du kannst höchstens »inschallah« sagen und hoffen, dass er dich in Ruhe lässt.

Schon fünf Produzenten, zu denen ich »ich will nicht« gesagt habe, haben zu mir gesagt: »Nein ist überhaupt keine Option.«

Plötzlich legt man Widerspruch gegen mein Nein ein.

»Natürlich wollen Sie es, Sie wissen nur noch nicht, dass Sie es wollen.« Ein weiterer gern gebrauchter Satz von Geschäftsleuten mit viel Geld.

»Wirklich? Sie sagen also, dass ich es doch will?«

»Natürlich wollen Sie es.«

»So, so, ich weiß es nicht, ehrlich gesagt, ich fühle mich nicht ganz wohl, außerdem habe ich überhaupt keine Zeit ...«

»Wollen Sie fünfzigtausend Dollar?«

»Ja, natürlich, wer will das nicht?«

»Sehen Sie, dass Sie wollen?«

»Sie haben recht.«

»Gut, in einem Monat möchte ich ein großes Musical produzieren, in dem nur Kinder mitspielen.«

»Inschallah.«

»Ich verstehe, dass es Ihnen ein Leichtes ist zu komponieren.«

»Inschallah.«

7. September 2007

Das Fahrrad

An einem schönen Schabbatmorgen bot sich die Gelegenheit für eine Wanderung, die ich schon seit ein paar Jahren hatte machen wollen. Diese Wanderung sollte mein ganzes System reparieren. Sie würde meine Seele in Ordnung bringen, meine Knochen dehnen und mir neues Leben in die Muskeln hauchen, die vor keinem TÜV bestanden hätten.

Mein Körper hatte sich schon lange in eine allgemeine Mülltonne verwandelt, eine Situation, die mich in den letzten Jahren zunehmend beunruhigt hatte. Ich wusste nicht, ob es am Alter lag oder daran, dass ich meine Eltern immer häufiger in Krankenhäusern besuchen musste, dabei galt mein Vater als sportlich und meine Mutter ging ein paarmal die Woche zum Schwimmen. In letzter Zeit war mir immer klarer geworden, dass mein Rücken, meine Muskeln, die Lungen und natürlich auch die Leber ziemlich wichtige Körperpartien waren. Einstweilen konnte und wollte ich nicht aufhören zu trinken und zu rauchen, denn ich sagte mir, es lohne sich nicht, sich so anzustrengen, zu leiden, sich zu kasteien oder eine Krise heraufzubeschwören, und dann würde vielleicht ein Jahr, einen Monat oder zwei Wochen später ein Krieg ausbrechen, und ich würde als nikotinfreie Leiche enden.

Ich zog eine kurze Hose an und entdeckte, dass meine Crocs die Schuhe waren, die Sportschuhen am nächsten kamen, und ich stand lange vor dem Regal und überlegte, ob ich die Schachtel Zigaretten mitnehmen sollte oder nicht, bis ich mich am Schluss entschied: Ja, ich kann mich auch nur an der klaren Luft berauschen. Dann verabschiedete ich mich von meiner Familie, als hätte ich eine Pilgerreise vor mir, durch die ganze Wüste bis nach Mekka, und machte mich auf den Weg.

Ich ging wirklich langsam. Nach zehn Minuten tat mir mein Entschluss schon leid. Nicht dass mich das Gehen ermüdet hätte, überhaupt nicht, eher wegen meiner Überlegungen. Würde mich das vor einem Herzstillstand retten? Ein ruhiges Spazierengehen an einem angenehmen Schabbatmorgen?

Aber mit etwas musste ich ja anfangen, und mich in einem Fitnessstudio anzumelden wäre wirklich das Dümmste, was ich machen könnte, wusste ich doch zu genau, dass ich nie hingehen würde. Außerdem sagten alle Fachleute, dass man nach dem ersten Monat aufgibt, und alle raten dazu, mit Spaziergängen durch das Viertel anzufangen, dann sieht man, wie ernst man es meint.

Ich meinte es nicht ernst, das hatte ich noch nie getan, aber ich gab jetzt nicht auf. Vor allem nicht, da ich es unter der Maßgabe tat, das Herz vor einem nahenden Infarkt zu retten. Ich habe einen guten Grund, nicht zu Hause zu sitzen und die Ruhe und die Befreiung von den Kindern für eine Stunde zu genießen. Na gut, für eine halbe Stunde.

Ob ihr es glaubt oder nicht, allmählich machte mir das Laufen Spaß. Eigentlich vergaß ich ganz, dass ich auf einer Wanderung war, und versank in Gedanken, die mir in diesem Moment brillant vorkamen. Wunderbare Einfälle, die, wie ich spürte, aus dem Herzen kamen, und wer weiß, ob sie ohne die phänomenale Sauerstoffzufuhr bis in mein Gehirn hochgestiegen wären. Ich versank in einer Zauberwelt, ich sah Gefühle, und während des Gehens gelang es mir bereits, sie in Worte zu übertragen. Als ich auf die Uhr schaute, die ich vorher nie umgebunden hatte, entdeckte ich, dass eine Stunde vergangen war, seit ich das Haus verlassen hatte. Ich nahm mir einen Moment Zeit, schaute mich um und stellte fest, dass ich auf dem Weg nach Bethlehem war, auf dem südlicheren Teil der Straße, in Baka mit den schönen Häusern, deren dunkle Vergangenheit ihrer ewigen Gelassenheit nichts anhaben konnte.

Einfache Passanten und Fromme in glänzend weißer Schabbatkleidung spazierten herum, außerdem Mütter mit fröhlichen Kindern. Erst als ich mich von meinen Träumereien befreit hatte, wurde mir klar, wie müde ich war, und ich konnte fühlen, wie mein Herz klopfte. Mir war heiß und ich schwitzte, wie man in Jerusalem niemals schwitzt.

Eine Holzbank am schattigen Straßenrand bot die passende Antwort für meinen erregten Körper. Ein angenehmer Wind kühlte den Schweiß und ein Schauer streichelte meine Haut. Ich war müde, ich versuchte, meine Atmung zu regulieren, und mir war klar, dass ich mich erst einmal eine Stunde ausruhen musste, bevor ich wieder zu Sinnen kommen würde. Fast hätte ich den fröhlichen Jungen beneidet, der sich auf seinem neuen Fahrrad der Bank näherte, auch wenn ich nicht sicher war, ob Rad fahren in Jerusalem wirklich leichter ist, als zu Fuß zu gehen. Der Junge schaute zur Seite, auf die Straße, und blieb erstaunlicherweise stehen. Erst als er zu lächeln versuchte, fiel mir auf, dass ein Polizist aus einem Streifenwagen stieg und auf den Jungen zuging.

»Wem gehört das Fahrrad?«, fragte der Polizist. Der Junge, erschrocken lächelnd, wusste nicht, was er antworten sollte. Der Polizist versuchte es mit einem arabischen Wort. »Biciclet. Wem?«

»Mir«, antwortete der Junge auf Arabisch, »bicicleti.«

Der Polizist winkte den Jungen zur Seite, packte das Fahrrad mit beiden Händen und fing an, es von allen Seiten prüfend zu betrachten.

»Wo hast du das Fahrrad weggenommen?«

»Ili al biciclet«, das Fahrrad gehört mir, antwortete der Junge.

»Warum lügst du?«

Ich war drauf und dran, von der Bank aufzustehen, mein Herz klopfte stärker als vorher beim Gehen, doch da schoss es mir durch den Kopf, dass ich ohne Personalausweis losgezogen war, ohne alles, nur in Wanderklamotten, und ich setzte mich wieder hin.

»Von wo?«, fragte der Polizist. »Minwein?«

»Von zu Hause.«

»Was machst du hier?«

Der Junge schwieg und schaute zur Seite. Andere Kinder aus Baka standen herum und beobachteten die Szene. Genau wie ich. Einige traten näher, ein Junge lächelte und leckte an einem Eis, während der Polizist nachschaute, welche Rahmennummer das Fahrrad hatte. »Von wo hast du das Fahrrad weggenommen?«, fragte er noch einmal.

Der Junge antwortete auf Arabisch, das nur ich ganz verstand: »Mein Papa hat es mir gekauft. Zum Geburtstag.«

»So, so, von deinem Vater«, wiederholte der Polizist, und das brachte ein paar Kinder zum Lachen.

»Rufen Sie ihn doch an, wenn Sie wollen, ich kann Ihnen seine Nummer nennen«, sagte der Junge, und der Polizist verstand ihn nicht.

»Kann hier einer Arabisch?«, fragte er und schaute in meine Richtung.

Ich schüttelte den Kopf, stand auf und rannte den ganzen Weg nach Hause, wie ich nie im Leben hatte rennen wollen.

12. September 2007

Ein Anruf

– Hallo?
– Guten Tag, kann ich mit Sayed Kashua sprechen?
– Am Apparat.
– Schalom, ich heiße Bassem, ich stamme aus Nazareth und lebe jetzt in Jerusalem. Ich hoffe, ich störe Sie nicht.
– Nein, überhaupt nicht.
– Ich möchte Ihnen erstens sagen, dass ich das, was Sie schreiben, mag.
– Vielen Dank, danke schön.
– Früher haben Sie auch lange Artikel geschrieben, nicht wahr?
– Ja, das stimmt.
– Was ist passiert, haben Sie damit aufgehört?
– Nichts ist passiert, einfach so.
– Ich möchte Sie etwas fragen, wenn Sie erlauben …
– Bitte.
– Sie werden von der Zeitung daran gehindert, über Politik zu schreiben, nicht wahr?
– Nein, werde ich nicht.
– Nein? Nun, ich sage Ihnen, wir, ich und ein paar Freunde, die Ihre Artikel von früher kennen, sind erstaunt, dass Sie nichts mehr über Ihre politischen Ansichten schreiben, und glauben, dass das an der Zensur liegt.
– Nein, es gibt keine Zensur.
– Wir fragen uns, was passiert ist.
– Was meinen Sie?
– Wollen Sie mir etwa sagen, dass man Ihnen beim Schreiben völlige Freiheit lässt? Dass Sie schreiben dürfen, was Sie wollen?

– Völlige Freiheit.
– Und Sie wählen die Themen, über die Sie schreiben, ganz allein aus?
– Ja, warum? Stimmt etwas nicht?
– Nein, nur so. Ich war sicher, dass man Sie behindert.
– Warum?
– Weil Sie nur darüber schreiben, wie betrunken Sie waren, und über Ihre Frau und allen möglichen Blödsinn.
– Ich verstehe Sie nicht.
– Nein, nein, dass Sie mich recht verstehen, es ist manchmal sehr witzig, aber ich dachte, man lässt Sie nicht über die Araber und den Krieg schreiben.
– Nein, das hat nichts damit zu tun, ich kann schreiben, was ich will.
– Und das ist es, was Sie wollen?
– Hm …
– Nun, das ist etwas überraschend. Ehrlich gesagt, jetzt bin ich wirklich erstaunt.
– Worüber?
– Es ist schwer, bis man in einer israelischen Zeitung eine Bühne bekommt, bis ein Araber in einer israelischen Zeitung eine Bühne bekommt – und dann ist es das, was er schreibt?
– Nein, äh …
– Haben wir denn keine anderen Probleme, abgesehen von Ihrem Saufen und Ihren Gesprächen mit Ihrer Frau?
– Sie haben recht.
– Sie müssen diese Bühne besser nutzen.
– Stimmt.
– Dann auf Wiedersehen.
– Ich wollte nur sagen, dass Sie recht haben, und vielen Dank.

Ja, bei Allah, er hat vollkommen recht, dieser Mann. Mein Körper zittert vor Scham, mein Gesicht brennt vor Verwirrung. Was für ein Dummkopf bin ich doch. In der nächsten Woche wird alles anders. Genug. Eine neue Ära beginnt. Es hat mich nichts interessiert, aber ab jetzt kümmere ich mich um alles, das heißt um die Regierung, um die Siedler, um alles. Ich muss über Olmert und Rice schreiben. Gut, zuerst muss ich etwas trinken, um mich zu beruhigen. Ich muss mich konzentrieren, ich werde mich eingehend mit dem beschäftigen, was sie in dieser Woche getan haben. Du lieber Gott, was haben sie eigentlich in dieser Woche getan?

Zum Teufel, schon seit Monaten lese ich keine Zeitung mehr und schaue keine Nachrichten an, sogar die Internetnachrichten überspringe ich zugunsten von Kultur und Autoinformationen. Nein, dieser Mann hat recht, ich bin isoliert. Aber es reicht, ab jetzt herrscht Krieg … Nur einen Moment, ja?

Entschuldigung, ich habe schnell meinen Vater angerufen, ich wollte ihn fragen, ob er diese Woche etwas Interessantes gelesen hat, aber er hat nicht geantwortet. Macht nichts. Worüber werde ich schreiben? Ich habe eine Idee. Ich drücke auf Rückruf.

– Guten Tag, Bassem?
– Ja.
– Hier spricht Sayed, du hast mich vorhin angerufen.
– Guten Tag.
– Ich wollte dir noch einmal sagen, dass du recht hast und dass ich mich ab heute ändern werde, denn diese Bühne ist wichtig.
– Ich freue mich, dass ich nützlich sein konnte.
– Nein, wirklich, vielen Dank. Ich wollte nur fragen, worüber würde es sich lohnen, in dieser wöchentlichen Kolumne zu schreiben? Das heißt, was könnte unserem Status als nationale Minderheit dienen, meine ich.
– Vieles. Da gibt es zuerst die Sache mit den Syrern und den Nordkoreanern.
– Was ist mit ihnen? Was kann ich darüber schreiben?
– Natürlich handelt es sich um eine politische Verfolgung. Nicht nur, was sie betrifft, es geht um die ganze arabische Gesellschaft.

Schreib, dass Israel und Amerika sich herausnehmen, die Weltpolizei zu spielen.

– Okay, das habe ich. Was noch?
– Da gibt es noch die Sache mit der Armut, dem Hunger und die Belagerung Gazas, und natürlich die unaufhörlichen Liquidationen, um die kümmert sich keiner. Außerdem gibt es auch noch die angeblichen Erleichterungen Olmerts, obwohl er in der Westbank nicht eine einzige Straßensperre entfernt hat. Schreib, dass das widerliche Propaganda ist.
– Okay.
– Was noch, komm, überlegen wir mal ...
– Ich glaube, das reicht für diese Woche. Sag, Bassem, kann ich dich nächste Woche wieder anrufen?
– Klar, mit Vergnügen.
– Gut, vielen Dank, wirklich danke schön.

28. September 2007

Zweiter Teil

FREMDE PÄSSE
2008–2010

Fremde Pässe

Je älter ich werde, umso arabischer sehe ich aus. Ich weiß nicht, ob das an meinem wachsenden Bauch liegt, vielleicht auch an den billigen Haarschnitten beim *Ambertour* im Ostteil der Stadt, aber ich weiß, dass die nationale Identität sich am Schluss immer offenbart. In der letzten Zeit kann ich jedenfalls keine Kontrolle passieren, ohne mich ausweisen zu müssen.

Meines neuen Profils als Verdächtiger bewusst, geriet ich ganz aus dem Häuschen, als ich mich auf ein Treffen auf dem Ben Gurion vorbereitete. Ich ließ mir die Haare zum doppelten Preis bei einem Juden schneiden. Ich wusch mein Auto von innen und außen und hätte fast einen Duftspender in Form eines Davidsterns an den Spiegel gehängt. Ich zog das Polohemd an, das ich mir von meiner Frau zum Geburtstag gewünscht hatte, setzte meine Sonnenbrille auf, sprach das Gebet und fuhr los zum Flughafen.

Dann stand ich an der Einfahrt zum Flughafen in der Reihe der wartenden Autos. Die Autos bewegten sich vorwärts, eines nach dem anderen, der Wachmann begnügte sich damit, in die Autos hineinzuschauen, bevor er sie mit einer Handbewegung zur Weiterfahrt aufforderte. Bis ich an die Reihe kam. Mir bedeutete er anzuhalten.

»Woher kommen Sie?«, fragte er.

Ich wusste, wenn ich sagte, Jerusalem, würde es nicht gut enden. Noch nie habe ich den hebräischen Namen der Stadt akzentfrei aussprechen können. Jerusalem ist der Albtraum eines jeden, der vortäuscht, Israeli zu sein. Außer dem R gibt es den Zischlaut und zu viele Konsonanten. Ich hätte gern gesagt, ich komme aus Tel Aviv, aber das wäre gefährlich, denn wenn es nicht funktionierte und ich meinen Ausweis vorzeigen müsste, wäre ich sowohl als Araber als auch als Lügner entlarvt, und die Kontrolle könnte zu einer gründlichen Untersuchung führen, wenn nicht gar zu einer Verhaftung.

»Jerusalem«, zischte ich leise.

»Ausweis, bitte«, sagte der Wachmann, der meine Personalien gründlich studierte, den Ausweis weiter festhielt und mich mit einer Handbewegung anwies, auf dem rechten Streifen zu parken, den Motor auszuschalten und darauf zu warten, dass jemand kam. Nach zehn Minuten erschien ein Wachmann, und nach einer gründlichen Befragung wünschte er mir »einen guten Flug«. Die Lage ist anscheinend ernst, dachte ich, als ich auf den Parkplatz für Langzeitparker fuhr. Normalerweise hätte ich die Sperre mit Leichtigkeit passiert, noch dazu mit dem Citroën, den ich mir speziell für die Checkpoints gekauft hatte. Lieber Gott, welcher Araber fährt schon einen Citroën?

Der Shuttlebus setzte mich, zusammen mit anderen Fluggästen, am Terminal ab. Ein weiterer Wachmann stand am Eingang, ich zog meinen Koffer hinter mir her, folgte den anderen Passagieren und ermahnte mich, den Wachmann ja nicht anzuschauen, was ich immer vermeide. So ein Blick, der ihn dazu bringen würde, mich anzuhalten. Ich senkte den Kopf und versuchte, ganz natürlich auszusehen. Doch auf ganz natürliche Art kam ich dem Wachmann verdächtig vor. »Mein Herr«, rief er mir zu, und ich lächelte wie ein Idiot, als er mir ein Zeichen gab, zum Detektor für Araber zu gehen.

Ich war sauber und konnte passieren. Mich hätte ein Tag voller Kontrollen erwartet, hätte ich die ersten beiden Sicherheitsprüfungen, bei denen es nur um Sichtkontrolle ging, nicht geschafft. Und was würde mich, Gott behüte, erst erwarten, wenn ich meinen Pass zeigen müsste?

»Was ist das für ein Name?«, fragte der Kontrolleur, während er meinen Pass auf dem Schalter prüfte.

»Arabisch«, sagte ich.

Er notierte ein paar Zeichen auf einen weißen Klebezettel und stellte die üblichen Fragen wie: »Hat Ihnen jemand etwas mitgegeben?«

Ich beantwortete alle Fragen mit »Nein«, obwohl in mir die Angst aufstieg, meine Frau könnte etwas in meine Tasche gestopft haben, um eine alte Rechnung mit mir zu begleichen.

»Den Koffer zum Durchleuchten«, sagte der Kontrolleur, und ich folgte ihm erfreut. Durchleuchten gehört zu den schönen Seiten der Demokratie, alle werden durchleuchtet, ohne Rücksicht auf Religion, Pass oder Geschlecht.

Aber nicht alle passieren ungestört. Als mein kleiner Koffer auf der anderen Seite des Geräts herausrollte, kam eine weitere Kontrolleurin, klebte einen Zettel darauf und bat mich, zur Kontrollstelle gegenüber zu gehen. Ich hätte gern gewusst, was sie auf ihrem Bildschirm entdeckt hatte. Schließlich hatte ich für die kurze zweitägige Reise nur ein Hemd, zwei Unterhosen und Strümpfe eingepackt. Einen Computer nehme ich nie zum Flughafen mit. Ein Araber mit einem Computer ist sofort ein Agent der Hisbollah.

Die Kontrolleurin am Schalter forderte mich auf, die verdächtige Tasche zu öffnen. Ich tat es ganz stolz. Ich habe Unterhosen und Strümpfe, die nur für den Flughafen bestimmt sind. Hugo Boss und Calvin Klein. Um die Kontrolleure zu beeindrucken. Er ist zwar nur ein Araber, aber einer mit Stil. Nichts wurde gefunden. Die Kontrolleurin sagte, ich könne die Tasche wieder schließen, das tat ich, und sie nahm ein orangefarbenes Plastikband und befestigte es wie ein Armband um den Griff meines Koffers.

Die Hitze stieg mir beim Anblick des Armbands in den Kopf. Ich erschauerte, ich musste nach Luft schnappen. Ich schaute mich um und konnte niemanden mit einem Armband wie meinem entdecken. Ich wusste, dass man mich betrachtete, ich wusste, dass ich gezeichnet war, und eine heftige Beschämung packte mich jedes Mal, wenn jemand an mir vorbeiging und einen Blick auf das orangefarbene Plastikband warf, das man um mein Herz gezogen hatte. Ich war schon sehr oft am Flughafen gewesen, doch nie zuvor war ich auf ein dermaßen grelles Zeichen gestoßen. Ich versuchte, die Tränen zurückzuhalten, und setzte meine Via Dolorosa zum Flugzeug fort.

»Schalter 14«, verkündete mir die Kontrolleurin. Dort standen nur Leute mit orangefarbenen Plastikbändern in der Schlange. Der Kontrolleur schwenkte einen Reisepass und eine Bordkarte und fragte: »Wer ist der Nächste?« Ich war sauber, ich zog meine Schuhe wieder an, schob den Gürtel in die Hosenschlaufen und ging zur Passkontrolle. Eine Kontrolleurin mit einem jungen Mädchen und einem jungen Mann, die Blöcke in den Händen hielten und wie Auszubildende aussahen, bat um meinen Pass. »B-3«, sagte sie zu der jungen Frau mit dem Block in der Hand, und diese antwortete: »Wirklich? Ich war sicher, G-2.«

Ich stand mit gesenktem Kopf in der Reihe für die Passkontrolle. »Mein Herr«, rief die Polizistin, die hinter dem Glasschalter saß und mir den ungestempelten Pass zurückgab, »hier ist für Nicht-Israelis.« Und mit einem vorwurfsvollen Finger deutete sie auf das beleuchtete Schild über mir. Ich hob den Kopf und entdeckte, dass ich am Schalter für ausländische Pässe stand.

22. Mai 2009

Mister Roth und ich

Es war, als hätte ich immer in New York gewohnt, obwohl ich es zum ersten Mal gewagt habe, nach Amerika zu fliegen.

In der großen Stadt bin ich erst spät in der Nacht angekommen, und alles kam mir sehr bekannt vor. Der pakistanische Taxifahrer brachte mich vom J. F. Kennedy Airport nach Midtown Manhattan, weißer Dunst stieg aus den Deckeln der Abwasserkanäle, Penner saßen neben der Entlüftung des Savoy, um sich aufzuwärmen, junge Schwarze fuhren mit Jeeps und laut aufgedrehter Musik durch die Gegend, und die halb schlafende hispanische Empfangsdame eines hispanischen Hotels schickte mich in ein bescheidenes Zimmer im fünften Stock.

Ich hatte Angst vor dem Hotel, Angst vor New York. Wenn alles, was ich aus Filmen gelernt hatte, richtig war, war klar, dass im nächsten Augenblick eine vermummte Bande mit Gewehren und Stöcken in mein Zimmer dringen würde, mir den Computer und das Geld abnehmen und mich zusammengeschlagen und blutend auf dem Boden zurücklassen würde, ohne dass irgendjemand den Notruf getätigt hätte. Es gelang mir erst, in dem bedrohlichen Hotel einzuschlafen, als ich mich daran erinnerte, dass Spiderman nicht weit von hier wohnte. Ich sah ihn vor mir, wie er an Schnüren hängend unter dem Himmel der Stadt schwebte, durch das Fenster stieß und mich aus den Händen der grausamen Verbrecher rettete.

Meine Angst verblasste, als ich zum Frühstück den kleinen Lagerraum betrat, der »Speisesaal« genannt wurde. Da entdeckte ich, dass die Gäste des Hotels mehr oder weniger aussahen wie ich selbst – Touristen, die ein billiges Hotel gesucht und im Internet vielversprechende Aufnahmen gesehen hatten und sich nun in einem Hotel Marke Hitchcock wiederfanden. Ich trank einen amerikanischen Kaffee und ging dann hinaus, um eine Zigarette zu rauchen. Ich war zwar auf Kälte vorbereitet, hätte mir aber nie vorstellen können, wie kalt es in New York werden konnte. Eine Kälte, die die Ohren erstarren ließ und bei jedem Zug an der Zigarette in den Lungen brannte. Ich wickelte meinen Schal fester um den Hals und knöpfte den Mantel bis obenhin zu. Keine Kälte würde mich davon abhalten, meine Morgenzigarette zu Ende zu rauchen.

Wie erwartet eilten Frauen vorbei, in der einen Hand einen Becher Kaffee von Starbucks, in der anderen eine Zeitung. Fast alle Amerikaner liefen mit Kaffee von Starbucks herum. Auf dem Bürgersteig gegenüber befand sich ein Hydrant, den ich nur in Filmen von Spike Lee vermutet hätte. Sogar die Feuerleitern, die schräg von Balkon zu Balkon führten, mal von rechts nach links und mal von links nach rechts, waren real und nicht von der örtlichen Landschaft zu trennen.

Ich blieb nicht lange in New York, nur einen Tag. Eigentlich war ich von San Francisco gekommen, um mit einer Freundin, die von einer Familienfeier zurückkam, nach Hause zu fliegen. Ich wollte die lange Entfernung nicht allein zurücklegen. Ein Tag Aufenthalt in New York, hatte ich gedacht, das ist doch nicht schlecht.

Ich drückte also die Zigarette aus, betastete meine erfrorenen Ohren, um mich zu versichern, dass sie nicht abgefallen waren, und winkte nach einem Taxi. Keine Minute später hielt vor mir ein gelbes Taxi mit einem Reklameschild auf dem Dach. Von einem Notizbuch las ich die Adresse meiner ersten Verabredung in der Upper West Side ab.

Ich erreichte das Café fünf Minuten vor dem ausgemachten Zeitpunkt. Wegen des Rauchverbots, das die Weltmacht der Tabakproduktion eingeführt hatte, beschloss ich, trotz der Kälte vor dem Café eine weitere Marlboro vom Duty free zu rauchen. Irgendwie nahm ich an, der Mann werde nicht auftauchen. Warum sollte er auch kommen? Wer war ich, dass er den Drang verspüren sollte, mich zu treffen? Aber für mich war es zu wichtig, als dass ich nicht versucht hätte, zur richtigen Zeit am richtigen Ort zu erscheinen und mich zu vergewissern, dass er nicht kam. Meine handschuhlose Hand, die die Zigarette hielt, verwandelte sich in einen Eisblock und machte aus der Bewegung zum Mund eine Quälerei, die mich dazu brachte, mir auf der Stelle das Rauchen abzugewöhnen. Ich schaffte gerade mal zwei Züge, da sah ich ihn, groß, wie ich ihn mir vorgestellt hatte, und den Fotos ähnlich, auch wenn seit ihrem Entstehen zwanzig Jahre vergangen waren.

Philip Roth betrat das Café und ich folgte ihm schnell. »Mister Roth?«, sagte ich hinter seinem Rücken, als er direkt hinter dem Eingang seinen dicken Mantel auszog.

»Sayed?«, fragte er, und ich nickte. Wir schüttelten uns die Hände.

»Nice to see you«, sagte er und bot mir einen Platz am Fenster an.

Gut, und was jetzt? Da saß ich nun in Manhattan, in einem Café-Restaurant mit einem französischen Namen, mit ebenjenem Philip Roth, den ich so schätzte. Welche Chance hatte ich jetzt, mich nicht zu blamieren? Und was hätte es für eine Bedeutung, sich jetzt zu blamieren? Was erwartete ich überhaupt?

»Gefällt es Ihnen in New York?«, fragte er, während er die Karte studierte, die ihm der Kellner gereicht hatte. Ich nickte, ohne ein Wort zu sagen. »Zum ersten Mal hier?«, fragte er, und wieder nickte ich, überzeugt, Nicken sei die beste Methode, meine mangelnde literarische Qualität zu verbergen. »Was möchten Sie?«, fragte er, und ich wusste nicht, womit ich überhaupt anfangen sollte.

Was wollte ich? Dass er mir Bücher signiert, dass er mir von Portnoy und Zuckerman erzählt, von *Operation Shylock*, von *Sabbaths Theater*. Ich wollte, dass er mir erzählte, wie er überhaupt angefangen hatte, wie es mit Saul Bellow war.

Was ich wirklich wollte? Ich wusste genau, was ich wollte. Ich wollte wissen, wie es war, sich als Feind des eigenen Volkes zu fühlen, wie man Angriffe von Menschen bewältigte, zu denen man gehörte. Alles, was ich eigentlich von ihm wollte, war, dass er mir erklärt, wie man solche Kritiken aushält, wie man mit dem Gefühl lebt, dass die Menschen, die einem am nächsten stehen, einen verfolgen. Ich wollte ihn fragen, wie er sich gefühlt hatte, als das gesamte amerikanische Judentum sein Werk angriff, was er getan hatte, wie er sich heute damit fühlte. Aber wie sollte ich überhaupt anfangen?

Ich zögerte verwirrt, und er unterbrach meine Überlegungen: »Also, was möchten Sie?«, fragte er noch einmal.

Ich machte den Mund auf, um ihm die schicksalhaften Fragen zu stellen, als er mich wieder unterbrach: »Hier gibt es ein sehr gutes Frühstück, möchten Sie?«

»Ach«, sagte ich, aus einem Traum aufgewacht, »ich möchte Tee, Tee mit Nana, wenn es das hier gibt.«

1. Februar 2008

Hasenungeheuer

Salon de Livres, Paris.

Schalom, mein süßes Mädchen,

ich habe deine Mail genau in dem Moment erhalten, als ich anfing, dir zu schreiben, und dann ist mein Computer kaputtgegangen. Also schreibe ich dir über die Zeitung, schließlich ist *Haaretz* nicht das, was du gedacht hast.

Wie ich versprochen habe, werde ich dir alles über Paris erzählen. Es gibt hier langes, wohlschmeckendes Brot, so ähnlich wie unser Baguette zu Hause, aber ohne den süßen Challageschmack. Es gibt hier wunderbares Essen, anderes als bei uns. Gestern Abend habe ich zum Beispiel Schnecken gegessen! Die Leute hier legen sehr viel Wert auf Essen. Nicht wie Mama, hier in Paris sagt keiner: »Das ist das, was wir im Haus haben.«

Es gibt hier auch wunderschöne Gebäude, jede Menge Statuen und viele erstaunliche Parks und Museen. Wenn du Paris später einmal besuchst, wirst du verstehen, dass das, was man dir über Jerusalem beibringt, nicht stimmt. Jerusalem ist weder eine schöne noch eine wichtige Stadt.

In Paris gibt es eine Stadtbahn, die Metro heißt, und sie fährt unter der Erde zu jedem Punkt in der Stadt. Ich komme mit der Metro nicht zurecht, ich verirre mich immer oder fahre in die falsche Richtung und lande am anderen Ende. Aber weißt du, was schön ist in Paris? Auch das andere Ende ist wunderbar, deshalb habe ich meinen Irrtum fast nie bedauert.

An einem späten Abend wollte ich ein bisschen allein sein. Deshalb verließ ich das Restaurant, in dem ich mit allen saß, und ging allein in der Stadt spazieren, ohne zu wissen, wo ich überhaupt war.

Hier gibt es viele Lichter, überhaupt nennt man Paris »die Stadt der Lichter«. Ich lief und lief und sah mir all die netten, fröhlichen Leute an, die ausgingen, um sich zu amüsieren, und dann fing es plötzlich heftig an zu regnen und ich wollte zurückgehen. Es war schon spät, die Metro fuhr nicht mehr. Ich hatte angenommen, in so einer großen und belebten Stadt würde die Metro die ganze Nacht fahren, aber da hatte ich mich geirrt.

Die Taxen in Paris sind nicht wie die Taxen in Jerusalem, manchmal ist es unmöglich, eine zu erwischen. So geschah es, dass ich mich verlaufen hatte und die ganze Nacht das Hotel suchte, und am Schluss, als ich schon müde und nass und hoffnungslos war, setzte ich mich auf ein Stück Karton neben einer großen Statue und schlief ein. Am nächsten Morgen, als ich aufwachte, war ein Wunder geschehen – neben dem Karton fand ich eine Tasse Tee und vier Münzen, die hier in Paris Euro heißen.

Ich treffe hier ständig viele Autoren, sie sind sehr wichtig, einige ihrer Bücher habt ihr, du und deine Brüder, gelesen und sehr gemocht. Etgar Keret zum Beispiel, der *Papa floh mit dem Zirkus*, und auch Ruto, der das Buch illustriert hat. Auch Meir Shalev, der viele Bücher geschrieben hat, die du liebst. Alle sind hier auf einer Buchmesse, genau wie ich. Diese Messe ist sehr, sehr groß mit sehr, sehr vielen Büchern.

Die Menschen in Paris lesen sehr gern. Morgens, wenn ich zur Messe komme, stehen hunderte oder vielleicht tausende Franzosen, Männer, Frauen und Kinder, vor der Messe und warten ruhig und mit einem Lächeln auf den Lippen darauf, dass sie in die Halle mit den Büchern gelassen werden. Du solltest sehen, wie sie Schlange stehen, so etwas würdest du in Jerusalem nicht finden. Keiner fragt: »Wer ist der Letzte?«

An einem Tag stand ich auch in der Schlange, und auf einmal kam ein Autor auf mich zu, der auf Hebräisch schreibt, er hatte mich schon von weitem gesehen. Er lachte mich aus, legte mir die Hand auf die Schulter und sagte: »Hör mal, wann lernt ihr endlich was dazu?« Er fand das zum Lachen, also lachte ich mit ihm. »Komm, komm«, sagte er und zog mich an allen anderen vorbei zur Eingangstür. Er ging zum Türhüter und sagte die Zauberworte »We are from Israel«, und der Türhüter öffnete sofort das große Tor und ließ uns in die Zauberhöhle voller Bücher eintreten.

Es gibt hier sehr viele Bücher, auch für Kinder. Bebilderte Bücher, wie wir sie bei uns nicht finden. Die Leute spazieren zwischen den Ständen herum, schmökern und schauen, essen und trinken, es gibt auch Musikgruppen, die fröhliche Melodien spielen, und Vorstellungen von Puppenspielern. Es ist sehr schön in dieser Zauberhöhle, alle sind froh und glücklich. Aber alle fürchten sich vor einer kleinen Ecke in der Höhle. Man sagt, laut Überlieferung lebe hier ein schreckliches Ungeheuer. Deshalb haben viele Angst, sie genießen alles, hüten sich aber vor der Ecke des Ungeheuers. Manche nehmen diese Geschichte ernst und kommen überhaupt nicht zur Buchmesse.

Du weißt, dass ich nichts übrighabe für Ungeheuer und immer zu dir sage, dass es sie nur in Märchen gibt und man keine Angst zu haben braucht, stimmt's? Deshalb beschloss ich, die Geschichte mit dem Ungeheuer zu überprüfen. Ich näherte mich langsam dem Bereich, über dem in großen Buchstaben »Israel« stand, und dachte daran, dass dies das Zauberwort für den Türhüter gewesen war, der mich hereingelassen hatte. Obwohl ich nicht an Märchen glaube, auch nicht an die Existenz von Ungeheuern, hatte ich trotzdem ein bisschen Angst, denn auch wenn es keine Ungeheuer gibt, tauchen sie manchmal in unseren Träumen auf.

Deshalb schaute ich mich vom Eingang aus um, konnte aber kein Ungeheuer entdecken. Ich sah nette, lächelnde Leute, die sich miteinander unterhielten, Kaffee tranken und Bücher betrachteten, wie die anderen in der Zauberhöhle. Mit zitternden Knien beschloss ich, hinzugehen und mit dem Ungeheuer zu sprechen. »Schalom«, sagte ich und machte sofort einen Schritt rückwärts, aber nichts geschah, im Gegenteil, das Ungeheuer war überhaupt kein Ungeheuer, sondern ein kleiner süßer Hase mit grünen Augen und einem Fell, der sagte: »Auch dir Schalom.«

Sehr schnell wurden wir, ich und das Ungeheuer, das heißt der Hase, gute Freunde. Wir hatten sehr viele Dinge gemein, und ich hatte das Gefühl, der Hase sei mir ähnlicher als alle anderen Menschen, die ich auf der Messe getroffen hatte. Ich konnte die Sprache des Ungeheuers sprechen und jedes Wort verstehen, das es sagte. Erstaunlich, wie falsch Menschen manchmal denken. Erstaunlich, wie ein Hase zu einem Ungeheuer wird, meinst du nicht auch? Ich fragte den netten Hasen in seiner Sprache, ob ich eine kleine Frage stellen dürfe, die vielleicht ein bisschen persönlich sei, und der Hase lächelte und sagte: »Klar.«

»Warum glauben die Menschen, du wärst ein Ungeheuer?«

»Ooooi!« Der Hase seufzte traurig und erzählte, während ihm Tränen aus den Augen flossen, weil ihn der Fluch seit seiner Geburt verfolgte. Ein böser Zauberer aus einem fernen Land hatte ihm etwas Wunderbares vorenthalten, und zwar die Fähigkeit zu lügen. Alles, was der Hase sagte, war die Wahrheit. Er war ein lieber und süßer Hase, aber in dem Moment, in dem er anfing zu lügen, verwandelte er sich in ein schreckliches und bedrohliches Ungeheuer. Wie in der Geschichte von Pinocchio, aber der Zauberer hier war schlimmer, und statt dem Hasen eine lange Nase wachsen zu lassen, hatte er entschieden, ihn in ein Ungeheuer zu verwandeln.

»Und was kann man tun?«, fragte ich den Hasen und streichelte sein Fell.

»Man soll nur die Wahrheit sagen«, antwortete der Hase und fügte hinzu: »Komm, komm mit mir.« Ich ging mit zu einem anderen schönen Ort, mit einer Bühne, Scheinwerfern und Kameras. Dort saßen Leute wie ich, die sich nicht fürchteten. Der Hase stieg auf die Bühne und machte eine sehr, sehr schöne Vorstellung. Alle klatschten und waren glücklich, und ein Mann mit einer Kamera auf der Schulter fragte etwas in einer Zaubersprache, die ich nicht verstand, denn die Sprache des Hasen verstand ich ja, und der Hase sagte: »We are looking for peace.«

Und da, plötzlich, verdunkelte sich der Himmel und der Hase veränderte die Farbe. Ich verstand, was gerade geschah, und rannte, so schnell ich konnte, andere blieben, aber ich rannte und rannte, und die Tore waren verschlossen und ich wusste nicht, wie mir plötzlich die Zauberworte einfielen, aber ich schrie: »I am from Israel«, und das Tor ging auf, und so habe ich mich gerettet.

21. März 2008

Und wieder bei euch

Ich bin müde, lieber als alles andere würde ich mich ins Bett legen. Es ist jetzt Mitternacht, und ich sitze mit gebrochenem Herzen in Berlin. Oh, Berlin, Berlin, eine junge, schöne Stadt, voller Leben, und weiße Wolken lächeln traurig von ihrem Himmel.

Meine letzte Nacht allein. Morgen früh fliege ich nach einer zweiwöchigen Reise nach Hause zurück. Ich habe Sehnsucht nach meiner Frau, nach meiner Tochter und meinem Sohn. Das ist die längste Reise, die ich je unternommen habe, und die schwerste von allen. Ich habe nicht viel zu schreiben, außer sehnsüchtigen Wor ten. Ich sitze hier in einem ziemlich eleganten Hotel im Zentrum von Berlin und kann nur daran denken, wenn ich wieder zu Hause bin. Daran, wie ich meine Kinder umarme und mich bei meiner Frau wegen dieser unüberlegten Reise entschuldige, wie ich an ihrer Schulter weine und ihr verspreche, dass ich sie nie wieder so im Stich lasse, nie werde ich sie allein lassen, und ich werde sie um Verzeihung für meine Untat bitten.

Ja, ich bin bereit zu schwören, dass ich nie wieder für so lange Zeit zu irgendeinem Ort auf der Welt reisen werde.

Ich werde nicht fahren, auf keinen Fall allein. Ein solches Leid will ich nicht mehr ertragen, auch wenn es sich um eine für meine Karriere wichtige Reise handelt. Das wird mir egal sein. Ich werde mich an die Grausamkeit der Trennung erinnern, an die brennende Sehnsucht, und höflich jede Einladung ablehnen.

»Wie geht es dir?« Mit diesen Worten habe ich jeden Morgen meine SMS an meine Frau begonnen. »Ich habe Sehnsucht«, war die regelmäßige Antwort. »Und wie geht es den Kindern?«, habe ich immer hinzugefügt und mir dabei die Tränen aus den Augen gewischt. »Sie warten auf ihren Vater«, schrieb meine Frau zurück. Ich bat sie, die Kinder von mir zu küssen, »und sag ihnen, dass Papa sie lieb hat«. Und ihre Antwort war jeden Tag wieder: »Ich liebe dich.«

Nun denke ich darüber nach, dass ich diesen Satz »ich liebe dich« in den letzten zehn Jahren nicht mehr von ihr gehört habe. Ich bekam ihn nur schriftlich, wenn ich in einem fremden Land war, vor allem über SMS. Oh, meine wundervolle Frau, morgen komme ich zurück, beladen mit vielen Geschenken, die ich als Wiedergutmachung für den Schmerz und zur Beruhigung meiner Schuldgefühle gekauft habe.

Ich stelle mir vor, wie ich morgen Nachmittag nach Hause komme und mich umarmen lasse. Die Kinder werden sich über die Geschenke freuen, und meine Frau und ich werden uns bis zum nächsten Morgen umarmen. Wenn er nur schon da wäre, der morgige Nachmittag! Meine Geduld ist zu Ende. Morgen Nachmittag hat meine Tochter eigentlich einen Kurs, bestimmt werde ich die ausgedehnte Umarmung aufschieben müssen. Ich hoffe, dass meine Frau sie zum Kurs bringt und nicht mich darum bittet, obwohl ich sie normalerweise hinfahre. Nein, so etwas kann sie nicht verlangen, ich bin gerade erst gelandet, sie wird mir keinen Auftrag erteilen, sie wird wissen, dass ich sehr müde bin. Aber wenn sie stur bleibt, bringe ich das Mädchen eben hin, macht nichts, alles in allem geht es nur um eine Stunde. Dann, wenn ich wieder zu Hause bin, werden wir uns hinsetzen und umarmen.

Bestimmt wird sie die Kinder sofort baden wollen, denn um acht Uhr gehen sie normalerweise schlafen. Ich hoffe, dass sie mich nicht darum bittet, das Abendessen vorzubereiten. Sie selbst kann es nicht tun? Das ist nicht einzusehen. Ich bin ungefähr um fünf Uhr morgens aufgestanden, ich bin vier Stunden geflogen, ich habe die Kleine zum Kurs gebracht und dann fordert sie mich noch auf, das Abendessen vorzubereiten? Na ja, so schlimm ist das auch nicht. Wie lange dauert es schon, ein paar Käsebrote zu schmieren, und wenn ich ihnen einen Gefallen tun will, brate ich auch noch Rühreier. Das macht nichts.

Sie wird die Kinder ins Bett bringen, und dann werden wir uns umarmen und ich werde ihr alle Geschenke geben, die ich ihr aus New York und Berlin mitgebracht habe. Bestimmt wird sie mich, wie immer, darum bitten, den Koffer auszupacken, Weißes vom Bunten zu trennen und zur Wäsche zu bringen. »Weißt du, warum ich deine Reisen so hasse?«, wird sie sagen, wie sie es immer tut, wenn ich heimkomme, und sofort selbst die Antwort geben: »Weil du so viel Wäsche mitbringst. Fünf Maschinen.«

Bis ich die Kleidung ausgepackt habe, wird sie schon geduscht haben, und wenn sie aus dem Bad kommt, sagt sie, dass ich vom Flug stinke und dass ich es ja nicht wagen soll, mich ins Bett zu legen, ohne mich vorher mit Domestos gereinigt zu haben, denn sie habe erst gestern das Bett frisch bezogen. Ich werde mich duschen, und wenn ich dann herauskomme, wird sie schon gähnen und ihre Augen werden halb geschlossen sein. »Es waren zwei schwere Wochen«, wird sie sagen, »ich muss schlafen. Sei still, ja?«

Am Morgen werde ich bestimmt vom Lärm der Vorbereitungen geweckt werden und mich wie üblich daran beteiligen, ich werde den Roomservice vergessen und mir selbst einen starken schwarzen Kaffee mit einem Löffel Zucker zubereiten, keine junge blonde Deutsche wird ihn mir direkt ans Bett bringen. Ich werde ihr kein Trinkgeld geben und sie wird mich nicht engelhaft anlächeln und »danke schön« sagen.

Wir werden kaum ein paar Worte wechseln, denn meine Frau wird rechtzeitig vor den Staus zur Arbeit fahren wollen, sie wird mich bitten, die Kinder zu fahren, und ich werde zustimmen, denn wie könnte ich es nach zwei Wochen im Ausland wagen, mich zu drücken? Aus Erfahrung weiß ich, dass es nach meiner Rückkehr ungefähr einen Monat dauern wird, bis ich mich wieder trauen werde, nein zu sagen.

Ich werde die Kinder fahren und dann mein Arbeitszimmer aufsuchen. Dort werde ich sitzen und mein bitteres Schicksal beweinen und so manche Entscheidungen meines Lebens bedauern, ich werde rauchen, viel Kaffee trinken und kein Wort schreiben, bis es Zeit ist, die Kinder wieder abzuholen. Meine Frau wird vom Auto aus anrufen und mich bitten, etwas zu essen zu kaufen, der Kühlschrank sei vollkommen leer. Na gut, sie hatte zwei schwere Wochen und keine Zeit, sich um die Einkäufe zu kümmern. »Weißt du«, wird sie sagen, »es ist nicht leicht, mit den beiden allein zu sein.« Ich werde mir überlegen, wo man in Jerusalem Wiener Schnitzel kauft, und wenn mir klar wird, dass man hier keines bekommt, werde ich Falafel und Pommes kaufen.

Sie wird müde nach einem harten Arbeitstag heimkommen, sie wird unsere Tochter fragen, ob sie noch Hausaufgaben zu machen hat, dann wird sie mich auffordern, mich mit ihr über das tägliche Klavierspiel auseinanderzusetzen. »Ich habe keine Kraft«, wird sie sagen, »außerdem war das Klavier deine Idee, nicht meine.« Am Schluss wird meine Tochter weniger als eine halbe Stunde üben und ich werde es ihr, wie immer, durchgehen lassen. Dann folgen Duschen und Abendessen, und bevor sie schläft, werde ich meiner Frau die Geschenke ans Bett bringen und sie ihr liebevoll überreichen. »Ich hatte Sehnsucht nach dir«, werde ich sagen, und sie wird lächeln, während sie das erste Päckchen auswickelt. »*Ya allah*«, wird sie enttäuscht sagen, »jedes Mal das gleiche Parfüm?«

30. Mai 2008

Zeit der Sparsamkeit

In zwei Stunden muss ich in der Kanzlei des Rechtsanwalts den Kaufvertrag für die Wohnung unterschreiben. Ich bin so verängstigt, wie ich es noch nie war. Gut, mag sein, dass ich übertreibe, denn Ende September 2000 war ich noch verängstigter. Auch als ich geheiratet habe, war ich verängstigt, und bei der Geburt meiner Tochter und danach der meines Sohnes war ich hysterisch, und bei den Operationen, die der Kleine durchmachen musste, war meine Angst noch viel größer. Also werde ich es anders formulieren, wenn es erlaubt ist: In zwei Stunden muss ich in der Kanzlei des Rechtsanwalts den Kaufvertrag unterschreiben, und das beunruhigt mich doch ziemlich.

»Warum machst du dir solche Sorgen?«, fragen meine Freunde. »Eine Hypothek ist doch etwas ganz Normales. In eine Immobilie zu investieren ist das Beste, was man machen kann, du solltest dich freuen.« Also versuche ich, fröhlich zu sein, aber es klappt nicht. Mich hat es noch nie interessiert, in eine Immobilie zu investieren, ich möchte eine Wohnung und keine Investition. Ich glaube nicht an Investitionen, ich bin schon immer faul gewesen. Sollen sie doch über Wohneigentum sagen, was sie wollen, ich kann euch versprechen, dass die Immobilienpreise, genau zwei Stunden nachdem ich eine Wohnung gekauft habe, anfangen werden zu sinken.

Ich bin kein Fachmann für Wirtschaft oder gar für den Weltmarkt. Davon verstehe ich nichts. Für meine Begriffe bezeichnet *prime rate* eher die Haushalte, die in der Hauptsendezeit fernsehen, wenn man die Zahl der arabischen Haushalte abzieht. Ich kann jedenfalls ziemlich exakt vorhersagen, dass die Immobilienpreise sinken werden, sogar zusammenbrechen. Eine Wohnung wird nur ein Viertel von dem kosten, was sie heute kostet, und Fliesenleger werden anfangen, ihre Fliesen umsonst zu verteilen. Es ist eine Tatsache: Wenn ich in eine Sache investiere, zerplatzt sie. Das ist die Erfahrung meines ganzen Lebens. So ist es mir immer ergangen. Als ich anfing, beim Fernsehen zu arbeiten, freute ich mich sehr, dass ich einen Vertrag auf Dollarbasis unterschrieben hatte, und dann sprang der Dollar vom Empire State Building. Ich erinnere mich noch an den Tag der Vertragsunterschrift und dass ich stolz wie ein Pfau herumstolzierte und allen, die es hören wollten oder nicht, davon erzählte, dass ich ab jetzt mein Gehalt in grünen Scheinen bekommen würde. Hypothek, was für ein schreckliches Wort. Eine Hypothek auf fünfundzwanzig Jahre. Eines stimmt zwar, nach einer Hypothek werde ich mich israelischer fühlen denn je. Ich weiß, dass man auf der ganzen Welt Hypotheken aufnimmt, aber trotzdem: Ich bin in einem Haus und einer Familie aufgewachsen, in der man sich Hypotheken gegenüber verhielt wie Einberufungen zur Armee.

»Papa, was ist eine Hypothek?«, habe ich jedes Mal gefragt, wenn ich in einem Artikel las, dass Menschen ihre Hypothek nicht mehr bezahlen konnten und ohne einen Cent auf die Straße gesetzt wurden. »Hypotheken, mein Sohn«, hatte mein Vater, der Sozialist, dann geantwortet, »sind eine Schuld, deretwegen man den armen Leuten ihre Häuser wegnimmt.«

»Was? Hypotheken sind Nakba, Papa?«

»Genau, sie sind die Nakba der Juden.«

Seit die Entscheidung fiel, eine Wohnung zu kaufen, bin ich umgeben von einem Haufen Papiere und Broschüren und Verträgen und Rechnungen, wende unaufhörlich Zahlen hin und her und versuche vergeblich, ihre Gesetze zu begreifen. Ein ums andere Mal rufe ich bei der Bank an, beim Steuerberater, beim Rechtsanwalt und wieder bei der Bank, ich berechne alles bis auf den letzten Schekel, obwohl ich weiß, dass ich keine Ahnung habe, was ich eigentlich tue. Aber es hat etwas Tröstliches, Zahlen aufzuschreiben, etwas hinzuzufügen und wieder wegzunehmen, Zinsen auszurechnen. Zumindest auf meine Frau machte es den Eindruck, als wäre ich drauf und dran, ein ernsthafter Mensch zu werden und mich der Realität zu stellen. Endlich weiß ich, wie viel wir für Strom, Wasser, Immobiliensteuer und vor allem für unsere Handyanbieter bezahlen. »Was«, habe ich neulich im Lebensmittelgeschäft geschrien, »eine Cola kostet sieben Schekel? Wieso denn das?«

Es gibt keine Cola mehr. Punkt.

Eines der wunderbaren Dinge, die seit Anfang der Hypothek geschahen, ist, dass ich weniger rauche. Obwohl beim Anblick der Zahlen und Prozente meine Lust, eine Zigarette anzustecken, ungeheuer groß wird, fast wie die Lust auf eine Zigarette nach dem Sex, halte ich mich zurück. Zwei Schachteln am Tag mal sechzehn Schekel sind schon tausend Schekel im Monat für Zigaretten. Inzwischen habe ich es auf eine Schachtel in zwei Tagen reduziert und aufgehört, Geschlechtsverkehr zu haben.

»Weißt du, meine Süße«, habe ich vergangene Woche zu meiner Tochter gesagt, als ich sie vom Konservatorium abholte, »vielleicht hören wir mit den Klavierstunden auf, was meinst du?«

»Warum, Papa?«, fragte sie erstaunt. Immerhin streiten wir seit zwei Jahren jeden Tag, und ich gebe nie nach und erlasse ihr das tägliche Üben nicht. Nicht dass ich, Gott behüte, wollte, sie würde Pianistin werden. Nein, ich möchte, dass sie eine der weißen Frauen wird, die, wenn sie erwachsen sind, sich darüber beklagen, dass ihre Eltern sie zum Erlernen eines Musikinstruments gezwungen haben. Was kann ich dafür, dass alle, die ich wegen des Musikunterrichts über ihre schwere Kindheit klagen hörte, erfolgreicher waren als die anderen ohne Musikunterricht. Ich wollte nicht, dass sie mit dem Gefühl aufwächst, anders als ihre aschkenasischen Freundinnen zu sein. Sie werden sich über die Geige beklagen, meine Tochter wird sich über das Klavier beklagen. Das nenne ich Chancengleichheit.

»Hör zu, Süße«, sagte ich und dachte an die tausend Schekel im Monat. »Du fragst, warum? Es ist schwer, jeden Tag zu üben, also lass es lieber.«

»Nein, Papa«, antwortete sie mit Tränen in den Augen. »Ich werde üben, Papa, ich verspreche es. Solange du willst.«

Ich versuchte meinen Kummer zu unterdrücken. »Warum willst du üben? Musik ist etwas für Leute, die nicht gut in Mathematik sind, und du bist doch gut in Mathematik, nicht wahr?«

»Bitte, Papa, ich möchte weiterlernen.«

»Klavier ist langweilig, möchtest du nicht lieber fernsehen, was ist schlecht am Kinderkanal?«

»Aber Papa«, sagte sie, »du hast den Kabelanschluss doch gekündigt.«

Ihre raffinierten Antworten machten mich langsam nervös. »Schön, ich habe den Kabelanschluss gekündigt. Ist das nicht gut für euch? Das geschah nur euch zuliebe. Ich tue alles für euch, und ihr beklagt euch auch noch. Schön, wirf mir vor, dass ich den Kabelanschluss gekündigt habe. Aber du wirst sehen, dass du mir noch dankbar sein wirst, wenn du größer bist. Heutzutage werfen alle fortschrittlichen Leute den Fernseher aus dem Haus. Habe ich das getan? Nein. Ich habe nur die Kabelsender abgemeldet. Was ist schlecht am ersten Programm, was an Antenne? Als ich so alt war wie du, hatten wir nur das jordanische Fernsehen, und weißt du was? Das hat mir nichts ausgemacht. Im Gegenteil, der jordanische Sender ist besser als alle Sender, die du magst. Ihr könnt euch immer nur beschweren.«

Meine Tochter weinte auf dem Rücksitz. Die Ärmste, sie ist doch nicht schuld. Wenn wir nach Hause kommen, werde ich sie beruhigen, dachte ich, ich werde mich entschuldigen, aber nicht auf die Sache mit dem Klavier verzichten. Es reicht. Außerdem kann sie auch allein weiterlernen, wenn sie will. Das Handy klingelte, ich sah die Nummer meiner Frau auf dem Display. »Schalom«, sagte sie.

»Was ist?«, fragte ich schnell.

»Nichts«, sagte sie, »ich wollte nur wissen, wie es beim Klavierspielen war.«

»Konntest du nicht die Minute warten, bis wir zu Hause sind? Haben wir nicht ausgemacht, nur im Notfall anzurufen und ansonsten SMS zu schreiben? Arbeite ich hier etwa ganz allein?« Gereizt unterbrach ich das Gespräch und zündete mir, ohne es zu merken, eine Zigarette an.

27. Juni 2008

Misstrauen oder Respekt

So, alles ist bereit. Der Papierkram, die Steuern, die Genehmigungen der Stadt, die Bank, das amtliche Hypothekenregister des Grundbuchamtes, Immobiliensteuer, Lebensversicherung, der amtliche Kaufvertrag, eine unwiderrufbare Vollmacht, Erwerbssteuer, Grundstückssteuer. Elektrizitätsgesellschaft, Wasser, Gas und Daueraufträge. Eine Teilliste. Früh am Sonntagmorgen erhielten die Vorbesitzer die letzte Rate, sie unterschrieben und überreichten mir die Wohnungsschlüssel. Der großartige Rechtsanwalt nannte das »Wohnungsübergabe«, und ich war froh, ich freute mich so sehr, dass ich anfangen konnte zu arbeiten.

Mir bleiben genau zwei Wochen für den Umzug. Ich habe mich dem Hausbesitzer gegenüber verpflichtet, unsere jetzige Wohnung Anfang August leer zu übergeben. Das dürfte kein Problem sein, der Handwerker, dem ich den Auftrag erteilt habe, hat versprochen, mir nach zehn Tagen, höchstens zwei Wochen, die Wohnung wie neu zu präsentieren. Er hat sich verpflichtet, am Sonntag anzufangen. »Keine Zeit vergeuden«, hat er verkündet, »sobald Sie die Schlüssel haben, reißen wir den Boden heraus, alles ist schon bereit. Inschallah.«

Sofort nach der Übergabe rannte ich zu dem neuen Haus, zum Schwarzen Brett im Eingang, mit der Ankündigung für die Hausbewohner, an der ich ein ganzes Wochenende lang gearbeitet hatte. »Wir, die neuen Mitbewohner im Erdgeschoss, entschuldigen uns im Voraus für die Unannehmlichkeiten, die Ihnen durch die Renovierung unserer Wohnung entstehen könnten. Wir versprechen, alles in unserer Macht Stehende zu tun, die Arbeiten so kurz wie möglich zu halten. Amen.« Das war der Geist einer der Entwürfe, die ich hinkritzelte und in den Papierkorb warf. Diese Ankündigung war unsere Eintrittskarte in eine neue Welt, unsere Visitenkarte, der erste Eindruck, und ich war überzeugt, dass sie unser Schicksal als anständige Nachbarn festlegen oder die Beziehungen beenden würde, noch bevor sie begonnen hatten. Sollte ich meine Beherrschung der hebräischen Sprache demonstrieren? Werden die Hausbewohner sich dadurch beruhigen lassen und denken, die Araber von unten gehörten irgendwie zu ihnen? Oder wird die Verwendung der Hochsprache uns als Stamm von Sonderlingen aus der Steinzeit ausweisen? Vielleicht muss der Stil der Ankündigung modern sein, israelisch, jung, ein Stil, der über jeden Zweifel hinaus beweist, dass wir liberal, modern, informiert und akzeptiert sind. So etwas wie: »Schalom allen Nachbarn, Ahlan, wir hoffen, dass ihr uns die Renovierungsarbeiten verzeiht, wir machen es schnell, entschuldigt bitte. Jallah bye.« Nein, bestimmt nicht. Das ist zu spitzfindig, zu vulgär, nicht rücksichtsvoll und überhaupt nicht vertrauenswürdig. Auch so kommen wir mit einem verhältnismäßig niedrigen Vertrauensvorschuss an, und eine solche Ankündigung würde nur noch Öl ins Feuer gießen.

Und wie geschrieben? Gedruckt? In welcher Schriftart? Und soll man die Anrede »An die Bewohner des Hauses« betonen? Und einen Betreff hinzufügen: »Renovierungsarbeiten im Erdgeschoss«? Eine gedruckte Ankündigung wird der Sache einen offiziellen Eindruck verleihen. Einerseits soll das Ganze beweisen, dass es sich um eine Familie mit Computer handelt, mit einem Drucker und genug Geld für Tinte, was eigentlich nicht stimmt, aber ich kann meine Frau immer bitten, dass sie mir etwas bei der Arbeit ausdruckt. Andererseits, vielleicht ist eine handschriftliche Version doch vorzuziehen, sie macht die Ankündigung persönlicher und könnte bei den Nachbarn das Eis brechen.

Ist meine Handschrift auf Hebräisch gut genug? Viele Stunden habe ich mich mit den Buchstaben gequält und dabei versucht, mich an die Aussagen eines Graphologen zu erinnern, die ich im Fernsehen gehört habe. Ob das Lamed mit einer großen Schleife zeigt, dass ich unter psychischen Störungen leide, oder ob das Gegenteil richtig ist? Muss ich das Schluss-Zadik bei »Schipuz« höher ziehen oder ist es besser, es niedriger zu lassen und zu beweisen, dass es sich um einen bescheidenen Familienvater handelt, der keinen Ärger mit seinen Nachbarn will? Vielleicht lasse ich meine Tochter die Ankündigung schreiben? Eine Kinderschrift wird zeigen, dass unsere Kinder die Sprache der Mitbewohner beherrschen, und eventuelle Zweifler beruhigen. Aber wenn sie es für die Schrift eines erwachsenen Arabers halten? Das ist ein Problem. Woher sollen sie wissen, dass es meine Tochter geschrieben hat? Dann werden sie mich einfach für einen Blödmann mit einer ungelenken Schrift halten.

Und was ist mit der Unterschrift? Soll ich wirklich mit einer Entschuldigung aufhören und als »Familie Kashua« unterzeichnen? Oder ist es übereilt, das Ereignis auf diese Art anzuzeigen? Vielleicht ohne Unterschrift? Sollen wir uns mit dem Beweis begnügen, dass wir höfliche Menschen sind, indem wir die Mittagsruhe zwischen zwei und vier Uhr beachten, ohne unsere nationale Identität so schnell aufzudecken? Andererseits, wie lange werden wir uns verstecken können?

Gut, dann vielleicht doch mit einer Unterschrift mit Familiennamen, der allen Bewohnern anzeigt, dass unten eine arabische Familie wohnt, und ihnen damit genug Zeit lässt, die Information bis zu unserem Einzug zu verdauen. Soll sich doch das Gerücht verbreiten, sollen sie miteinander diskutieren, bestimmt gibt es im Haus irgendeinen durchgeknallten Linken, der *Haaretz* liest. Ich verlasse mich auf ihn, dass er die eifrigen Gegner beruhigt. »Nein. Er ist in Ordnung, was regt ihr euch auf. Und seine Frau? Sie ist wunderbar. Außer dem Ausrutscher im zweiten Libanonkrieg ist er ein prima Kerl, das sage ich euch. Ich lese ihn jede Woche, er ist nicht wie die anderen. Ich habe das Gefühl, er ist in Ordnung. Zur Sicherheit werden wir auf jeden Fall die Taktik Respekt und Misstrauen anwenden.«

Ich konnte mich, was die Unterschrift anging, nicht entscheiden. Ich las die vielen Dutzend Entwürfe, die im Papierkorb und auf dem Wohnzimmerboden herumlagen, immer wieder, wie in einem Film über einen frustrierten Schriftsteller, bis ich mich schließlich zu einem Kompromiss durchrang. Am Sonntagmorgen, sofort nach der Schlüsselübergabe, fuhr ich mit meiner Frau zu der neuen Wohnung. Der Handwerker war noch nicht da, er sagte, er sei krank und könne erst einen Tag später anfangen. Meine Frau regte sich auf, sie sagte, sie glaube ihm kein Wort, ich hingegen war froh, ich wollte nicht, dass er mit dem Renovieren anfing, bevor ich die Ankündigung aufgehängt hatte, die mich zwei ganze Arbeitstage gekostet hatte.

»Sag doch mal«, wollte meine Frau wissen, als ich vor dem Schwarzen Brett stand, mit den bunten Reißnägeln, die ich eigens dafür angeschafft hatte, und die Ankündigung aufhängte, auf der ein einziges Wort in der Mitte gedruckt war: »Entschuldigung«.

»Was denn? Einen Moment, was sagst du, hängt es gerade?«

»Ja, ja, es ist gerade. Sehr schön.«

»Was wolltest du fragen?«, sagte ich, trat einen Schritt zurück und betrachtete stolz die Ankündigung.

»Was machen wir mit der Mesusa?«

18. Juli 2008

Land der unbegrenzten Möglichkeiten

An meine Eltern, meine Brüder, meine ganze Familie und an die Bekannten viele Grüße,

wie geht es Euch? Ich hoffe, Ihr seid alle gesund und verlebt eine ruhige, angenehme Zeit. Wie geht es den kleinen Neffen? Fiebern sie dem Schuljahresbeginn entgegen? Was ist mit Amir, hat er schon eine Kindergartentasche? Oh, wie gern würde ich ihn sehen, wie er Hand in Hand mit Kerem zum Kindergarten geht.

Erst eine Woche ist es her, dass ich in das neue Land gezogen bin, und mein Herz ist schon voller Sehnsucht und Verlangen, Euch wiederzusehen.

Meine Frau und die Kinder schicken Euch Grüße und sagen, dass sie sich nach Euch sehnen. Uns geht es gut, es ist nicht ganz einfach, aber hier sagt man: Aller Anfang ist schwer. Die Kinder fangen an, sich an den neuen Ort zu gewöhnen, sie schlafen bereits fast die ganze Nacht hindurch in ihren eigenen Zimmern.

Langsam lernen wir den neuen Ort kennen, die neue Kultur und den Lebensstil der Bewohner hier. Ich würde Euch gern schreiben, dass alles in Ordnung ist, aber ich möchte nicht lügen, es fällt uns ganz schön schwer hier. Wir waren etwas anderes gewohnt, und binnen einer Woche befinden wir uns hier in einer anderen Welt. Bestimmt wird es noch eine ganze Weile dauern, bis wir uns zu Hause fühlen, falls das überhaupt je der Fall sein wird. Ein Zuhause gibt es schließlich nur einmal.

Mit den Kindern ist es eine andere Geschichte, sie sind noch jung, und vielleicht lernen sie es, sich an die Regeln dieses fremden Landes zu gewöhnen, meine Frau und ich geben es von vornherein auf. Was tut man nicht alles für eine bessere Zukunft der Kinder.

Dieser Ort ist ganz anders als alles, was wir kennen, anders und manchmal sogar erschreckend. Ich habe das Erschrecken noch nicht überwunden, das mich ergriff, als ich zum ersten Mal die Dusche betrat. Was für einen harten Wasserstrahl haben die Juden. Erschreckend. Ich würde sagen, das Wasser hat mich überrascht. Ich war überzeugt, dass ein solch starker Wasserstrom nur in Hotels zu finden ist und dass normale Menschen so etwas nicht haben, und hier stand ich unter der Dusche und wartete auf das Rinnsal, wie ich es seit über dreißig Jahren gewohnt bin, als mir plötzlich eine Sintflut grausam auf den Schädel schlug. Könnt Ihr Euch vorstellen, dass eine ganze Woche vergangen ist, seit wir hier sind, und es hat noch keine einzige Wassersperre gegeben? Einmal bin ich mitten in der Nacht aufgestanden, um zu prüfen, ob der Wasserstrahl auch während der frühen Morgenstunden so stark ist, und das ist er tatsächlich.

Neben dem Gebäude gibt es eine große Mülltonne, gut, ich lüge, ich will Euch nicht quälen, aber die Wahrheit ist, es gibt zwei riesige Tonnen neben dem Eingang. Auf den Tonnen steht »Diese Tonne wird sonntags, dienstags und donnerstags geleert«. Erst war ich überzeugt, dass es sich um einen Scherz handelt, dass irgendwelche gelangweilten Jugendlichen sich einen Witz mit Graffiti gemacht und ausgerechnet auf einer Mülltonne ihren Protest gegen die Stadtverwaltung ausgelebt haben. Ein origineller Gedanke. Doch zu meiner Überraschung stellte ich fest, dass es keineswegs so war. Die Müllabfuhr kommt an drei Tagen in der Woche, um die Tonnen zu leeren. Könnt Ihr Euch das vorstellen, an drei Tagen? Wenn ich etwas auf eine Mülltonne bei uns zu Hause schreiben müsste, hätte ich bestimmt geschrieben: »Diese Tonne wird am Opferfest geleert.«

Noch etwas Wunderbares und Unbeschreibliches hier ist die Post. Wir haben eine Adresse und keine Briefkastennummer. Ich habe auch schon einen richtigen Postboten gesehen, so einen, wie man ihn sonst nur aus dem Kino kennt, er kommt mit einer Tasche, die über seiner Schulter hängt, und verteilt die Briefe in die Briefkästen im Hauseingang.

Eine Adresse ist wie eine Zauberei. Man ruft ein Schnellrestaurant an, sagt am Telefon die Adresse, und in kürzester Zeit kommt ein Bote auf einem Mofa und bringt warmes Essen. Die Kinder genießen diese neue Erfahrung und wollten es anfangs gar nicht glauben, bis ich eines Abends bei drei verschiedenen Restaurants Pizza, Hamburger und chinesisches Essen bestellte. Und alle kommen, ohne zu murren und zu maulen. Der Service von Strom, Gas, Wasser und Fernsehen. Man gibt ihnen nur die Adresse und das reicht, damit sie rechtzeitig ankommen. Sätze wie: »Wir wissen nicht, wann ein Techniker in Ihrem Stadtteil ist«, hört man hier nicht. Auch nicht: »Um Ihren Stadtteil aufzusuchen, bedarf es einer Abstimmung mit der Polizei.«

Obwohl es auch hier ein paar Mitarbeiter gab, die, als sie meinen Namen hörten, am Telefon sagten: »Wir werden prüfen, wann ein Techniker …« Doch dann unterbrach ich sie, gab ihnen meine Adresse in dem neuen Land durch und bekam sofort einen Termin.

Es ist schwer, sich einzugewöhnen, aber wir werden es überleben. An jeder Kreuzung gibt es Verkehrszeichen, langsam fahren, stehen bleiben, nach rechts oder links abbiegen, so viele Verkehrszeichen wie auf dem Bogen, den man vor der Fahrprüfung ausfüllen muss und die man später nie mehr sieht. Hier gibt es sie im Überfluss, blaue, rote, runde und dreieckige. Alle Straßen sind asphaltiert, und als wäre das nicht genug, gibt es, Ihr könnt es glauben oder nicht, auf beiden Seiten der Fahrbahn Fußgängerwege, die man Gehsteige nennt. Es gibt grüne Rasenflächen, die mit automatischen Sprengern gewässert werden, und Olivenbäume, die früher mal einen Besitzer hatten, wie ich gehört habe, doch hier im Land werden Bäume gut gepflegt, sogar wenn sie den Leuten nicht selbst gehören. Es gibt auch grüne Autobusse, die vorbeifahren, und Haltestellen mit Bänken, falls man warten muss.

Neben unserem Gebäude gibt es etwas Seltsames und Erschreckendes, eine Art Grube in der Erde, mit einer dicken, schweren Metalltür und einem seltsamen, schweren Griff. Erst traute ich mich nicht, doch dann bat ich einen Passanten, mir die Sache zu erklären, und er sagte, das sei ein Bunker, in dem man sich in Kriegszeiten verstecken könne. Eine ganze Nacht lang träumte ich von diesem Bunker neben unserem Haus und konnte erst einschlafen, als ich mir sagte, bräche hier, Gott behüte, ein Krieg aus, würde ich das erste Flugzeug nach Hause nehmen und mich bei Euch verstecken. Bitte, hebt uns das gute Zimmer auf.

Mit großer Sehnsucht und viel Liebe
Euer Sohn

29. August 2008

Guten Morgen, Israel

»Erster Stock«, sagte die Sicherheitsbeamtin am Eingang zum Polizeibüro mit einer Handbewegung zu den Aufzügen. Es war fast Mittag, und drei Männer saßen auf Stühlen in einem Wartezimmer mit der Aufschrift »Servicezentrum«.

»Sie kommen nach ihm«, empfing mich der Älteste von ihnen, ein ungefähr fünfzigjähriger Mann, und deutete auf einen ziemlich jungen Mann in der Uniform eines Hilfspolizisten, der ihm gegenübersaß. »Aber das wird dauern.« Er wandte sich wieder an den jungen Mann. »Also wer hat dich angefahren? Ein Araber oder ein Jude?«

»Ein Jude«, antwortete der Hilfspolizist.

»Woher weißt du das?«, beharrte der Ältere.

»Ich habe mit ihm gesprochen«, antwortete der Hilfspolizist.

»Ich glaube es nicht«, sagte der Ältere, neigte den Kopf zur Seite und zuckte mit den Schultern. »Ein Jude würde so etwas nicht tun. Ein Araber schon. Man muss nach links und rechts schauen«, er schaute selbst nach links und rechts, »und wenn man niemanden sieht, kann man überholen.«

Ich saß fast eine Stunde ruhig da, ohne dass sich die Tür zum Büro auch nur ein Mal öffnete. Von Zeit zu Zeit betrat ein weiterer Bürger das Wartezimmer, fragte den Älteren, wie lange er schon warte, und als dieser antwortete, schon zweieinhalb Stunden, sagte der Neuankömmling »oh, oh, oh« und verschwand wieder.

Der Hilfspolizist sagte, das Warten sei ihm egal, die Sache gehe auf seine Arbeitszeit, er spannte den Körper auf dem Stuhl und machte die Augen zu. Nach zwei Stunden Warten musste ich weggehen, um die Kinder von der Schule abzuholen. Sie verstanden nicht, warum ich sie so fest umarmte.

Als ich gegen Abend noch einmal beschloss, zur Polizeistation zu gehen, fragte meine Frau: »Wozu? Um zu sagen, dass das Menetekel an der Wand war?«

Die Uhr im Wartezimmer zeigte halb sieben. Die Tür war geschlossen. Ich wischte mit der Hand Brotkrümel und eine Gurkenscheibe von einem Stuhl und setzte mich, entschlossen, meine Anzeige zu machen, auch wenn ich bis morgen warten müsste. Im Wartezimmer saßen zwei Frauen, eine ältere und eine jüngere, außerdem gab es noch einen Mann, der in dem kleinen Raum herumtigerte und in sein Handy plärrte: »Nein. Es ist nicht das erste Mal. Auch in der Schule drangsaliert er sie. Ja, wir sind bei der Polizei.«

»Er ist unverschämt«, sagte die junge Frau und verzog den Mund. »Jemand muss ihm Anstand beibringen. Wenn sein Vater es nicht tut, muss es die Polizei tun.«

Die ältere Frau nickte zustimmend. Der Mann beendete das Gespräch und wandte sich mit einem Zwinkern an die beiden Frauen. »Ich habe seinem Vater angehört, dass er unter Druck steht.« Ich hatte mich nicht erkundigt, wer der Letzte war, doch nun wurde mir klar, dass die beiden Frauen und der Mann zusammengehörten, das heißt, es ging nicht um drei Anzeigen, sondern nur um eine, die vor mir an der Reihe war.

Das Handy des Mannes klingelte, er schaute auf das Display und flüsterte: »Er ist es wieder.« Dann antwortete er in einem anderen Ton, männlich, selbstsicher. »Hallo, also wie geht es weiter? So?« Wieder zwinkerte er den Frauen zu, die lächelten. »Gut, *wallah*, ich weiß nicht, was ich sagen soll. Gib mir eine Minute, ich rufe zurück.« Er machte das Handy aus und wandte sich an die Jüngere, bestimmt seine Frau. »Sein Vater will die Sache ohne Theater beenden. Was meinst du?«

»Was sagst du, Mama?«, fragte die Jüngere die Ältere.

»Keine Ahnung. Was ihr wollt.«

»Dann *ya allah*«, entschied der Mann und bedeutete den beiden Frauen, aufzustehen. »Hauptsache, wir haben den Vater unter Druck gesetzt.«

Die Familie verließ das Wartezimmer und ließ mich allein zurück. Ich stand auf und setzte mich in den fleckigen Sessel, von da aus konnte ich den Fernseher sehen, der in der Ecke hing und ohne Ton ein Pokalspiel übertrug. Ein uniformierter Polizist betrat den Raum, zusammen mit einer Frau, die sich ununterbrochen Tränen aus den Augen wischte. Der Polizist drückte die Bürotür auf und sagte zu einem nicht sichtbaren Gegenüber: »Hier ist eine Frau, die von ihrem Mann geschlagen wurde.« Ich senkte den Kopf und die Frau trat vor mir in das Büro. Ich hielt es für einen dringenden Fall und wandte mich wieder dem Fernseher zu.

Etwa eine halbe Stunde verging, und ein junges Paar Anfang zwanzig betrat das Wartezimmer. Der junge Mann war dunkelhäutig, die Frau hellhäutig und blond. Der junge Mann schmiegte sich an seine Begleiterin, legte die Hand auf ihre Schulter und küsste immer wieder ihren Hals. Das Spiel zwischen Beitar Jerusalem und Makkabi Haifa begann in Anwesenheit des Staatspräsidenten. Ich versuchte, mich auf die Übertragung zu konzentrieren und die beiden Schmusenden zu ignorieren. Nun traten zwei äthiopische Frauen ein, zusammen mit drei kleinen Kindern. Ich stand auf und bot ihnen meinen Platz an. Die Bürotür ging auf, und eine junge Polizistin schaute heraus. »Oho«, rief sie, »was ist Ihr Anliegen?« Sie wandte sich an das junge Paar. »Man hat sie bestohlen«, antwortete der junge Mann.

»Nein, das stimmt nicht ganz«, korrigierte ihn die junge Frau mit russischem Akzent. »Mein Exfreund hat einfach einen Computer mitgenommen, der uns beiden gehört.«

Die Polizistin nickte und fragte die Äthiopierinnen: »Gehören Sie zusammen?«

»Ja«, antwortete eine der Frauen, »das ist meine Schwester und das sind meine Kinder.«

»Und worum geht's?«

»Schläge«, sagte die Mutter und deutete auf einen etwa zehn Jahre alten Jungen, der Sportsachen und billige Fußballschuhe trug.

»Was?«, fragte die Polizistin ungeduldig. »Jemand hat ihn geschlagen?«

»Ja«, sagte die Mutter. »Sein Vater hat ihn fast totgeschlagen.«

»Und Sie?«, fragte mich die Polizistin. »Worum geht es bei Ihnen?«

»Ich«, antwortete ich und mein Gesicht begann zu glühen, »würde es Ihnen lieber drinnen erklären, wenn das möglich ist.«

Die Polizistin musterte mich. Ich bedauerte, dass ich mich nicht rasiert und umgezogen hatte. Die Polizistin verschwand im Büro, und nach ein paar Sekunden kam ein älterer Polizist ins Wartezimmer und verkündete: »Die Computer sind abgestürzt.«

»Was?«, fragte der junge Mann. »Wie lange wird das dauern?«

»Es könnte Stunden dauern«, sagte der Polizist. »Das kann man nicht wissen.«

Die beiden jungen Leute schauten sich an und standen auf. Der Polizist drehte sich zu den Äthiopierinnen. »Wer ist die Mutter des geschlagenen Jungen?«

Die Frau hob die Hand. »Ich.«

»Meine Dame, ich darf keine Kinder befragen. Verstehen Sie? Hier«, er hielt ihr ein Stück Papier hin, »hier ist eine Telefonnummer. Rufen sie morgen früh dort an und bringen Sie den Jungen hin. Verstehen Sie? Laut Gesetz ist es mir überhaupt verboten, mit Kindern zu sprechen. Deshalb spreche ich auch nur mit Ihnen und nicht mit ihm, ich bin nicht berechtigt.«

Der Polizist schaute auf den Fernsehschirm, wartete, bis die Äthiopierinnen das Zimmer verlassen hatten, und wandte sich zu mir. »Die Computer sind abgestürzt.«

»Was heißt das?«, fragte ich. »Dass ich keine Anzeige machen kann?«

»Das hängt von Ihnen ab.«

»Ich verstehe nicht«, sagte ich. »Soll ich gehen und wann anders wiederkommen?«

»Das kann ich nicht sagen. Es liegt an Ihnen, es ist Ihre Entscheidung.«

Ich versuchte es noch einmal. »Ich verstehe wirklich nicht, was ich tun soll.«

»Ich kann es Ihnen nicht sagen. Es ist Ihre Entscheidung. Ich sage Ihnen, dass die Computer abgestürzt sind«, sagte er, ging zurück ins Büro und schloss die Tür hinter sich.

Ich setzte mich wieder hin und warf einen Blick auf die Uhr. Zwei Stunden waren inzwischen vergangen, seit ich hergekommen war, und außer der Frau, die von ihrem Mann geschlagen worden war, hatte niemand das Büro betreten oder verlassen.

»Was? Nur noch Sie?«, rief mir ein Mann in einem bunten, in Jeans gestopftes Hemd zu.

Ich nickte. »Aber die Computer sind abgestürzt«, verkündete ich.

»Was für Computer?«, fragte der Mann kichernd. »Das tun sie doch die ganze Zeit.« Er klopfte leicht an die Tür, machte sie auf. »Was ist los?«, rief er hinein, und ohne auf die Antwort zu warten, fragte er mich: »Wie lange sind Sie schon hier?«

»Ungefähr drei Stunden.«

»O Gott«, sagte er und schaute auf seine Uhr. »Mann, hören Sie, ich sterbe vor Hunger. Tun Sie mir einen Gefallen, notieren Sie sich meine Nummer und schicken Sie mir eine SMS, wenn Sie hineingehen. Notieren Sie.« Er diktierte mir die Nummer und ich tippte sie ein.

Beitar Jerusalem führte schon zwei zu null. Die geschlagene Frau kam mit der Polizistin heraus und wischte sich noch immer die Tränen ab. »Also dritter Stock, in Ordnung?«, sagte die Polizistin zu ihr, bevor sie sich an mich wandte: »Wir sind noch nicht fertig, sie muss noch einmal zu mir kommen.« Dann ging sie ins Büro und warf die Tür hinter sich zu.

»Es tut mir leid«, sagte ich zu meiner Frau am Telefon, »aber ich muss meine Anzeige loswerden.«

»Die Kinder haben nach dir gefragt«, sagte sie, »und ich bin müde und habe Angst, allein zu schlafen.«

»*Ya allah*«, sagte der junge Mann mit dem bunten Hemd, der mit Falafel in einer Pita zurückkam. »Sie sind noch nicht drin?«

»Nein.« Ich schüttelte den Kopf, und er schlug wieder an die Tür und schrie: »Was ist los?« Dann nahm er einen Bissen. Der ältere Polizist kam aus dem Zimmer, warf einen Blick zum Fernseher und war zufrieden mit dem Ergebnis. »Zwei zu null, *ya allah*«, sagte er und fragte den Mann mit den Falafel: »Was ist mit dir, wieder was mit dir und deiner Geschiedenen?«

»Was soll ich machen? Sie lässt mich meine Kinder nicht sehen. Ich weiß, dass ihr nichts unternehmt, aber der Richter fragt mich bestimmt: ›Warum haben Sie keine Anzeige eingereicht?‹ Deshalb bin ich noch einmal hier, um eine Anzeige zu machen.«

»Gut«, sagte der Polizist zu mir, »kommen Sie, gehen wir hinein.«

Ich schaute mich noch einmal um, um mich zu vergewissern, dass er wirklich mich meinte.

Es gab zwei Zimmer. In einem saß die junge Polizistin, das zweite betrat ich hinter dem älteren Polizisten. »Es gibt keine Computer«, sagte er, als wir uns gesetzt hatten. »Erzählen Sie mir, worum es geht. Im schlimmsten Fall müssen wir die Anzeige handschriftlich aufnehmen.«

»Ich bin Journalist«, fing ich an und sah, dass sich seine Miene veränderte. »Ich arbeite für die Zeitung *Haaretz*.« Der Polizist stoppte mich, betrachtete die Computer und verkündete, ich hätte Glück. »Der Computer tut's wieder. Wie lange haben Sie draußen gewartet?«

»Ungefähr drei Stunden. Das zweite Mal.«

»Es tut mir leid. Wir haben heute viel zu tun. Sie haben keine Ahnung, wie viel wir hier arbeiten. Wissen Sie, was ein Polizist alles tun muss? Es ist ein Albtraum. Wenn es nach mir ginge, hätten Sie nicht drei Stunden warten müssen. Das ist wirklich nicht in Ordnung. Also, was ist passiert?«

»Ich bin Araber«, fuhr ich fort. »Vor ein paar Monaten bin ich mit meiner Familie in ein jüdisches Viertel gezogen, und heute Morgen ist unser Haus mit Eiern beworfen worden. Ich befürchte, es könnte daran liegen, dass wir Araber sind. Verstehen Sie, ich habe kleine Kinder.«

»Ist es das erste Mal passiert?«, fragte der Polizist und griff nach meinem Ausweis.

»Nein, vor drei Wochen wurden das Auto meiner Frau und meines ebenfalls mit Eiern verdreckt.«

»Haben Sie Anzeige erstattet?«

»Nein.«

»Warum nicht?«

»Weil ich sicher war, dass es sich um einen Bubenstreich handelt. Ich habe es nicht ernst genommen.«

»Schade, Sie hätten die Sache schon damals anzeigen sollen.«

»Ich weiß nicht. Ich bin nur gekommen, weil ich fürchte, dass es mit unserer Herkunft zu tun hat.«

»Sie glauben also, es ist passiert, weil Sie Araber sind?«

»Ich hoffe nicht.«

»Sie hoffen, es könnte einen anderen Grund geben?«

»Ja. Aber ich fürchte, es liegt daran.«

»Gut«, sagte der Polizist und begann, die Details in den Computer zu tippen. »Das ist ein ernster Fall, der eine Anzeige erfordert. Also von Anfang an. Sie wohnen in Beit Safafa?«

»Nein«, unterbrach ich ihn. »Ich wohne im Westteil der Stadt«, und dann nannte ich das Viertel.

»Richtig, entschuldigen Sie«, er korrigierte die Adresse und fuhr fort zu tippen.

»Als wir heute Morgen aufgewacht sind, meine Frau und ich, haben wir gesehen, dass die Fliegengitter an unserem Wohnzimmerfenster zerrissen waren und dass man drei Eier hereingeworfen hatte. Wir haben kein Wort gesagt, damit die Kinder es nicht merkten, und erst als wir sie in die Schule gebracht hatten, kamen wir nach Hause zurück, um alles sauber zu machen.«

»Haben Sie alles sauber gemacht?«

»Ja.«

»Gut, fahren wir fort«, sagte er. »Wann, haben Sie gesagt, wurden Ihre Autos verschmutzt?«

»Vor drei Wochen.«

»*Ya allah*«, sagte der Polizist und drückte mit Gewalt auf eine Taste. »Es gibt kein S auf der Tastatur, das S hat seinen Geist aufgegeben. Sehen Sie das? Sie tauschen noch nicht einmal eine Tastatur aus. Gut, nicht schlimm, machen wir weiter.« Und er tippte: »Vor ungefähr einem Monat wurden Eier auf die Scheiben des Autos meiner Frau und meines geworfen.«

Die junge Polizistin, die inzwischen den Geschiedenen befragte, platzte herein. »Entschuldigung. Was schreibe ich als Ort des Geschehens in das Formular, wenn er seine Frau angerufen hat, als er in Talpiot war, und sie antwortete aus Gilo und sagte, sie lasse ihn seine Kinder nicht sehen?«

»Siehst du nicht, dass ich hier mit einem Bürger sitze?«, schrie er sie an, dann wandte er sich an mich: »Hier weiß keiner, wie man arbeitet.« Und zu der Polizistin sagte er: »Du siehst doch, dass ich hier mit jemandem sitze, warum platzt du einfach dazwischen?«

Der Polizist überreichte mir einen Stapel Papiere, inklusive eines Merkblatts für Opfer von Gesetzesverstößen. »Hier gibt es Nummern von Hilfsstellen«, erklärte er mir und entschuldigte sich, dass das Merkblatt auf Englisch war. »Die Formulare auf Hebräisch und Arabisch sind uns ausgegangen. Und das ist die Bestätigung für die Anzeige.«

Ich betrachtete die Bestätigung: Anzeige wegen der Beschädigung eines Fahrzeugs. Der Polizist begleitete mich hinaus. »Wer so etwas tut, ist krank«, sagte er.

»Was soll ich jetzt tun?«, fragte ich besorgt.

»Es lässt sich nicht voraussagen, wie solche Fälle ausgehen. Passen Sie inzwischen auf Ihre Kinder auf. Sie sollten sich nicht allein herumtreiben. Erklären Sie ihnen, dass sie verdächtige Gegenstände nicht anfassen dürfen, und wenn, Gott behüte, etwas passiert, rufen Sie die Nummer 100 an.«

»Danke«, sagte ich und drückte ihm die Hand. Beide schauten wir zum Bildschirm hin. Fans und Spieler der siegreichen Mannschaft aus der Hauptstadt feierten den Pokalsieg mit Tanz und Gesang. »Tod den Arabern, Tod den Arabern.«

5. Juni 2009

Der palästinensische Superman

»Verzeihung«, sagte der junge Mann, der neben mir an der Bar saß, auf Arabisch zu mir, und aus seinem Mund kam der Geruch nach billigem Whiskey. »Ich habe gehört, dass Sie auf Arabisch telefoniert haben.« Er sprach langsam, schaukelte, fiel fast vom Barhocker. »Sind Sie Araber?«, fragte er.

»Ja«, antwortete ich zögernd. Ich mag keine Gespräche mit Betrunkenen, aber irgendetwas am Gesicht des jungen Mannes drückte Gutwilligkeit aus.

»Ich entschuldige mich wirklich für die Störung«, fügte er mit einem schweren bäuerlichen Akzent hinzu, »aber ich kann kein Hebräisch und wollte den Barkeeper um Erdnüsse bitten, sie sind alle.« Mit leidendem Ton deutete er auf die leere Erdnussschale, die vor ihm stand.

»Kein Problem«, sagte ich und bat den Barkeeper, die Erdnüsse aufzufüllen.

»Vielen Dank«, sagte der betrunkene Araber und stopfte sich eine große Handvoll Erdnüsse in den Mund.

»Vielleicht trinken Sie ein bisschen Wasser?«, schlug ich vor und hoffte, ihn nicht in seiner Ehre zu verletzen. Man weiß, wie Betrunkene reagieren können.

»Ich wollte, ich könnte es«, sagte er. »Aber ich weiß nicht, wie man Wasser vom Hahn verlangt. Ich habe kein Geld mehr, ich kann keine Flasche kaufen.«

Ich bestellte für ihn ein Glas Wasser, er trank schnell, bedankte sich bei mir, fragte, ob er noch ein Glas haben könne, und trank es so schnell, wie ich nie jemanden habe trinken sehen.

»Woher sind Sie?«, fragte ich vorsichtig. Er sah bedrückt aus, es war klar, dass er nicht viel vom Trinken verstand und hier in die Bar gekommen war, um seinen Kummer in Alkohol zu ertränken.

»Von Dayr Dibwan«, antwortete er. »Ein kleines Dorf, kennen Sie es?«

»Klar«, sagte ich. »Neben Ramallah.«

»Stimmt.« Er nickte und schien sich zu freuen, dass jemand wusste, woher er stammte.

Ich versuchte es weiter. »Haben Sie eine Genehmigung, nach Jerusalem zu kommen?«

»Nein. Ich bin über die Mauer gesprungen und hierhergerannt.«

Gut, es war ein Fehler, mit diesem Betrunkenen ein Gespräch anzufangen. Ich lächelte leicht und wandte mich von ihm ab, hoffte, dass die Sache damit erledigt wäre und der junge Mann mich in Ruhe lassen würde.

Er ließ nicht locker. »Sie glauben mir nicht, oder?«

Ich verstand, dass ich mich auf etwas eingelassen hatte, dieser Araber würde mir den einzigen Abend in der Woche verderben, an dem ich ausging, um etwas zu trinken und das schwere Leben zu vergessen.

»Schauen Sie mal nach unten«, sagte er.

Ich reagierte nicht.

»Nun?«, beharrte er. »Schauen Sie nur einen Moment.« Er machte eine Kopfbewegung zu den Beinen des Barhockers, auf dem er saß. »Schauen Sie nur mal auf den Fußboden, und wenn Sie mir dann noch nicht glauben, verspreche ich, dass ich sofort verschwinde.«

Ich stieß einen ungeduldigen Atemzug aus und warf einen Blick nach unten. Die Barhockerbeine hingen in der Luft, etwa zwei Zentimeter über dem Fußboden. »Wow«, rief ich und schüttelte den Kopf.

Der Araber versuchte, mich zum Schweigen zu bringen. »Pst.« Er schaute erschrocken von links nach rechts, um sich zu versichern, dass niemand etwas gemerkt hatte. »Ich will nicht, dass es jemand weiß.«

»Was bedeutet das?«, fragte ich, ich traute meinen Augen noch immer nicht.

»Ich bin der Superman von Palästina«, flüsterte der Araber in niedergeschlagenem Ton.

»Was?«

»Sie haben es gehört«, sagte er, seufzte und fing an, von sich zu erzählen. Er studiere Chemie an der Universität Bir Zait, sagte er und zog zum Beweis einen Studentenausweis aus der Tasche. Alles habe mit dem Rest einer Substanz angefangen, die die Armee gegen Demonstranten einsetzte und die sie ins Labor gebracht hatten. Er stellte mit der Substanz ein paar einfache Versuche an und fügte dem Reagenzglas Sauerstoff und einen oder zwei genau abgemessene basische Stoffe zu und mischte das Ganze. Genau in diesem Moment ließ der Schlag eines Überschallflugzeugs das Labor erzittern. Vor Schreck fiel ihm das Reagenzglas aus der Hand und der Inhalt wurde über seine Füße gekippt.

»Am folgenden Tag«, fuhr er fort zu erzählen, »wachte ich morgens mit einem sehr seltsamen Gefühl auf. Als ich meine Zimmertür aufmachen wollte, hielt ich die Klinke in der Hand, als ich den Wasserhahn aufdrehte, fiel das Rohr aus der Wand. Ich ging hinaus und lief ein bisschen herum, und als ich über eine Pfütze springen wollte, landete ich plötzlich auf der Mauer.«

»Sie nehmen mich doch auf den Arm, oder?« Ich kicherte, denn das Ganze erinnerte mich an einen Witz über den betrunkenen Superman.

»Nein, wirklich nicht, schauen Sie«, er deutete mit einer Kopfbewegung zum Fernseher, der in der Ecke hing, und wechselte nur mit einem Augenzwinkern den Sender, einmal, zweimal und noch einmal.

»Mannomann«, sagte ich, »wann ist das alles passiert?«

»Vor einer Woche«, antwortete Superman.

Ich wurde plötzlich wütend auf ihn. »Wissen Sie was? Das ist nicht in Ordnung. Wirklich nicht. Angenommen, Sie sind wirklich der palästinensische Superman, der Mensch, den jeder Araber sehnsüchtiger erwartet hat als Obama, warum retten Sie dann nicht Ihr Volk, sondern sitzen stattdessen in einem Pub in Westjerusalem und trinken Whiskey? Schämen Sie sich nicht?«

»Ich soll mich schämen?«, fragte er verärgert. »Sie haben keine Ahnung, wie ich mich anfangs gefreut habe, als ich meine übermäßige Kraft entdeckt habe. Ich sagte mir, das ist es also. Schluss mit den Siedlungen, Schluss mit den Wasserdiebstählen, Schluss mit den Panzern, Schluss mit der Mauer, Schluss mit dem Aushungern. Verstehen Sie? Nach einem oder zwei Tagen, als ich mich gefangen hatte und meine Kraft beherrschte, machte ich mich an die Arbeit. Sie rissen Olivenbäume heraus – ich pflanzte sie wieder ein, und …«

»Und was?«

»Ach, nichts, lassen Sie es«, sagte der junge Mann mit Tränen in den Augen. »Es ist zu schwer.«

»Mensch, reden Sie schon«, sagte ich ermutigend, legte meine Hand auf seine schlaffe Schulter und bestellte noch ein Glas Wasser für ihn. »Was ist passiert?«

»Der Anzug«, sagte er und stützte den Kopf auf die Hände, »der Anzug hat mich umgebracht.« Er knöpfte den obersten Knopf seines engen roten Hemdes auf. »Er ist mir zu eng. Wenn ich mich zu sehr anstrenge, verschwinden meine Kleider und ich stehe in dem engen Anzug da.«

»Nun, wo ist das Problem?«

»Als ich aus dem Haus ging, um Olivenbäume einzupflanzen, haben mich Polizisten zu einem Gespräch mitgenommen, und mir wurde klargemacht, dass ich die Farben des Anzugs wechseln solle, passend zu den Farben der Fahne: die Strumpfhosen in Rot, den Umhang in Schwarz und alles andere in Weiß und Grün.«

»Na und?«

»Ich hatte das Verhör durch die Sicherheitsbehörde gerade verlassen, da hat mich ein Auto der Hamas geschnappt. Sie wollten den Umhang in Grün und statt des S von Superman sollte auf Arabisch draufstehen: Es gibt keinen Gott außer Allah.«

»Mann«, sagte ich, »deshalb lassen Sie Ihr Volk im Stich? Wer sind Sie überhaupt? Sie sind Superman, ein kleiner Atemzug und Sie haben sie vertrieben. Sie stehen über dem innerpalästinensischen Konflikt, Mann.«

»Das habe ich auch gedacht«, er seufzte, »bis die Kinder im Viertel anfingen, hinter mir herzulaufen, mich mit Steinen zu bewerfen und mir die schlimmsten Schimpfwörter nachzurufen.«

»Warum?«

»Wegen der Strumpfhosen«, sagte er. »Ehrlich gesagt, sie haben recht, sie sind zu eng. Dieser Anzug ist schließlich für einen weißen Amerikaner genäht worden und sieht bei mir einfach lächerlich aus.«

»Das ist schwer, wirklich.« Ich musste ihm recht geben, denn ich wäre nie im Leben in einem solchen Kostüm durchs Dorf gelaufen, auch wenn ich Arieh Eldad am Daumen hätte herumschleudern können. »Whiskey?«, schlug ich vor.

»Ich habe keinen Grusch«, sagte Superman.

»Lassen Sie nur, der geht auf mich.«

30. Oktober 2009

Ein angenehmes Gespräch an der Bar

»Ich mag keine Araber«, sagte das schöne junge Mädchen, das neben mir an der Bar saß und von meiner Herkunft wusste. »Ich weiß nicht«, fügte sie hinzu und zuckte mit den Schultern, versuchte, den Schauer abzuschütteln, der ihr automatisch über den Rücken lief, als sie das Wort »Araber« aussprach. »Keine Ahnung, welche Lösung es für sie gibt, es ist mir auch egal, ob es zu einer Umsiedlung kommt oder ob man ihnen ihr eigenes Land gibt, in dem sie verfaulen. Hauptsache, dass wir sie nicht mehr ertragen müssen.«

Was für schöne Augen sie hat, dachte ich und versuchte in der schwachen Barbeleuchtung festzustellen, ob sie blau oder grün waren. Es gelang mir nicht. Manchmal sahen sie blau aus, und bei einer anderen Kopfhaltung wirkten sie seltsamerweise grün. Aber was spielte das für eine Rolle, Hauptsache, sie waren schön, und ihre Haare, die sie mit langen, schmalen Fingern aus der Stirn strich, waren kastanienbraun und ganz glatt.

»Verstehen Sie?«, fragte sie und nahm einen Schluck aus dem Cocktailglas, das vor ihr stand. (Ich sprach zum ersten Mal mit einer jungen Frau, die einen Cocktail trank, für mich ist das das Höchste, bestimmt weil ich abgenommen hatte und vielleicht wegen des schwarzen Hemds, Schwarz steht mir gut.) »Und Sie brauchen nicht zu denken, dass ich in einem rechten Haus aufgewachsen bin, im Gegenteil«, sagte sie, und ich versuchte, indem ich mich aufrichtete und den Hals drehte, ihren Hintern zu sehen, der offenbar eingeklemmt war, denn sie saß vorgebeugt an der Bar. Sie hatte eine vollendete Haltung, das kann ich schwören, feste Arschbacken, die sich auf die richtige Art bei der Berührung mit dem Barhocker teilten. »Ich bin sogar in einer linken Familie aufgewachsen«, fuhr sie fort, »meine Eltern waren Linke. Leute von der Arbeiterpartei, verstehen Sie?«

»Was Sie nicht sagen«, sagte ich erstaunt über das Maß der Veränderung, die sie durchlaufen hatte. Jedem Bier- oder Whiskytrinker hätte ich sofort laut verkündet, dass die Arbeiterpartei nie im Leben links war, aber ihr, der Margaritatrinkerin oder wie das bunte Zeug in ihrem Glas auch immer hieß, war alles erlaubt. Von mir aus hätte sie auch behaupten können, die Meretz-Partei wäre links, und ich hätte nicht widersprochen.

»Ich schwöre Ihnen, sie waren links. Nur bei den letzten Wahlen haben sie die Kadima gewählt. Und nur wegen Livni, ansonsten immer die Arbeiterpartei. Vergiftete Linke.« Sie kicherte und ich lächelte zurück. »Und ich weiß, als Kind auf dem französischen Hügel ...«

Sie wollte weitersprechen, aber ich, wie ein x-beliebiger Araber, unterbrach sie automatisch. »Sie wissen, dass es illegale Siedler waren.«

»Wieso Siedler?«, fragte sie und ich ärgerte mich über mich selbst. Ich wollte an solch einem verzauberten Abend nicht über Politik sprechen. Auch dies hier war ein Ergebnis meiner mangelhaften Fähigkeit, zuhören zu können. Eine Million Mal hatte ich mir schon vorgenommen, den Leuten richtig zuzuhören, vor allem jungen Frauen, aber vergeblich – meine Frau hat recht, wenn sie behauptet, ich hielte mich für den Nabel der Welt, dass mir die Sonne aus dem Hintern scheine und dass ich nie, aber wirklich nie auf das achte, was Menschen um mich herum sagen. Wie ein Idiot müsse ich irgendwelche Klugscheißereien hervorkramen, die ein angenehmes Gespräch zweifellos zerstören würden.

»Entschuldigung«, sagte ich und versuchte vergeblich die Miene eines Mannes aufzusetzen, der aufmerksam und bis in die Haarspitzen konzentriert zuhört. »Entschuldigen Sie, dass ich Sie unterbrochen habe. Erzählen Sie doch bitte.«

»Nein«, sagte sie erstaunt. »Sie haben gesagt, dass der französische Hügel Siedlergebiet war.«

»Ja«, antwortete ich entschuldigend, »aber das ist wirklich nicht wichtig. Sie wissen ja, Geografie ist nur etwas für diejenigen, die sich etwas draus machen. Wichtig ist nur, was Sie empfinden. Erzählen Sie weiter, bitte, das war spannend.«

»Wirklich?« Sie ließ nicht locker und reckte mit einer überraschenden Bewegung die Brust vor. »Das habe ich nicht gewusst. Sind Sie sicher, dass es Siedlergebiet war?«

»Sehr sicher«, erwiderte ich. »Wissen Sie, Jerusalem ist Jerusalem. Aber das ist wirklich nicht wichtig, Sie haben gerade erzählt, dass sie als Kind auf dem französischen Hügel …« Ich stachelte sie an, weiter von ihrer Kindheit zu erzählen und sich so weit wie möglich von den Grenzen vor 1967 zu entfernen.

»Ja.« Endlich erinnerte sie sich. »Als Kind habe ich die Araber nicht gehasst. Wirklich, das war irgendwie natürlich. Sie haben im Viertel gearbeitet, ihre Kinder haben manchmal im Park gespielt, und von mir aus war das in Ordnung. Das heißt, ich habe nicht mit ihnen gespielt, aber es hat mich wirklich nicht gestört. Aber irgendwann habe ich dann verstanden, dass die Araber nicht … Ich weiß nicht, wie ich es erklären soll, dass die Araber nicht zu uns passen, verstehen Sie?«

»Und ob«, sagte ich sofort, ganz und gar zustimmend. »Ich verstehe.« Ich wusste, dass ich ihr gefiel, ich wusste, wenn ich sie zum Tanzen auffordern würde, wäre sie sofort einverstanden, aber weil ich mir über die tiefe Beziehung, die zwischen uns entstand, sicher sein wollte, sollte sie weitersprechen, das heißt, sie sollte vor allem merken, dass ich bereit war, mehr zu hören. Ich hatte Angst, dass ein direkter Vorschlag mich in ein anderes Licht setzen könnte, dass ich mich in ihren Augen plötzlich aus dem Mann, mit dem man sich angenehm unterhalten konnte, in einen sabbernden Araber verwandeln würde.

»Aber«, fuhr ich langsam fort, stockte, suchte nach den richtigen Worten, dachte nach, überlegte. »Wie hat das angefangen? Ich meine, der Hass, den Sie für die Araber empfinden?«

»Das weiß ich wirklich nicht«, sagte sie, berührte mich an der Schulter, als wäre ich an einem wichtigen Punkt angelangt. »Es ist einfach so passiert. Plötzlich war mir klar, dass ich keine Araber mochte. Ich sehe sie nicht gern auf der Straße, ich mochte die Araber nicht, die bei meinen Eltern arbeiten, plötzlich kapierte ich, dass sie nicht so waren wie wir. Sie wurden sozusagen zu den anderen. Und sie sind wirklich anders, es ist einfach ein Gefühl, dass sie nicht zu uns passen.«

Ich atmete tief und lange ein und nahm ihre hübsche Hand. »Es wird gut«, sagte ich und schaute ihr in die Augen. »Ich verspreche dir, dass alles gut wird.«

»Keine Ahnung«, sagte sie, als gehe sie unsere Zukunft hier etwas an. »Manchmal verliere ich die Hoffnung, dass eines Tages alles gut wird.«

»Du wirst schon sehen«, sagte ich mit zarter, autoritärer Stimme. »Wir müssen nur daran glauben, eines Tages wird das Land noch zum Paradies werden.«

22. Oktober 2010

Die Tränen laufen von selbst

Am vergangenen Donnerstag um sechs Uhr morgens beendete ich die Arbeit an meinem letzten Drehbuch. Ich gab den Schlüssel des Büros zurück, in dem ich die letzten fünf Monate im Durchschnitt täglich an die vierzehn Stunden gearbeitet hatte. Wir feierten die Fertigstellung, die Produktionsgesellschaft schickte mir Blumen und Schokolade. Und am Sonntag der gleichen Woche begannen die Dreharbeiten für die neue Serie. Doch statt froh und glücklich über das Ende der anstrengenden Arbeit zu sein, musste ich weinen, unaufhörlich und ohne jeden ersichtlichen Grund.

»Diese Woche möchte ich mit den Kindern so viel Zeit wie möglich verbringen«, verkündete ich meiner Frau, und sie sagte: »Dann fährst du sie also heute zur Schule?«

Auf der Fahrt lernte meine Tochter, um sich auf eine Prüfung in Islamlehre vorzubereiten. »Warum beten wir eigentlich zu Gott?«, fragte sie. Sie gab sich die Antwort gleich selbst: »Weil er uns erschaffen hat. Weil er uns auf diese Welt gebracht und uns befohlen hat, ihn anzubeten und an ihn zu glauben. Stimmt's, Papa?«

»Stimmt«, sagte ich und versuchte die Tränen zurückzuhalten, die von allein zu fließen drohten. Das Mädchen fuhr mit der folgenden Frage auf dem Blatt fort. »In welchem Jahr ist der Prophet Mohammed geboren?«

Mein Sohn schaute während der ganzen Fahrt aus dem Fenster. Von Zeit zu Zeit betrachtete ich ihn im Rückspiegel und fragte mich, wobei ich die Tränen zurückzuhalten versuchte, ob meine Kinder es gut hatten und wie lange es her war, dass ich sie zum letzten Mal in die Schule gefahren hatte. Wie lange war es her, dass ich wirklich mit ihnen zusammen war?

»Papa«, bat mein Sohn, als ich vor der Schule hielt, »bitte nimm mich auf den Arm.«

»Gern«, sagte ich und weinte.

Danach fuhr ich nach Hause, im Radio spielten sie das neue Lied von Eran Zur und ich weinte. Eine alte Bettlerin mit einem Kopftuch klopfte ans Fenster, und statt ihr eine Münze zu geben, brach ich in Weinen aus und die Bettlerin erschrak. »Was ist? Was ist? Er weint wegen einem Schekel? Was für ein Geizhals!«

So ging es die ganze Woche, von einem Weinen zum anderen, ohne Grund, ohne dass ich mich beherrschen konnte. Meine Mutter rief an, ich hörte nur ihre Stimme und fing an zu weinen. Ich sah im Fernsehen eine Sendung, die »Der große Bruder« hieß, und fing nach zwei Minuten an zu heulen. Ich machte den Kühlschrank auf, sah Buttermilch, die mich an meine Kindheit erinnerte, und musste weinen.

Ich versuchte mit meiner Frau zu sprechen. »Ich habe das Gefühl, dass etwas in mir zerbrochen ist.«

»Das ist bestimmt die Milz«, sagte sie, und weil ich weinte, warf sie mir einen Blick zu. »Was ist los? Hast du eine Augenentzündung?«

»Nein«, sagte ich, »ich weiß nicht, was mit mir los ist, ich empfinde eine tiefe Traurigkeit, die ich einfach nicht verstehe.«

»Du suchst nur eine Ausrede, um den Kleinen nicht zum Schwimmkurs zu fahren.«

Wie lange war ich mit meinem Sohn schon nicht im Schwimmkurs gewesen. Ich weinte. »Sind Sie der Vater?«, fragte der Schwimmlehrer. Ich nickte und hoffte, er würde das Zittern nicht bemerken, das mich packte. »Schauen Sie doch, wie schön er schon schwimmt«, sagte der Mann, und mein Sohn, der mich beeindrucken wollte, sprang vom Beckenrand ins Wasser. »Wie ein Fisch«, sagte der Schwimmlehrer, und ich weinte. Keine Ahnung, warum mich das Wort »Fisch« auf einmal so traurig machte.

»Es fällt mir so schwer«, sagte ich später zu meiner Frau, die in der Küche arbeitete.

»Was fällt dir schwer? Dein Leben ist das reinste Honigschlecken.«

»Das sieht nur so aus«, jammerte ich, »das sieht nur so aus. Ich verachte den Mann, zu dem ich geworden bin. Ich empfinde ein tiefes Bedürfnis, dich um Verzeihung zu bitten.«

»Also«, entschied sie, »willst du das Mädchen nicht zum Musikunterricht bringen?«

»Warum redest du so mit mir?«, klagte ich. »Selbstverständlich will ich das Mädchen zur Musikstunde bringen. Es ist mir das Wichtigste auf der Welt.«

»Was ist dann dein Problem?«

»Verstehst du es nicht?«

»Los, sag schon. Gleich verbrennen die Zwiebeln und ich muss noch eine Maschine Wäsche waschen.«

»Ich spreche von meinen Gefühlen.«

»Was ist mit ihnen?«

»Es ist etwas tief innen, sage ich dir, etwas drückt mich, tut mir weh, ich fühle ...«

»Sicher die Leber. Was hast du denn gedacht? Du trinkst und trinkst und die Leber bleibt unberührt davon?«

»Es ist nicht die Leber. Ich rede von dir und mir. Von meinem Bedürfnis nach Wärme, nach Liebe, verstehst du, ich brauche dich an meiner Seite, ganz nahe ...«

»Jetzt?«, sagte sie alarmiert. »Es ist doch noch nicht Abend, was ist, du hast gerade mal frei und kannst dich nicht beherrschen?«

»Warum erniedrigst du mich so? Wer spricht denn davon?«

»Weißt du was?«, sagte sie und kippte etwas in den Topf, so dass Dampf aufstieg. »Ihr kommt noch zu spät zur Musikstunde. Nimm das Mädchen und versuche deine Grundbedürfnisse zu beherrschen, und am Abend werde ich sehen, ob ich noch genügend Kraft haben werde, um dir Nähe zu geben oder wie du das genannt hast.«

»Du beschämst mich.« Weinend verließ ich mit meiner Tochter das Haus.

Ich sah das Schild des Konservatoriums und weinte, ich sah Mütter, die Kinderwagen vor sich herschoben, und weinte, eine Taube kackte mir auf die Schulter und ich war zu Tränen gerührt.

Ich wartete vor dem Raum, in dem meine Tochter Unterricht bekam. Ich wusste, wenn ich sie spielen hörte, würde ich nicht aufhören zu weinen. Ich versuchte, meine Frau anzurufen, um sie an meinen Gefühlen teilhaben zu lassen, aber sie nahm nicht ab. Nach Unterrichtsende kam meine Tochter mit einem breiten Lächeln herausgelaufen und mein Herz setzte einen Schlag aus. Hinter ihr kam ihre Lehrerin. »Oh, wie lange haben wir Sie nicht gesehen«, sagte sie, und ich nahm einen tiefen Atemzug.

»Ja, ich war sehr beschäftigt.«

»Gut«, sagte sie und lächelte. »Also werden Sie der Erste sein, der die Neuigkeit erfährt.«

»Eine Neuigkeit?«, sagte ich und hoffte, meine Tochter nicht durch meine übertriebene Gefühlsduselei zu beschämen.

»Ich werde auf einem Festival spielen«, sagte meine Tochter und ich nahm meine ganze Kraft zusammen, um nicht in Weinen auszubrechen.

»Das ist richtig«, fügte die Lehrerin hinzu, »ich habe sie ausgewählt, um ein neues Stück bei einem Festival zu spielen.«

»Was für ein Festival?«, wollte ich wissen.

»Es handelt sich um ein Musikfestival zu Ehren des Unabhängigkeitstags.«

Ich brach in Tränen aus und umarmte meine Tochter ganz fest. »Ich glaube es nicht, am Unabhängigkeitstag?«

»Papa«, schimpfte sie, »was tust du?«

»Entschuldige«, sagte ich und wischte mir die Tränen aus den Augen. »Ich bin so stolz auf dich.«

»Wieso stolz?«, sagte meine Tochter. »Ich habe nicht mal gewusst, dass es um den Unabhängigkeitstag geht, sonst hätte ich nicht zugestimmt.« Sie wandte sich an die Lehrerin. »Wir nennen das Nakba.«

Nun schluchzte ich wirklich und viele Eltern versammelten sich um uns, um die Vorstellung nicht zu verpassen.

»Papa«, rief meine Tochter, »kannst du dich abregen? Was ist denn jetzt los?«

»Jetzt«, sagte ich zwischen den Tränen, »jetzt bin ich noch stolzer auf dich.«

Die Menschen um uns herum, die nicht verstanden, worum es ging, klatschten Beifall. Meine Frau schickte eine Textnachricht mit drei Worten: »Eier und Sojasauce«, und ich war glücklich, dass sie endlich meine Gefühle verstand.

26. Februar 2010

Heiliges Wasser

Die Probleme begannen mit Philip Roth, mit ihm und mit der neuen hebräischen Übersetzung von *Portnoys Beschwerden*. Damit kein falscher Eindruck entsteht: Ich liebe das Buch sehr und identifiziere mich mit den Figuren. Ich identifiziere mich sogar so weit, dass die Beschreibung der Verstopfung, an der der Vater des Erzählers leidet, meine eignen Eingeweide dazu brachte, sich zu verriegeln. Der Erzähler lässt einfach nicht locker, alle paar Seiten beschreibt er erneut, welche Qualen Portnoys Vater jeden Morgen erneut erdulden muss. Und ich, ihr müsst das verstehen, bin ein Leser, der sich den Büchern hingibt, die er liebt. Ich wünschte mir, ich könnte wie Roth-Portnoy über seine Familie und über die Juden im Allgemeinen schreiben. Es ist nicht so, dass ich unbedingt über die Juden schreiben möchte, eher über die Araber, doch das ist schwer, und in der Sprache ihrer Feinde über sie zu schreiben ist sogar unmöglich. Die Beschreibung des Hasses, gepaart mit dem Bewusstsein des gemeinsamen Schicksals, werde ich erst wagen, wenn ich gelernt habe, auf Arabisch zu schreiben. Roth schrieb auf Englisch, seiner Muttersprache, der Sprache der amerikanischen Juden, um die es in seinem Buch geht. Er schrieb für sie, nicht über sie für andere Menschen.

Jedenfalls wurde mein Leben zur Hölle, als ich vor einigen Tagen begann, das Buch zu lesen. Wie Portnoys Vater, der vergeblich versuchte, das Problem seiner chronischen Verstopfung mit Hilfe von Trockenobst, Milch und allerlei Allheilmitteln zu lösen, versuchte auch ich es erfolglos.

»Das ist wegen all des Zeugs, das du trinkst«, schrie meine Mutter durchs Telefon, als sie von meiner Frau über meine Qualen unterrichtet worden war. »Hast du etwa geglaubt, das würde deiner Gesundheit nicht schaden?«

»Was hat das damit zu tun?«, antwortete ich und warf meiner Frau einen Blick zu, den nur ein an Verstopfung Leidender aussenden kann. »Ich trinke schon seit über zwanzig Jahren, und noch nie hatte ich Probleme, zumindest nicht auf diesem Gebiet.«

»Und du glaubst, du wirst mit den Jahren wieder zum Kind?«, schimpfte meine Mutter. »Das Alter tut das Seine, und dein Problem ist, dass du das nicht verstehen willst. Hör auf zu trinken, und du wirst sehen, wie leicht alles klappt.«

Im Hintergrund erklang die Stimme meines Vaters: »Hast du ihnen gesagt, dass wir nach Mekka fahren?«

»Was? Wovon spricht er?«, fragte ich.

»Ja«, erwiderte meine Mutter. »Alhamdulillah, wir haben uns schon für die Pilgerfahrt eingetragen, inschallah.«

»Was inschallah.« Mir entfuhr ein Schrei, der bestimmt bis zum Himmel zu hören war. »Seit wann seid ihr so fromm geworden?«

»Sprich mit deinem Vater«, sagte meine Mutter und reichte meinem Vater das Telefon.

»Na und?«, sagte mein Vater. »Verstopfung in deinem Alter ist ein Zeichen des Himmels.«

»Was hat der Himmel mit meinem Arsch zu tun, Vater?«

»Schäm dich«, rügte er mich. »Allein wegen deiner Redeweise wirst du bestraft.«

»Aber Papa, du bist Kommunist.« Ich versuchte zu verstehen, was mit meinen Eltern los war.

»Und weißt du, wie lange ich wegen des Kommunismus an Verstopfung gelitten habe? Ganz zu schweigen von den Hämorriden.«

Ich versuchte, das Gespräch zu beenden. »Gut, was soll ich euch sagen? Ich wünsche euch eine angenehme Pilgerfahrt.«

»Einen Moment«, sagte mein Vater. »Deine Mutter möchte dir noch etwas sagen.«

»Hallo«, sagte meine Mutter, und mein Vater korrigierte sie: »Sag Salam aleikum und nicht hallo.«

»Salam aleikum«, sagte meine Mutter und fügte hinzu: »Wünschst du etwas Besonderes von der heiligen Erde?«

»Keine Ahnung, nein danke.«

»Gut, ich werde dir eine Flasche Wasser vom Zamzam-Brunnen mitbringen. Wenn dein Problem bis dahin nicht gelöst ist, gibt es nichts Besseres als das Wasser von Mekka, um dich gesund zu machen.«

»In Ordnung, Mama, bring mir eine Flasche Wasser mit.«

»Gut, und ich kaufe auch Playmobil für die Kinder. Mit Allahs Hilfe gibt es dort Playmobil und inschallah ist es billiger als bei Toys'R'Us.«

Der Tag des Zorns war der Höhepunkt. Ich hatte solche Schmerzen, dass ich dachte, ich würde sterben. Am selben Abend sollte ich an einer Diskussion über die Zukunft Jerusalems teilnehmen, und ich wusste, wenn mein Problem bis zum Abend nicht gelöst wäre, würde ich nicht auf der Bühne stehen können, geschweige denn an der Diskussion teilnehmen.

»Vielleicht gehst du zum Arzt«, schlug meine Frau vor, die ihren leidenden Mann nicht mehr ertragen konnte.

»Bist du verrückt geworden?«, protestierte ich. »Willst du, dass die ganze Welt erfährt, dass ich, Autor der großartigen Kolumne bei *Haaretz*, an Verstopfung leide?«

»Was hat das damit zu tun?«, fragte sie erstaunt. »Es geht um deine Gesundheit.«

»Und ob es etwas damit zu tun hat«, sagte ich wütend. »Verstopfung ist nichts, womit ein ernsthafter Autor zum Arzt läuft.«

»Gut«, sagte sie und ging mit provozierender Nonchalance zur Toilette, wobei sie vor sich hin murmelte, wohl wissend, dass ich sie hörte: »Von mir aus kannst du platzen.«

Ich versuchte, meine Teilnahme an der Podiumsdiskussion abzusagen. Natürlich erwähnte ich den Organisatoren gegenüber mit keinem Wort, was mich bedrückte, ich probierte es mit verschiedenen Ausreden. »Ich weiß nicht, es ist der Tag des Zorns, und ich denke, das Arabische Hohe Komitee hat beschlossen, einen Streik auszurufen.« Es nützte nichts. Meine nächste Ausrede war: »Meine Eltern reisen nach Mekka, und ich muss zu ihnen fahren, um mich zu verabschieden.«

»Aber die Leute kommen, um dich zu hören«, beharrten die Veranstalter. »Wir haben das Programm schon gedruckt, und du bist einer der wichtigsten Sprecher.«

Ich bestieg die Bühne mit Tränen in den Augen. Die Schmerzen waren unerträglich. Ich verfluchte Philip Roth und seinen Vater und die Mutter dieses Portnoy. Wegen eines ehebrecherischen amerikanischen Juden aus den sechziger Jahren musste ich hier in Jerusalem in den Zweitausendern so leiden?

»Verzeihung«, bat ich das Publikum mitten im Vortrag, als ich gerade angefangen hatte, über die Probleme der Infrastruktur im arabischen Sektor zu sprechen. Ich weiß wirklich nicht, wie ich in dieses Thema hineingerutscht war, aber aus irgendeinem Grund wollte ich unbedingt über das Abwassersystem in den arabischen Siedlungen sprechen. »Verzeihung«, bat ich das Publikum, als ich schon nicht mehr aufrecht auf der Bühne stehen konnte und sicher war, würde ich nicht in der nächsten Minute eine Toilette erreichen, würde dieser Abend mit einer Straftat enden. »Ich kann nicht weitermachen«, entschuldigte ich mich bei den Anwesenden und begann zu weinen. Ich wusste nicht, wo ich mich vor Scham hin begraben sollte. Doch die Anwesenden, statt mich zu verspotten und laut »Schande, Schande« zu rufen, als ich die Bühne verließ, standen auf und klatschten lange Beifall.

Einige ältere Frauen wischten sich Tränen aus den Augen, sie identifizierten sich völlig mit mir. »Ihre Worte haben mich beschämt, die israelische Staatsbürgerschaft zu besitzen«, sagte eine etwa sechzigjährige, geschminkte Frau, die mir den Weg versperrte und nach meiner Hand griff. »Ihr Schmerz war einfach …«, sagte sie, als ich versuchte, mich aus ihrem festen Griff zu befreien und meinen Weg fortzusetzen, »so echt.«

26. März 2010

Dritter Teil

ANTIHELD
2010–2012

Antiheld

»Wir müssen das Land verlassen«, sagte ich zu meiner Frau, als ich die letzten Korrekturen durchging. »Wir können nicht hierbleiben, wenn dieses Buch veröffentlicht wird.«

»Übertreib mal nicht«, sagte meine Frau, »du bist nicht der Einzige, es gibt viele, die schlecht schreiben, und keiner von ihnen erwägt, wegen eines weiteren peinlichen Buchs aus dem Land zu fliehen.«

»Nein, darum geht es nicht«, sagte ich in dem Versuch, es zu erklären, »das Problem sind die Figuren in dem Buch.«

»Was, willst du etwa sagen, dass es dir diesmal gelungen ist, deine Phantasie in Gang zu setzen, und eine andere Figur zu erfinden als mich?«

»Gut, gut, schlag nur weiter auf mich ein, du verstehst den Ernst der Situation nicht. Und merke dir, jetzt, da ich darüber nachdenke, stelle ich fest, dass du an allem schuld bist.«

»Ich? Du beschuldigst mich? Ohne mich hättest du es doch nicht geschafft, auch nur einen Satz zu schreiben.«

»Genau deshalb. Schade, dass du nicht ein bisschen anders bist.«

»Was willst du jetzt von mir?«

Ich versuchte, das Gespräch zu stoppen. »Nichts, gar nichts.« Aber ich war schon außerstande, mich zu bremsen. »Könntest du nicht ein bisschen militanter sein?«, warf ich meiner Hauptfigur vor, die neben mir lag. »Hättest du nicht ein bisschen aktivistischer sein können? An Demonstrationen teilnehmen, an Protestmärschen, dich auch mal verhaften lassen?«

»Was?«

»Warum nicht?«, sagte ich böse. »Ja, dich verhaften lassen, aus nationalen Beweggründen. Was ist schon dabei, ein Volk lebt unter der Besatzung und du kümmerst dich um solchen Blödsinn wie Studium, Arbeit, Haus und Kinder?«

Sie ließ mich los und drehte mir den Rücken zu. »Gut. Tu mir den Gefallen und lass mich jetzt schlafen. Im Gegensatz zu dir muss ich morgen früh aufstehen und zur Arbeit gehen.«

Ya allah, was werde ich tun? Das Buch wird gedruckt, daran ist nichts zu ändern. Wo war ich bloß während all der Jahre? Erst jetzt, sechs Jahre nachdem ich den ersten Satz geschrieben habe, eine Minute bevor dieses Manuskript in den Druck geht, verstehe ich den Ernst dessen, was ich getan habe. Was habe ich mir bloß gedacht, als ich mit dem Schreiben anfing? Bin ich ein Idiot? Was habe ich geglaubt, wo ich lebe? In der Schweiz?

Erst jetzt fiel mir auf, dass ich keine Ahnung vom politischen Standpunkt meiner Figuren hatte, weder von den arabischen noch von den jüdischen, und vor allem nicht von meiner Frau.

Ich schüttelte meine Frau: »Sag mal.«

»Lass mich schlafen, bitte.«

»Wen wählst du eigentlich?«

»Jede Partei, die verspricht, dich von hier wegzuschaffen«, sagte sie und schlief wieder ein.

Erneut kamen mir meine Hauptfiguren in den Sinn. Helden nenne ich sie, sind das wirklich Helden? Nullen habe ich erfunden, Figuren, die vor ihrem eigenen Schatten erschrecken. Und ich habe meinem Vater versprochen, dass mich mein nächstes Buch zu einem Nationalhelden machen würde. Einem palästinensischen natürlich. Mit so armseligen Figuren könnte jeder arabische Journalist, jeder Anfänger, Hackfleisch aus mir machen und selbst zum Nationalhelden werden. Einmal mehr hatte ich in meiner Wachsamkeit nachgelassen, war ich so in meine Geschichte versunken, dass ich die Reaktionen meiner Umgebung nicht bedacht hatte.

Doch jetzt ist nichts mehr zu ändern, es ist zu spät. Man kann nur noch fliehen, die Koffer packen und von hier verschwinden. Einen Ort finden, an dem ein Schriftsteller keine schwerere Last auf den Schultern tragen muss als das Gewicht der Geschichte, die er zu erzählen versucht. Einen Ort, an dem ein Schriftsteller nicht das Bedürfnis empfindet, zum nationalen Symbol zu werden.

Oh, wie gern wäre ich wie Mahmud Darwisch, und ich rede hier nicht nur von der äußeren Erscheinung. Ich weiß genau, dass jetzt einige Leser innerlich fluchen und sagen, wie armselig ist doch dieser Typ. Ihm fehlen die Begabung und vor allem die Werte, um sich auch nur im Traum den Schuhen dieses nationalen Dichters zu nähern. Sie haben recht. Er schrieb noch nicht mal auf Hebräisch.

Erst jetzt, da ich die Fahnen durchgehe, beginne ich überhaupt damit, an die arabischen Leser zu denken. Nicht dass die Juden auf diesem Gebiet das auserwählte Volk wären. Wenn der arabische Leser nach einem Boxsack sucht, der ihn trotz des Mangels an politischer Macht beruhigt, so sucht der jüdische Leser bestimmt nach einem Buch, das ihm ein anthropologisches Erlebnis bietet, einen seltenen Blick in das Gehirn eines Arabers, oder nach einem Buch, das ihn ins Innerste der arabischen Gesellschaft führt. Tatsache ist doch, dass ich mich jedes Mal, wenn ich zu einem literarischen israelischen Ereignis eingeladen bin, zusammen mit zwei Bauchtänzerinnen auf der Bühne befinde, ein arbeitsloser, akademischer Araber und ein Trommler.

Erst diese Woche wurde ich angerufen und zu einem Kulturfestival eingeladen. »Bin ich richtig bei Herrn Kashua?«, fragte die höfliche junge Frau, die mich anrief. »Wir sind sehr stolz darauf, Sie einladen zu dürfen, um vor Lesern über Ihr neues Buch zu sprechen.«

»Sehr gern«, antwortete ich.

»Können Sie mir bitte in ein paar Sätzen sagen, worum es in dem Buch geht, nur für das Programm?«

»Natürlich. Das Buch handelt von einem Jerusalemer Rechtsanwalt, verheiratet und Vater von Kindern. Eines Tages betritt dieser Rechtsanwalt ein Antiquariat …«

Sie unterbrach mich. »Einen Moment, Entschuldigung, geht es nicht um den Konflikt?«

»Nein, eigentlich nicht.«

»Aber es ist eine Geschichte über die arabische Minderheit in Israel?«

»Nein, nicht unbedingt.«

»Vielleicht über Identitätsprobleme?«

»Das würde ich nicht sagen. Es ist die Geschichte eines Rechtsanwalts.«

»Dann … es tut mir leid, ich muss erst mit meiner Chefin klären … wir haben gedacht …«

»Einen Moment«, rief ich, bevor sie das Gespräch unterbrechen konnte, »der Rechtsanwalt ist Araber.«

»Ach so, okay, dann fahren Sie fort.«

»Das Buch handelt also von einem arabischen Rechtsanwalt mit Identitätsproblemen, die mit dem gesellschaftlichen Stand der Araber im Schatten des israelisch-palästinensischen Konflikts zu tun haben.«

»Das hört sich gut an.« Sie stieß einen erleichterten Seufzer aus. »Fahren Sie bitte fort.«

»Und er hat eine Frau, ebenfalls Araberin, die sehr ernsthafte Probleme hat, die aus der Stellung der palästinensischen Frau innerhalb der arabischen Gesellschaft herrühren.«

»Und wie würden Sie das alles in einem Satz zusammenfassen?«

»In einem Satz?« Ich brauchte ein bisschen, um meine Gedanken zu formulieren. »Ich würde sagen, dass dieses Buch einen seltenen Einblick in das Herz der arabischen Gesellschaft bietet.«

30. April 2010

Adel verpflichtet

Ich komme langsam zu mir. Ich erinnere mich zwar nicht, wann ich zum letzten Mal so aufgewacht bin wie heute, eingehüllt in dieses wunderbare vertraute Gefühl, das bekannte, angenehme Gefühl des Erschauerns, gemischt mit einem gewissen Schuldgefühl. Oh, wie sehr habe ich mich in der letzten Zeit nach diesem Gefühl der Armseligkeit gesehnt, wie sehr habe ich gefürchtet, es wegen der Erfolgsgeschichte zu verlieren.

Es passierte gestern Abend, ich kann den Punkt genau bezeichnen, an dem die Änderung begann. Ich stand vor einem Jerusalemer Publikum und las Texte aus meinem neuen Buch. Die Wörter gerieten durcheinander, die Zeilen ebenfalls, und statt mich zu konzentrieren, fing ich an zu erzählen, was mir in den letzten Monaten passiert war, ich berichtete von allen Interviews, von Bestsellerlisten, Ranglisten, Kritiken, Veranstaltungen, Lobeshymnen und Verleumdungen.

Schaut mich an, dachte ich, während ich das Gefühl hatte, als schnüre es mir die Luft ab: Schweißtropfen bedeckten meine Stirn, so viele, dass eine Frau, die einen Schritt von mir entfernt saß, mir ein Papiertaschentuch reichte. Schaut mich an, eingezwängt in neue Kleidungsstücke, die ich neulich auf den Rat einer jungen Verkäuferin gekauft habe, die behauptete – und ich glaubte ihr jedes Wort –, dass elegante sportliche Kleidung mir stehe.

Ich betrachtete den schwarzen Gürtel und die dazu passenden Schuhe, das Hemd und die Hosen von Boss, die eher elegant als sportlich waren – und verabscheute mich selbst. Nichts funktionierte, nicht der Text, nicht die üblichen Scherze mit den politischen Sticheleien, die, wenn ich sie vortrage, meinem Publikum eigentlich immer Spaß machen. Nein, nichts funktionierte. Was ich vor mir sah, waren enttäuschte Menschen, die das Gesicht verzogen und bedauerten, an einem so heißen Tag für ein literarisches Ereignis ihre mit Klimaanlagen versehenen Höhlen verlassen zu haben.

Das war's, es war aus, das war mir klar, irgendetwas war schiefgegangen. Ich musste noch anderthalb Stunden durchhalten, dann hätte ich es hinter mir. Noch anderthalb Stunden, dann werde ich heimgehen, müde, beschämt, mit einer Flasche Whisky in der Hand, Standesbewusstsein im Herzen und Selbstsicherheit zwischen den Beinen.

Ich lächelte mir zu Ehren dieses angenehmen Gedankens selbst zu, und das Publikum verstand den Grund für meinen törichten Gesichtsausdruck nicht. Noch immer lässt sich alles reparieren, dachte ich, zwei Monate im Rausch der Sinne sind noch kein Weltuntergang. Ich werde das hier zu Ende bringen und nach Hause rennen und um Verzeihung bitten.

Eine Erinnerung an das letzte Wochenende brachte ein Lächeln auf mein Gesicht, das problematisch war, weil es im falschen Moment die Ressentiments des Publikums weckte. »Ja, ich bin ein Ritter«, hatte ich meiner Frau zugerufen, über jeden Zweifel hinaus überzeugt, dass niemand das besser erklären könnte als ich.

Es hatte mit einer Bitte begonnen, meinen Lebenslauf an ein französisches Institut zu schicken. »Sag mal«, rief ich aus dem Arbeitszimmer, »in welchem Jahr haben wir eigentlich geheiratet?«

»Ich erinnere mich nicht«, antwortete meine Frau ungeduldig aus dem Wohnzimmer. »Warum?«

»Dein Mann wird ein Ritter.«

»Was?«, fragte sie, und ich konnte ihre Schritte hören, die sich dem Arbeitszimmer näherten.

»Ja, ganz recht«, sagte ich mit dem üblichen Lächeln, das ich in den letzten Monaten aufgesetzt hatte, wenn sie den flimmernden Bildschirm meines Computers betrachtete. »Ein Ritter, nicht mehr und nicht weniger.«

»Was heißt das?« Sie las, was auf dem Bildschirm zu sehen war. »Eine Auszeichnung als Ritter des Kunstordens? Was soll dieser Blödsinn?«

»Dir fällt es schwer, mir etwas zu gönnen oder ein Lob auszusprechen, nicht wahr? Die ganze Welt hält mich für begabt, nur du weigerst dich, das anzuerkennen. Ja, ein Ritter, so heißt der Orden, ein Ritter eines Ordens, kein Ritter einfach so.«

»Gut«, sagte sie, wie es ihre Art ist. »Ob es in Frankreich einen Helm gibt, der groß genug für deinen Kopf ist?«

»Lach du nur«, sagte ich, ohne mich über ihre Sticheleien aufzuregen, die seit meinem Erfolg aufgehört hatten, mich zu beeindrucken. »Ich weiß, dass du neidisch bist und dich tief in deinem Inneren danach sehnst, selbst Herzogin zu sein, aber wo bist du, die aus Tira gekommen ist, und wo sind deine Adelstitel?«

»Dein Problem ist, dass du vergessen hast, wo du geboren bist«, sagte sie, als sie sich umdrehte und mich allein an meinem Schreibtisch zurückließ, der sich gerade in einen runden Tisch verwandelte.

Ich habe nicht vergessen, wo ich geboren bin, hatte ich vor ein paar Tagen gedacht, ich bin in Tira geboren. Ein Name, der sich in der Aussprache ein wenig geändert hat, ab jetzt muss man ihn auf der zweiten Silbe betonen, Tira Bemalra nennen, denn er ist der Ort, in dem Ritter geboren werden. Ich habe schon immer gewusst, dass etwas nicht in Ordnung ist, dass ich nicht die Anerkennung bekomme, die ich verdiene. Doch nun kommen die Franzosen und bewahrheiten, was ich tief innen schon immer gewusst habe: Mein Platz ist zwischen Prinzen und Königen und nicht zwischen dem einfachen verlausten Volk. Ja, ein Ritter, und ich werde ein Pferd haben, egal in welcher Farbe, Hauptsache sportlich-elegant. Ja, ich möchte ein Ritter sein, dachte ich und verfälschte meinen Lebenslauf auf Englisch: *born in a castle*, Tira heißt auf

Hebräisch Schloss, das ist nicht gelogen, und mein Schwert wird den Hals eines jeden treffen, der das bezweifelt.

»Hallo«, drang die fröhliche Stimme meines Vaters durch das Telefon, »ich habe gehört, dass in deinen Adern blaues Blut fließt.« Er lachte und hustete lange.

»Sie hat es dir schon erzählt?« Es ärgerte mich, dass königliche Geheimnisse so leicht ins feindliche Lager getragen wurden.

»Was ist bloß mit dir los?«, fragte mein Vater, als er wieder Luft bekam. »In der letzten Zeit benimmst du dich wirklich so, als sei dir die Rüstung zu klein geworden.«

»Weißt du was, Papa«, sagte ich gereizt, »es wird Zeit, dass ihr zugebt, mich geklaut zu haben, es wird Zeit, dass ihr endlich mit der Wahrheit herausrückt und sagt, zu wem ich in Wirklichkeit gehöre.«

»Wir sollen dich geklaut haben? Bist du jetzt komplett verrückt?« Er rief nach meiner Mutter. »Komm, hör dir deinen Sohn an, den Baron, er glaubt, wir hätten ihn aus Monaco mitgebracht. Merk dir, alle Mitglieder der Familie Kashua sehen seit Generationen genau so aus wie du.«

Ich wollte sagen, sie hätten es gut geplant, sie hätten noch andere, ähnlich aussehende Mitglieder der gleichen Familie geraubt, ich wollte sagen, das Ganze sei das Ergebnis einer grenzüberschreitenden Verschwörung, aber mir war klar, dass es sinnlos war. Ein Ritter muss schließlich wissen, wann er besser seine Zunge im Zaum hält, aber wenn der Mann, der vorgibt, mein Vater zu sein, nicht aufhört zu spotten – dann bleibt mir keine Wahl. Im Morgengrauen führe ich ein Ritterheer an.

»Warum kichert er?«, hörte ich eine Frau im Publikum flüstern. »Was soll das? Höflich ist das nicht.«

Ich entschuldigte mich bei meinen Lesern. Noch eine halbe Stunde, und ich hätte es hinter mir, das wusste ich, mein vertrautes Leben würde zurückkehren, daran gab es überhaupt keinen Zweifel.

»Nun«, verkündete der verlegene Moderator, »jetzt ist die Zeit für Fragen aus dem Publikum ... Hat jemand Fragen? Ja, bitte sprechen Sie laut.«

Ein netter Mann stand von seinem Stuhl auf und nahm das für das Publikum bestimmte Mikrofon. »Ich wollte Sie etwas fragen. Sie kritisieren doch die ganze Zeit den Ort, an dem Sie leben. Wie hätte Ihr Leben ausgesehen, wenn Sie nicht hier geboren wären?«

13. August 2010

Literaturfestival

Alles fing mit einem Telefongespräch mit meinem Vater an, der ankündigte, an diesem Abend zum Internationalen Literaturfestival in Jerusalem zu kommen. »Ich und deine Mutter haben gedacht, dass wir es uns nie verzeihen werden, wenn wir das Ereignis heute Abend verpassen«, sagte er.

»Ach, Papa, das ist ja aufregend«, antwortete ich. »Ich habe euch nichts davon erzählt, weil ich euch nicht belasten wollte.«

»Das ist keine Belastung und nichts«, unterbrach mich mein Vater. »Was ist mit dir? Das ist ein Ereignis, wie es nur alle paar Jahre stattfindet. Natürlich kommen wir.«

»Du weißt nicht, wie sehr ich mich freue«, verkündete ich und versuchte, das Zittern des familiären Glücks in meiner Stimme zu beherrschen.

»Und? Besteht die Möglichkeit, dass wir dich hinterher sehen?«, fragte mein Vater.

»Klar«, antwortete ich, »was für eine Frage. Sobald ich die Bühne verlasse, komme ich zu euch, vielleicht gehen wir noch was essen.«

»Was heißt das, du verlässt die Bühne? Welche Bühne?«, fragte er erstaunt.

Ich verstand ihn nicht. »Was soll das heißen?«

»Was?«, fragte mein Vater. »Du hast heute Abend auf dem Festival auch einen Auftritt?«

»Ich verstehe nicht …«

»Wallah«, sagte mein Vater kichernd. »Ich schaue gerade ins Programm, es stimmt – da steht dein Name.«

»Ich verstehe nicht, was daran so lustig ist.«

»Man hat dich parallel zu David Grossman und Paul Auster eingeteilt.« Mein Vater kicherte. »Mach dir keine Sorgen, das ist überhaupt keine Konkurrenz.« Er lachte noch, als er auflegte.

Wieso war mir das bis jetzt nicht aufgefallen? Mein Vater hatte recht, als ich das Programm durchging, stellte ich fest, dass es bei dem ganzen Festival nur zwei parallele Veranstaltungen gab, aber auf die Minute genau: meine und die von David Grossman und Paul Auster bei einem literarischen Treffen. Mein erster Gedanke war, nicht hinzugehen. Ich lasse nicht zu, dass sie mich instrumentalisieren, ich erlaube nicht, dass sie meinen Namen für die arabische Quote hernehmen und sich nicht einmal die Mühe machen, die Spuren ihres Versuchs, mich zu ignorieren, zu vertuschen. Ich werde diesen literarischen Transfer nicht schweigend hinnehmen. Ich werde sofort den Leiter des Festivals anrufen und ihm meine einseitige Kündigung mitteilen. Wer ist überhaupt der Leiter?

Ich suchte bei Google. Na bitte, sie heißt Tsila Hayun, künstlerische Direktorin. Während ich noch die Nummer vom Festivalbüro wählte, googelte ich ihren Namen, um etwas über ihren literarischen Hintergrund zu erfahren. Ich klickte mich in das erste Stichwort ein, das auftauchte, und fing an zu lesen: »Am 3. August 2003 kehrte die Familie Hayun von einem Urlaub im Sinai in ihr Haus in Har Gilo zurück, einer Siedlung neben Jerusalem. Auf dem Weg hügelaufwärts gerieten sie in einen Terroristenangriff. Die Mutter, Tsila Hayun, wurde von acht Kugeln getroffen und lebensgefährlich verletzt …«

»Internationales Literaturfestival, guten Tag«, hörte ich gerade noch am anderen Ende der Leitung, dann unterbrach ich die Verbindung. Da war nichts zu machen. Ich werde nicht schimpfen. Ich werde nicht schreien und nichts absagen. Ich werde schweigend die über mich verhängte Strafe auf mich nehmen.

Ya allah, warum muss mir dauernd so etwas passieren? Vielleicht ist es besser so, versuchte ich mir einzureden. Wenn sie anfangen würden, mich ehrerbietig zu behandeln, könnte ich noch anfangen, mir etwas darauf einzubilden. Was kann ich dann tun, wenn sich eines Tages herausstellt, dass ich doch etwas wert bin? Es ist anzunehmen, dass ich dann aufhöre, mich wie ein Araber zu verhalten, und am Schluss wäre es aus mit mir. Alles ist zum Vorteil, sagte ich mir und nahm einen tiefen Atemzug, um meine Gedanken zu ordnen. Es ist besser, wenn sie mich hier wie einen Fremdkörper behandeln und mich auf meinen natürlichen Platz verweisen.

Aber heute Abend wird kein Mensch zu dieser beschissenen Veranstaltung kommen. Auch ich würde, hätte ich die Wahl, Grossman und Auster sehen wollen, bin ich etwa ein Idiot? Und was sage ich jetzt zu meiner Frau? Sie hat sich schon zu Ehren der Buchvorstellung ihres Mannes ein neues Kleid gekauft. Ein leerer Saal wird sie dazu bringen, mich ein Jahr lang zu verspotten. Und mit Recht. Ich habe sie verrückt gemacht mit meiner Schreiberei, mit dem ganzen »Ich brauche Ruhe, um kreativ zu sein«, und »Ich kann jetzt nicht den Boden putzen, das stört mich bei der Entwicklung meiner Figuren«. Ganz zu schweigen von der Behauptung, dass viele Stunden Schlaf mir helfen, die Handlung im Traum zu entwickeln.

Ich habe ihr versprochen, dass ich in diesem Jahr von einem arabischen Schriftsteller, der auf Hebräisch schreibt, zu dem berühmten arabischen Schriftsteller, der auf Hebräisch schreibt, aufsteigen werde, was brutto zweitausend Schekel mehr bedeutet. Ein leerer Saal wird eine Katastrophe für »das luxuriöse Nichtstun im Namen der Kunst« sein. Ein leerer Saal wird ein Bild sein, das meine Frau eingerahmt im Wohnzimmer aufhängt. Doch was kann ich tun? Heute Abend wird es passieren. Gleich wird sie von der Arbeit heimkommen und dann? Was werde ich ihr sagen?

Ich rief sie bei der Arbeit an. »Hallo, hast du die Babysitterin gefragt?«

»Ja«, antwortete sie. »Ich habe mit ihr gesprochen, sie kann heute Abend.«

»Das kostet fünfundzwanzig Schekel die Stunde, nicht wahr?«

»Ja.«

»Teuer, oder?«

»Wie immer.«

»Warum hast du gestern nicht gekocht?« Ich versuchte, einen Streit zu provozieren, der vielleicht im Zorn enden würde, was wiederum dazu führen könnte, dass sie, um mich zu strafen, am Abend nicht mitkommen würde.

»Was?«, fragte sie erstaunt. »Worum geht es jetzt?«

»Ja, gestern Abend hast du nicht gekocht. Das kann ich nicht akzeptieren. Wie stellst du dir das vor, dass ich wie ein normaler Mensch schreiben kann, wenn du nicht jeden Tag für mich kochst?«

»Bist du verrückt geworden?«

»Nein, bin ich nicht«, antwortete ich laut. »Wie, glaubst du, werden große Schriftsteller zu großen Schriftstellern? Sie essen gut, man kocht gut für sie.«

»Ausgerechnet gestern habe ich Bohnen gekocht.«

»Bohnen?«, sagte ich, und dann fiel mir ein, dass es gestern wirklich Bohnen gegeben hatte. »Glaubst du, dass Schriftsteller wie Grossman Bohnen essen?«

»Was willst du von mir?«

»Bohnen! Paul Auster weiß bestimmt nicht mal, was Bohnen sind.«

»Hör zu«, sagte sie in einem ruhigen Ton. »Egal, was du tust, ich komme heute Abend mit zu deiner Veranstaltung.«

»Warum lachst du?«, fragte ich. »Hast du etwa auch ins Programm geschaut?«

»Und damit du's weißt, ich komme mit einer Kamera.«

7. Mai 2010

Operation Räumungsverkauf

Es tut mir leid und ihr müsst mir verzeihen. Ich stehe unter Druck. Ich war zwar noch nie als besonders ruhiger Mensch bekannt, doch in den letzten Tagen hat das Maß meiner Ängste einen neuen Höhepunkt erreicht. Ja, alles wegen eines Buchs. Dieses Buchs. Noch nie habe ich mich so sehr als Händler gefühlt wie in der letzten Woche. Ich bin bereit, alles zu tun, sogar mich nach Gaza entsenden zu lassen, wenn ein Werbemensch mir verspricht, dass aufgrund dessen ein paar Dutzend Bücher mehr verkauft werden. Obwohl nicht alle Werbungsversuche besonders gut gelungen sind. Zum Beispiel das Fernsehinterview, das bald ausgestrahlt wird. Die Interviewer bestanden darauf, meine Eltern zu treffen, was sich zu einer mittleren Katastrophe auswuchs. Meinen Eltern ist es auf diese Art gelungen, mindestens zweitausend potentiell zu verkaufende Exemplare in den Müll zu stampfen.

»Haben Sie das Buch gelesen?«, fragte ein Interviewer meinen Vater, der nur widerwillig mit dem Kopf nickte.

»Und was halten Sie davon?«, fuhr der Moderator fort. Mein Vater wandte den Blick zu mir, und nur, weil ich anwesend war und er meine empfindsamen Gefühle nicht verletzen wollte, machte er sich die Mühe zu sagen: »Das Buch ist in Ordnung«, wobei dieses »in Ordnung« so unglaubwürdig klang, wie man sich nur vorstellen kann.

»Nur in Ordnung?«, fragte der Mann weiter. Hier mischte sich meine Mutter ins Gespräch und sagte: »Eine Million Mal haben wir zu ihm gesagt, er soll Jura studieren, aber der Dickkopf hat darauf bestanden, Probleme zu machen.«

»Dabei war er als Kind überhaupt nicht schwierig«, sagte mein Vater gereizt. »Er war ein guter Junge, er hat nie geflucht und nie an Mädchen gedacht. Aber wir haben den Fehler gemacht, ihn in diese Schule der Juden zu schicken, dort hat er einen schmutzigen Mund bekommen und alle um sich herum verwünscht.«

»Ich weiß nicht«, sagte meine Mutter, »ich sage nur, wofür soll sich der Mensch Sorgen aufladen? Als gäbe es nicht sowieso genug.«

Es lief nicht gut, sage ich euch, es machte mich ganz verrückt. Ein Kritiker, von dem ich nicht verstand, ob er das Buch mochte oder nicht, hatte geschrieben, mein Hauptproblem sei, dass ich darauf bestehe, über Araber zu schreiben, obwohl meine Figuren ebenso gut Juden aus Sderot sein könnten, das heißt keine wirklichen Juden, sondern arme Juden, fast Araber. Derselbe Kritiker hatte betont, die Beschäftigung mit diesen Figuren würde mich als arabischen Schriftsteller ausweisen. Meine Augen verfinsterten sich: Ich? Ich soll ein arabischer Schriftsteller sein? Nach allem, was ich getan hatte? Ich habe mein Herzblut vergossen und jetzt schreiben sie, ich wäre ein arabischer Schriftsteller? Und warum? Nur wegen meiner Figuren?

Es ist nicht gut, als Araber bezeichnet zu werden, überhaupt nicht gut. Ein Araber wird nicht bekannt, ein Araber ist nur gut für Räumungsverkäufe, nicht für Sonderverkäufe in den großen Buchhandlungen. Ich beschloss, meine ganze Kraft einzusetzen und unter dem Namen zu kämpfen, den ich mir als Araber gemacht hatte. Deshalb antwortete ich dieser netten Reporterin von *Galei Zahal*, die anrief und sagte, dass sie als eines der Specials zur Woche des Buches vorhätten, eine Sendung einem arabischen Schriftsteller zu widmen: »Es tut mir sehr leid, aber ich möchte kein arabischer Schriftsteller sein.«

Die Reporterin war geschockt, sie wusste nicht, wie ihr geschah, und vermutlich schickte sie ihre Chefin vor, damit sie sich um die Sache kümmerte. Sie hieß Zipi Gon Gross, die Chefin, und dem

Telefongespräch konnte ich entnehmen, dass sie eine Linke war. Auch sie verstand nicht, warum ich nicht in einem Programm für arabische Schriftsteller auftreten wollte, und in ihrem Ton lag Vorwurf: »Und das nach allem, was wir bereit sind, für euch zu tun, nach all unseren Kämpfen, um auch Araber in die Specials für die Woche des hebräischen Buchs zu bekommen, statt sich zu bedanken, sagen Sie, dass Sie nicht am Programm teilnehmen wollen? Wie soll es so je zum Frieden kommen? Mit wem kann man überhaupt reden?«

Ich versuchte, es der Chefin zu erklären. »Verstehen Sie, ich würde natürlich gern über mein Buch sprechen, aber warum mit den Arabern?«

Sie verstand nichts, und mit Recht, ich mache ihr keinen Vorwurf, umso mehr, als sie erzählte, sie habe darauf bestanden, dass auch ein arabischer Moderator das Programm leite, sie hätten schon mit jemandem abgeschlossen, sagte sie und nannte den Namen. »Ich kenne ihn«, sagte ich, »er ist ein Freund von mir, seit der ersten Klasse hat er kein Buch gelesen.«

»Wissen Sie«, sagte Gon Gross, »wir haben ein Special für Literatur und Sport, und die Moderatorin ist Sportreporterin und keine Literatin. Und wir haben ein Special für Literatur und für Psychologie, und der Moderator ist kein Literat, sondern Psychologe.«

Ich versuchte mich zu verteidigen. »Ja, aber Araber zu sein ist kein Beruf.« Und ich kann euch sagen, dass diese Gon Gross, von der ich nicht weiß, welche Partei sie wählt, in diesem Moment einem Rechtsruck unterlag. Übrigens, ich habe am Schluss zugestimmt, trotz meiner Angst, stigmatisiert und nur als Araber angesehen zu werden. Warum nur schien es mir von Bedeutung, mich mit der Kulturbotschafterin der *Galei Zahal* zu messen?

Und dann wurden Kriegsschiffe nach Gaza entsandt, und erlaubt mir an dieser Stelle zu betonen, dass ich für die Flotte und gegen die Türken war, weil die Türken schließlich keine hebräischen Bücher kaufen, und nur deshalb sagte ich, wir sollten ein paar Tausend von ihnen niedermachen. An jenem Tag jedenfalls, an dem unsere heldenhaften Soldaten ihr Leben aufs Spiel setzten, um unsere heilige Erde vor unseren grausamen Feinden zu schützen, erhielt ich eine Textnachricht von *Galei Zahal*, dass das Special für die arabischen Schriftsteller abgesetzt worden sei, obwohl es eine Woche nach dem Ereignis hätte stattfinden sollen.

Der Höhepunkt in der Woche des Buches war, sich am Bücherstand auf dem Rabinplatz aufzustellen und die Leute gewaltsam dazu zu zwingen, Bücher zu kaufen. »Ich schwöre Ihnen«, flehte ich, »das ist ein gutes Buch, ich würde Ihnen nicht dazu raten, wenn ich es nicht einfach für genial hielte. Außerdem gibt es nicht viele arabische Figuren, das ist ein Stigma.«

Das war so entwürdigend, o Gott. Zum Glück gab es am Stand des Verlags ein Fass mit kaltem Bier, das die Beschämung abbremste und den Verkaufsalbtraum erträglich machte. Alle zehn Minuten ging ich zum Zapfhahn.

»Entschuldigung«, wandte sich ein junger Mann mit einem massiven Brillengestell und einer Tüte voller Bücher an mich, »arbeiten Sie hier?«

»Ja, das heißt, ich habe hier … ich bin Sayed Kashua.« Ich streckte die Hand aus, um die eines Lesers zu drücken.

»Achla, Said, machst du mir zwei Heineken.« Und in meine ausgestreckte Hand legte er zwei Schekel als Trinkgeld.

11. Juni 2010

Nächtliches Gespräch

»Liebst du mich?«, fragte meine Frau.

»Ja. Warum?«

»Einfach so. Weißt du, ich habe mich nach dir gesehnt.«

»Wieso? Ich war doch den ganzen Tag zu Hause.«

»Na und? Darf man sich nicht sehnen?«

»Dann sehne dich eben, was kann ich daran ändern.«

»Und du, hast du dich nach mir gesehnt?«

»Wann?«

»Überhaupt, was weiß ich, jetzt?«

»Aber du bist doch neben mir.«

»Na und? Kannst du dich nicht auch dann sehnen, wenn ich neben dir bin?«

»Gut, ja. Ich habe mich nach dir gesehnt. Aber einen ganzen Tag in der Sonne Auto zu fahren macht mir Kopfschmerzen, ich muss schlafen.«

»Keine Sorge, ich will nichts von dir, beruhige dich.«

»Nein, darum geht es nicht. Verstehst du? Warum weinst du jetzt? Du weißt doch, dass ich es nicht so gemeint habe.«

»Ja, ich weiß. Seit ich kein Verhütungsmittel benutze, kommst du mir nicht mehr näher.«

»Was soll ich machen? Nur bis du das geregelt hast. Jeden Tag sagst du: ›Morgen gehe ich zum Arzt.‹«

»Aber du musst verstehen, dass mir das hormonelle Schwierigkeiten gemacht hat.«

»Ich verstehe es ja. Obwohl ich das Gefühl habe, dass du jetzt einfach so weinst. Also wirklich ... es reicht.«

»So sehr willst du keine Kinder?«

»Was soll das heißen? Wir haben welche.«

»Du weißt doch, dass mein Zeitfenster immer kleiner wird.«

»Das ist nicht schlimm. Wir haben doch ausgemacht, dass zwei Kinder reichen. Wie bei den Aschkenasim.«

»Na ja, zwei. Bist du sicher, dass du es später nicht bereuen wirst?«

»Ich weiß, dass ich es später nicht bereuen werde. Aber wenn du wirklich, wirklich willst ... Ich verstehe es nicht, es gibt bei euch Frauen etwas Biologisches, nehme ich an, also wenn du wirklich, wirklich darauf beharrst, meine ich ... Ich könnte es mir vielleicht in ein oder zwei Jahren überlegen, wenn wir wirtschaftlich besser dastehen. Warum weinst du? *Ya allah.* Mit deinen hormonellen Schwierigkeiten warst du wirklich ruhiger.«

»Du bist manchmal so gefühllos.«

»Ich? Was habe ich getan?«

»Was du getan hast? Du kannst an nichts anderes denken als an dich selbst. Du bist so konzentriert auf dich, dass du keinen Meter weiter sehen kannst.«

»Was willst du jetzt von mir? *Ya allah*, ich verstehe es wirklich nicht. Alles wegen dem Trockner im Schlafzimmer? Ich werde das Problem lösen, das verspreche ich dir, auch wenn es schwierig ist. Aber wenn es dir so wichtig ist, bringe ich schon morgen einen Installateur und dann werden wir sehen, was wir mit dem verdammten Schlauch machen.«

»Es wird schon Zeit, dass wir den Trockner aus dem Schlafzimmer entfernen. Wir brauchen Platz.«

»Gut, Hauptsache, du bist glücklich. Morgen kümmere ich mich um den Trockner. Gute Nacht.«

»Was ist? Hast du keine Lust mehr, dich mit mir zu unterhalten? So wenig kannst du mich leiden?«

»Was ist mit dir? Wieso soll ich dich nicht leiden können? Was kommt dir bloß in den Kopf? Ich habe gedacht, du bist müde. Hast du nicht vorhin gesagt, dass du müde bist und dich nicht wohlfühlst? Warum weinst du? Seit wann weinst du überhaupt? *Ya allah*, warum eigentlich?«

»Bist du ein Idiot? Warum küsst du mich jetzt?«

»Soll ich dich nicht küssen?«

»Nein. Rühr mich nicht an. Du liebst mich nicht.«

»Komm schon, um was geht's? Seit wann redest du überhaupt von Liebe?«

»Ich soll also nicht von Liebe sprechen? Weißt du was? Von mir aus. Stimmt ja, es geschieht mir recht, ich bin diejenige, die nicht von Liebe spricht. Warum sagst du jetzt nichts?«

»Ach, einfach so, aus Liebe.«

»Weißt du noch, wie wir mit Shay und Einat nach Chakra gefahren sind?«

»Klar. Das sollten wir mal wieder machen. Was war das für ein Spaß.«

»Ja, wirklich.«

»Wie viel habe ich damals getrunken. Unglaublich. Und man hat uns verwöhnt, die ganze Zeit gab es einen Klaren auf Kosten des Hauses. Willst du, dass ich versuche, für das nächste Wochenende einen Tisch zu bestellen?«

»Weiß nicht.«

»Ach nein, wie du willst. Ich würde mich freuen, wir sind schon lange nicht mehr mit Freunden ausgegangen.«

»Muss es unbedingt mit Freunden sein?«

»Was? Nein, natürlich nicht. Wir können auch allein ausgehen, wenn du das willst. Du brauchst es bloß zu sagen. Warum weinst du? Du machst mir Angst.«

»Du liebst mich nicht.«

»Natürlich liebe ich dich. Bitte hör auf zu weinen.«

»Rühr mich nicht an.«

»Entschuldige.«

»Merk dir, ein Mensch, der einen anderen liebt, muss ihn so akzeptieren, wie er ist.«

»Aber ich liebe dich, wie du bist. Es ist mir sogar egal, dass du Araberin bist.«

»Findest du das komisch? Was findest du daran komisch?«

»Entschuldige, es tut mir leid. *Ya allah*, das war ein Witz.«

»Ich habe keine Kraft für deine Witze.«

»In Ordnung, es reicht. Ich schwöre dir, dass ich dich genau so liebe, wie du bist.«

»Lügner.«

»Warum sagst du das? Sag schon, was habe ich dir eigentlich getan?«

»Nichts. Gar nichts. Aber dir macht es nichts aus, Sachen zu sagen, an die du überhaupt nicht glaubst.«

»Du weinst schon wieder? Bist du sicher, dass du in Ordnung bist?«

»Es tut mir leid. Ich liebe dich. Nimm mich fest in den Arm. Es stört mich, dass du meine Liebe nicht erwiderst.«

»Was redest du da? Ich bin verrückt nach dir. Bitte, beruhige dich.«

»Lügner.«

»Das ist nicht wahr.«

»Du liebst mich also?«

»Immer.«

»Schwöre es.«

»Ich schwöre.«

»Auch wenn ich dir sage, dass ich schwanger bin?«

»Natürlich.«

»Gute Nacht.«

»Einen Moment, einen Moment, wieso, wann?«

»Was spielt das schon für eine Rolle? Hauptsache, du weißt es jetzt. Mach das Licht aus, mir wird übel davon.«

18. Juni 2010

Alles durch meine Schuld

»Gibt es eine Blutung?«, fragte der Klinikarzt, als er die Einweisung von der Ambulanz las, und meine Frau schüttelte bloß den Kopf. »Gut«, sagte er und fuhr fort, Personalien in die Formulare einzutragen. »Ich untersuche Sie jetzt, danach müssen Sie zur Anmeldung in der Eingangshalle gehen, dort bekommen Sie ein paar Etikette. Eins pappen Sie auf diesen Bogen«, er wedelte mit dem Papier in der Hand, »und gehen zur Ultraschalluntersuchung im Gebäude gegenüber.« Er deutete mit einer Handbewegung auf den Untersuchungsstuhl und sagte: »Bitte.«

Ich schaffte es gerade noch, meiner Frau eine lustige Grimasse zu ziehen, bevor der Arzt den Vorhang zuzog, aber sie fand es offenbar nicht lustig.

Alles war durch meine Schuld passiert. Ich weiß es. »Alles wegen dir«, hatte sie weinend nach der letzten Untersuchung gesagt und mit zitternden Händen auf mich eingeschlagen.

»Du hast recht«, hatte ich gesagt und gehofft, ihre Schläge würden fester werden und mir wehtun. »Es tut mir wirklich leid.«

»Ich habe dir gesagt, du sollst kein Wort darüber schreiben.«

»Du hast recht, es tut mir wirklich sehr leid. Ich war ein Idiot.«

Auch jetzt konnte ich hören, wie sie sagte, alles durch deine Schuld, auch wenn sie es nicht sagte.

Die Frau bei der Anmeldung verlangte einen Ausweis und stellte Fragen, während sie unaufhörlich tippte. Dann machte sie eine kurze Pause, streckte die Hand nach einer Tasche auf dem Boden aus, nahm eine Kopfschmerztablette heraus und schluckte sie. »Gut«, sagte sie und schob ein Dokument in das Faxgerät. »Warten Sie bitte dort«, sie deutete mit der Hand, »ich werde Sie aufrufen, wenn die Bestätigung von der Krankenkasse für die Kostenübernahme per Fax eingegangen ist.«

»Du musst nicht mit mir warten«, hatte meine Frau gesagt, »du kannst rausgehen und eine rauchen.«

Kranke, Besucher und Klinikpersonal suchten Schutz vor der Sonne, drängten sich, entweder stehend oder auf den Bänken sitzend, unter dem viereckigen Dach des Pavillons zusammen und rauchten hastig.

Ich versuchte mich zu erinnern, ob ich damals geraucht hatte, als meine Frau und ich uns zum ersten Mal trafen, aber es gelang mir nicht. Und selbst wenn, dann war das sicher erst der Anfang meiner Raucherkarriere, und ich rauchte nicht mehr als eine oder zwei Zigaretten am Tag. Ich werde damit aufhören müssen, dachte ich dort, im Raucherpavillon des Hadassa-Krankenhauses.

Über das Hadassa war es zu unserem ersten Kontakt gekommen. Sie hatte mich an jenem Morgen, im ersten Jahr ihres Studiums an der Universität, höflich angesprochen, als ich an der Bushaltestelle des Studentenwohnheims in Givat Ram stand, und fragte, ob ich zufällig wisse, welche Linie zum Hadassa-Krankenhaus fahre. Sie studierte Sozialhilfe, merkte aber schnell, dass das nichts für sie war. An jenem Tag beschloss ich, dass es nicht ausreichte, einer Studentin, die gerade aus einem Dorf in die große Stadt gekommen war, den Weg zu weisen, stattdessen entschied ich, auf meine Vorlesungen zu verzichten und sie bis zum Hadassa zu begleiten. Als wir dort ankamen, bedankte sie sich herzlich und ging, doch ich, aus Angst, sie könnte den Rückweg zum Studentenwohnheim nicht finden, beschloss, zu bleiben und auf sie zu warten. Zum Teufel mit den Philosophievorlesungen, dachte ich damals, und das denke ich heute noch.

»Ich brauche eine grüne Bestätigung von der Blutbank«, sagte die Schwester. »Dann kann ich Ihnen die Aufkleber für den Ultraschall geben.« Und mit einer müden Handbewegung wies sie uns den Weg: »Hier rechts bis zum Ende des Gangs.«

»Sie müssen das bei der Aufnahme stempeln lassen«, sagte die höfliche medizinisch-technische Assistentin für Ultraschall im Zentrum für Mutter und Kind.

»Wir können nicht so lange warten«, sagte ich, als ich den Zettel mit der Wartenummer zog.

Noch nie hatte ich mich in einer Schlange vorgedrängelt, und im Allgemeinen versuche ich auch, meinen Ärger zu unterdrücken und nichts zu sagen, wenn sich ein anderer vordrängelt. Doch nun war die Situation eine andere, und vor uns warteten viele Familien, von denen wir aus Erfahrung wussten, dass sie nur hier waren, um lange Formulare auszufüllen, damit ihnen die Beihilfe zur Geburt bewilligt wurde.

Ich wandte mich an die Krankenschwester hinter der Glasscheibe mit den Löchern. »Entschuldigen Sie, aber bei uns ist es dringend.«

Wir schauten die wartenden Familien um Verzeihung bittend an. Sie schienen verständnisvoll und murrten nicht.

Die Schwester nahm mir das Formular aus der Hand, schob es in ein Gerät und reichte es mir nach einer Sekunde zurück. »Danke«, sagten wir und begaben uns rasch zur Ultraschallabteilung.

»Tut mir leid«, hörte ich die Assistentin durch den vorgezogenen Vorhang sagen. »Ich bin in solchen Fällen immer sehr aufgeregt und hoffe inständig, ich kann die Patienten überraschen, indem ich, anders als bei der vorherigen Untersuchung, rufe: Oh, da ist ein Herzschlag.«

»Ist Ihnen das schon einmal passiert?«, hörte ich meine Frau die Assistentin fragen.

»Mir noch nicht«, antwortete die fromme Assistentin, »wohl aber anderen, die hier arbeiten.«

Mit dem Ergebnis der Ultraschalluntersuchung in der Hand gingen wir hinauf in die gynäkologische Abteilung im Hauptgebäude der Klinik. Eine Schwester empfing uns, wir folgten ihr in einen kleinen Untersuchungsraum. Sie band den Arm meiner Frau mit der Manschette eines Blutdruckmessgeräts ab und fing an, Fragen zu stellen und die Personalien zu notieren. »Wie viele Kinder haben Sie? Liegt eine Medikamentenallergie vor? Sind Sie im Allgemeinen eine gesunde Frau? Rauchen Sie? Haben Sie eine Blutung? Regelmäßige Periode? Wie viele Schwangerschaften hatten Sie?« Dann löste sie die Manschette und maß die Temperatur meiner Frau mit einem elektronischen Messgerät, das innerhalb von Sekunden exakte Angaben machte. »Fasten Sie? Seit wann fasten Sie? Können Sie Hebräisch lesen? Bitte lesen Sie mir dieses Blatt vor. Jetzt brauche ich Ihre Unterschrift hier auf dem Beleg.« Und dann befestigte sie ein Armband mit den Personalien und einem magnetischen Code am Arm meiner Frau. »Schön«, sagte sie. »Warten Sie draußen, bis ein Zimmer bereit ist, ich werde Sie rufen.«

»Weißt du noch?«, fragte meine Frau, als eine Putzfrau auftauchte, die ein Kopftuch trug und eine Bohnermaschine vor sich herschob. »Einmal hast du in einer deiner Kolumnen geschrieben, dass das Amt für Statistik aus politischen Gründen die Angaben fälsche und die Wahrheit darüber verschweige, dass die Araber in Wirklichkeit die Mehrheit im Land sind.«

Ich lachte. »Stimmt«, sagte ich. »Warum fällt dir das gerade jetzt ein?«

»Schau doch, wie viele Araber es hier gibt«, sagte sie, »Kranke, Putzfrauen, Frauen, die Betten mit Kranken herumschieben, Kaffeeverkäufer, Besucher. Wie viele Araber es hier gibt, und das ist nicht mal das Hadassa auf dem Skopusberg.«

»Kashua«, rief die Schwester ins Wartezimmer und bedeutete uns, ihr zu folgen. »Unten ist ein Zimmer frei geworden. Sie kommen sofort in den Operationssaal.«

Meine Frau blieb stehen.

»Es tut mir leid«, entschuldigte sich die Schwester verlegen, als sie meiner Frau das Spezialnachthemd reichte. »Das ist das letzte

Nachthemd, das wir noch haben. Es hat keine Knöpfe. Ich werde es hinten zukleben«, fügte sie hinzu und zog einen Streifen Pflaster von einem weißen Röhrchen.

25. Juni 2010

Abschied vom Vater

»Kannst du bitte ein bisschen schneller fahren«, bat sie, als ich die steilen Kurven hinter mir hatte und die Straße in Schaar Haguy ebener wurde. Ich nickte, ließ meine Hände über das Lenkrad gleiten, um den Angstschweiß abzuwischen, und drückte etwas fester aufs Gaspedal. Ich fahre nicht gern nachts, vor allem nicht, wenn die Kinder auf dem Rücksitz schlafen, vor allem nicht auf Schnellstraßen.

»Wie geht es dir?«, fragte ich, weil ich nicht die richtigen Worte fand, und sie schwieg weiter und starrte auf das Handy in ihrer Hand, um sicherzugehen, dass sie keinen Anruf verpasste. Ich versuchte zu erraten, was ihr jetzt durch den Kopf ging. Was würde ich denken, wenn ich, Gott behüte, an ihrer Stelle wäre? Bestimmt würden alle möglichen Erinnerungen in mir aufsteigen. Welche Erinnerungen hat sie an ihn? Bestimmt gute, sonst würde sie nicht weinen. Es müssen kindliche Erinnerungen sein, in solchen Situationen geht es immer um kindliche Erinnerungen, sie sind es, die sich in das Gedächtnis graben.

Ich stellte sie mir als kleines Mädchen vor, mit einem riesigen Lächeln und einem ehrlichen Lachen, wie es nur Kinder haben, und auf einmal sah ich ihren Vater vor mir, der sie, viel, viel jünger als heute, durch die Luft schwenkt. Das wird das Bild sein, das ihr jetzt durch den Kopf geht, davon war ich überzeugt, obwohl diese Erinnerung vermutlich aus amerikanischen Filmen stammt, in denen man immer, wenn man sich nach einem Elternteil sehnt, in einer Rückblende das Bild einer glücklichen Familie zeigt, mit lachenden Kindern im Schoß beschützender Eltern.

Woran würde ich mich erinnern? Und warum kommen mir jetzt keine Erinnerungen an meinen Vater in den Sinn? Ich, der ich überzeugt bin, ein gutes Gedächtnis zu haben und mich an alles seit meinem dritten Lebensjahr zu erinnern, muss immer wieder feststellen, dass ich Dinge erfinde, die es nie gegeben hat. Geht es ihr ebenso? Vielleicht hat sie ja gar keine Erinnerungen an ihn, vielleicht versucht sie gerade, ihn in ihre kindliche Vorstellungswelt einzufügen, an der er keinen Anteil hatte? Versucht, ihn im Geist in das Bild einer Geburtstagsfeier einzufügen, im privaten Kindergarten, den sie nicht besucht hat, vielleicht versucht sie, ihn sich vorzustellen, wie er mit ihr am Strand eine Sandburg baute.

Und wo, zum Teufel, war mein Vater in all den Szenen, an die ich mich erinnerte, es hat ihn doch gegeben? Warum stieg jetzt sein Bild nicht in mir auf? Vielleicht stehe ich unter Druck, dachte ich, ja, ich stehe zu sehr unter Druck, ich werde langsamer atmen, ja, ich lächle einen Moment, als die kindlichen Erinnerungen wie von selbst in mir aufzusteigen beginnen. Ja, ich habe mich nicht geirrt, ja, ich bin fast glücklich, meinetwegen, ihretwegen, wegen unserer Eltern, da ist er, und wie er da ist, in voller Pracht, da ist der große Held, ein untrennbarer Teil des Bildes, er holt mich im Kindergarten ab. Und da ist er mit dem Susita in der Garage.

Ich unterdrückte das Lächeln, das sich von allein auf meinem Gesicht ausbreitete, es war der falsche Zeitpunkt, sie weinte jetzt leise und wandte den Blick nicht von ihrem Handy. »Bitte ein bisschen schneller«, bat sie, als wir auf die Schnellstraße einbogen.

Ich hätte wirklich gern das Gaspedal bis zum Anschlag durchgedrückt, aber ich konnte es nicht, ich hoffte, sie würde es mir ansehen, es gab im Moment noch nicht einmal die Möglichkeit, in der erlaubten Höchstgeschwindigkeit zu fahren. Ich spürte, wie mir das Auto mal nach rechts, mal nach links rutschte, vielleicht lag es am Wind, der überhaupt nicht wehte? Oder ein Reifen verlor Luft. Es tut mir leid, hätte ich gern gesagt, aber ich kann nicht schneller. Ich habe keine Herrschaft über das Auto, und bei der kleinsten Kurve habe ich Angst, es könnte von der Straße abkommen. Diese Franzosen, dachte ich, ich muss die Marke wechseln, ich brauche ein stabileres Auto, das einem ein Gefühl von Sicherheit verleiht. Ich weiß genau, dass mit dem Auto alles in Ordnung ist, warum spüre ich dann so heftige Wellenbewegungen unter dem Hintern?

Wieder betrachtete sie ihr Handy, und ich nahm die Schuld auf mich, sie hatte schon seit ein paar Tagen gesagt, mit ihrem Handy stimme etwas nicht, sie erhalte nicht alle Anrufe und Textnachrichten, die ihr geschickt würden. Ich hätte das Telefon zur Reparatur bringen und nicht hoffen sollen, dass ein elektronisches Gerät sich von selbst berappelt. Hätte sie der erste Anruf aus der Klinik erreicht, wären wir längst dort. Alles, was mir jetzt zu tun blieb, war, ein bisschen schneller zu fahren, und selbst das bekam ich nicht hin. Wieder fing ich an zu schwitzen und wieder zerfielen die Scheinwerferlichter der entgegenkommenden Autos in Splitter und stießen mich in einen Strudel aus Angst und Druck und Schmerzen, der mich mechanisch auf die Bremse steigen ließ.

Etwas mit der Windschutzscheibe stimmt nicht, dachte ich, ich werde sie auswechseln, nein, ich werde mir ein anderes Auto besorgen, mit einer guten Windschutzscheibe, die verhindert, dass man bei Nachtfahrten geblendet wird. Vielleicht hätte ich, wenn die Kinder nicht hinten schlafen würden, ein bisschen schneller fahren können. Ich warf ihr einen entschuldigenden Blick zu und beruhigte mich, als ich feststellte, dass sie nicht böse war. Es war ein anderer Ausdruck, einer, den ich noch nie gesehen hatte und nicht deuten konnte, so etwas wie eine Leere, in der sich möglicherweise kein klarer Gedanke verbirgt. Vielleicht ist es der Ausdruck eines Menschen, der dieses neue Gefühl selbst nicht versteht und versucht, sich ihm zu stellen, es einzuordnen und seine Bedeutung zu verstehen.

»Fahr schnell«, sagte sie, nicht verärgert, wie ich wusste, und nicht, weil sie überhaupt spürte, wie schnell ich fuhr. Hätte ich in diesem Moment am Straßenrand gehalten, hätte sie mich ebenfalls gebeten, ein bisschen schneller zu fahren. Und spielte es überhaupt eine große Rolle, ob wir rechtzeitig kamen? Wenn es um mich ginge, würde es eine Rolle spielen. Aber ich weiß nicht warum. Vielleicht aus Neugier? Vielleicht in der Hoffnung auf einen letzten Blick, der alles sagt – du weißt hoffentlich, dass ich dich trotz allem immer geliebt habe. Geht es darum? Um die Bitte um gegenseitige Gnade, um einen Abschied mit einem letzten, vielsagenden Blick?

»Bald«, sagte ich, als ich nach links abbog, Richtung Kfar Saba. »Ich setze dich dort ab und fahre mit den Kindern weiter, ist dir das recht?«

Sie gab keine Antwort und schaute auf das Telefon, das in ihrer Hand vibrierte. Sie sagte kein Wort, aber sie weinte laut und zuckte hilflos mit dem Körper.

»Die Kinder«, schimpfte ich hemmungslos.

Sie atmete lange und tief, schloss die Augen und sagte: »Fahr langsam.«

17. September 2010

Tira-Salat

Aus irgendeinem Grund erinnerte mich Simchat Tora an Tira. »Das reimt sich doch noch nicht mal«, behauptete meine Frau, als wir spät am Morgen des Simchat-Tora-Festes zu den Eltern fuhren und beharrlich nach einem gemeinsamen Nenner zwischen Tora und Tira suchten. Die Nachrichten im Auto begannen, als wir gerade auf der Straße 6 an Qalqiliya vorbeifuhren. Zum Glück hatten sie dort den Grenzzaun entlang Bäume gepflanzt, so hohe Bäume, dass man den Zaun nicht sah, auch nicht die Stadt, die sich dahinter verbarg, das ist viel angenehmer, weit weg von den Augen, weit weg vom Herzen, hatte meine Großmutter, sie ruhe in Frieden, immer gesagt. Was für ein großes Herz sie gehabt hatte, was für ein Glück es war sie anzuschauen.

Der Nachrichtensprecher verkündete, am Vorabend des Festes sei es zu fünf Morden gekommen, und meine Frau und ich fingen sofort mit unserem üblichen Spiel an. »Vier zu eins für uns«, sagte ich, und meine Frau tippte auf drei zu zwei für uns. Wir lauschten: Zwei Tote hatte es in Qalansuwa gegeben, in einem Café mitten im Dorf, außerdem waren ein Mann und seine Frau in einem Dorf im Norden ermordet worden, und noch jemand in einer Siedlung im Negev. Wir hatten uns beide geirrt, fünf zu null für uns. Ich hatte gewonnen, ich war näher dran.

»Was ist das?«, fragte meine Frau, wie sie es jedes Mal tat, wenn wir die Kreuzung Kokhav Ya'ir erreichten, und deutete auf die Siedlung, die mit jedem unserer Besuche wuchs und wuchs. »Ist sie jüdisch?«

»Keine Ahnung«, sagte ich wie üblich und dachte, dass ich diesmal meine Eltern nach der riesigen Siedlung, die zwischen Tira und Taiba entstand, fragen müsste und warum sie Zur Jizchak genannt wurde. »Erinnere mich daran, dass ich meinen Vater frage«, bat ich meine Frau auch diesmal. Ich weiß nicht, warum, aber diese bombastische Siedlung, die mir auf der Fahrt nach Tira jedes Mal das Herz schwer macht, habe ich vergessen, sobald wir das Haus meiner Eltern betreten. »Das kann keine neue jüdische Siedlung sein, auf keinen Fall, noch dazu zwischen Tira und Taiba. Das ist, als würden sie uns den Stinkefinger zeigen, das kann nicht sein. Du musst mich daran erinnern, dass ich frage.«

Mein Vater briet gerade die besten Falafel der Welt, und meine Mutter wusch Tomaten für den Salat. »Tomaten?«, hörte ich meinen Vater rufen. »Als die Tomaten einen Schekel das Kilo gekostet haben, hast du keine Tomaten gemacht, und jetzt, wenn man eine einzelne Tomate für zehn verkauft, verschwendest du sie für Salat?«

»Und was soll ich deiner Meinung nach tun?«, verteidigte sich meine Mutter. »Sollen wir etwa unsere Falafel ohne Salat essen?«

»Ja, ohne Salat«, entschied mein Vater, »saure Gurken und Tahina reichen, hebe die Tomaten für besonders harte Tage auf.«

»Gut, gut«, sagte meine Mutter und trocknete die Tomaten ab. »Man braucht keine Tomaten, ich werde Krautsalat machen.«

»Krautsalat?« Der Zorn meines Vaters wuchs. »Weißt du, dass die Kiste Kraut hundert Schekel gekostet hat? Hundert Schekel?«

»Warum hast du sie dann gekauft? Ich verstehe es nicht.«

»Ich weiß es nicht«, sagte mein Vater, »keine Ahnung.«

»Guten Tag«, sagte ich und vertrieb damit die übliche Ruhe aus dem Haus meiner Eltern.

Erst jetzt fiel ihnen auf, dass wir gekommen waren. *»Ahlan wa sahlan«*, sagte meine Mutter, trocknete sich die Hände ab und kam auf uns zu. Mein Vater versuchte zu lächeln und bewachte weiter die Falafel in dem Topf mit Öl.

»Was ist mit Vater?«, fragte ich meine Mutter. »Wieder mal eine politische Depression?«

»Du siehst es ja selbst«, sagte sie traurig. »Die politische Situation macht ihn kaputt.«

»Wie geht es dir, Papa?«, fragte ich ihn laut und ging zu ihm hinüber.

»Höre«, antwortete er ohne Einleitung, »in der nächsten Woche sollst du Folgendes schreiben: Das palästinensische Volk interessiert sich nicht mehr für einen unabhängigen Staat.«

»Was?«

»Wie du gehört hast«, sagte er und schüttelte die löchrige Kelle, in der bereits ein paar perfekte Falafelkugeln lagen. »Schreib, dass wir alle israelische Pässe wollen, dass wir kein Interesse mehr an einem eigenen Staat haben, weder im Westjordanland noch in Gaza, und wenn Abu Mazen sich nicht schämen würde, hätte er Israel bereits die Schlüssel überreicht und gesagt, bitte, hier, nehmt, alles gehört euch, macht damit, was ihr wollt.«

»Sag bloß nicht, dass du wieder deinen roten Pfeffer benutzt hast.«

»Sei unbesorgt«, sagte er, »ich habe für dich eine Portion ohne Pfeffer zur Seite getan. Du wirst es also schreiben?«

»Was?«

»Sie machen dort sowieso, was sie wollen, was soll also das ganze Theater, als gäbe es eine politische Führung?« Er wandte sich an meine Mutter. »Wo ist der Salat? Die Falafel sind schon fertig, und du hast die Tomaten noch nicht geschnitten?«

»Siehst du, was hier los ist?«, flüsterte mir meine Mutter ins Ohr. »Seit den neuerlichen Verhandlungen hat er die Küche nicht verlassen.«

Mein Vater schob mir eine besonders dunkle Falafel von der Portion zu, dic er für mich zubereitet hatte. Ich sagte kein Wort. Ich wusste, dass er sich nicht mit der Tatsache abfinden konnte, einen Sohn zu haben, der auf keinen Fall etwas Scharfes essen konnte, selbst nichts, was nur ein bisschen scharf war. Wie immer versucht er mich reinzulegen, dachte ich, er sagt, er habe nur ein bisschen Pfeffer hineingetan, und hofft, ich würde mich allmählich vielleicht an die Schärfe gewöhnen. Er beobachtete meinen Gesichtsausdruck und ich versuchte beim ersten Bissen, das brennende Gefühl in meinem Mund zu verbergen.

»Schmeckt sehr gut«, sagte ich und nickte ihm zu. Tränen traten mir in die Augen, als mein kleiner Bruder erzählte, bei einem Elternabend von der Klasse seines Sohnes hätten die Lehrer die Eltern aufgefordert, den Kindern Klopapier von zu Hause mitzugeben, die Verwaltung habe angekündigt, in diesem Jahr keinen Etat dafür zu haben. Mein Vater schimpfte mit meinem Bruder und sagte, sein Enkel müsse, genau wie sein Vater und wir, seine vier Kinder, lernen, dass es guten Schülern verboten sei, die Toilette einer arabischen Schule zu benutzen. Ich musste meinem Vater recht geben.

Ich erinnerte mich noch genau, dass ich in dem Internat in Jerusalem, in das man mich geschickt hatte, Monate brauchte, bis mir klar wurde, dass ich die Schultoilette wirklich benutzen konnte. Als ich in diesem Moment daran dachte, verstand ich, dass dort mein Identitätsproblem begonnen hatte. Dort, auf den wunderbar sauberen Toiletten, wuchs in mir der Zweifel an allem, was meine Eltern mich gelehrt hatten.

»Nicht scharf, stimmt's?«, fragte mein Vater.

»Nein«, sagte ich, und die Frau meines ältesten Bruders rettete mich, indem sie erzählte, dass die Autos von fünf ihrer Kollegen, Lehrern aus Tira, in dieser Woche in Flammen aufgegangen waren. »Siehst du«, antwortete mein ältester Bruder, »jetzt verstehst du, warum wir den Lancer 1990 behalten müssen.«

»Was wollen sie von uns?«, fragte mein Vater plötzlich und griff nach einem Salatlöffel. Er wandte sich an meine Mutter. »Habe ich dir nicht gesagt, ohne Tomaten?« Und dann nahm er den Faden wieder auf: »Im Ernst, was wollen sie? Sollen sie doch sagen, was sie wollen, sollen sie sich eine Lösung ausdenken, sollen sie es laut sagen und wir werden jeden Vorschlag annehmen, jede Lösung, wenn sie nur endlich sagen, welche, ich schwöre euch bei Gott, wir werden sie annehmen. Eine Trennung? Akzeptieren wir. Staatsbürgerschaft? Akzeptieren wir. Wollen sie, dass wir zum Judentum übertreten? Dass wir hier abhauen? Dass wir eingezäunt werden? Sollen sie es doch sagen, schreib in ihrer Zeitung, sie brauchen bloß zu sagen, was sie wollen.«

»Ich möchte Tahina«, bat meine Tochter ihren Großvater.

Wir verließen Tira am Ende des Festtages. Der Nachrichtensprecher verkündete, es habe zwei Morde in Lod gegeben. »Zwei zu null für uns«, sagte meine Frau schnell, und sie hatte recht.

»Das ist nicht geraten. Er hat ja ›in Lod‹ gesagt.«

»Was ist das?«, fragte meine Frau, als wir aus dem Ort hinausfuhren, und deutete auf die riesige neue Siedlung zwischen Tira und Taiba.

8. Oktober 2010

Traditionstreue

»Sag mal«, fragte ich meine Frau während eines langweiligen Schabbatabends zu Hause, »wie ist es passiert, dass wir unsere aschkenasischen Freunde verloren haben?«

»Du weißt es wirklich nicht?«, erwiderte sie.

Es war geschehen, als wir in unsere neue Wohnung umzogen. Bis dahin hatten sie uns an jedem Schabbatabend, den wir in Jerusalem verbrachten, eingeladen oder waren zum Abendessen zu uns gekommen. Und jetzt nichts mehr. Das Telefon schwieg. Anfangs hatte ich noch selbst angerufen, um Freunde einzuladen, aber sie hatten jedes Mal etwas anderes vor, sie gingen immer zum Essen zu ihren Eltern.

Die Beziehung unserer Freunde zu ihren Eltern hatte sich nach unserem Umzug in ein jüdisches Viertel verstärkt. Und ich achte wirklich auf Tradition, damit hier kein Missverständnis entsteht. Aber die Tradition eines Schabbatabendessens bedrückt mich in der letzten Zeit. Jedes Mal sehe ich, wie sich der Parkplatz unseres Gebäudes mit Gästen unserer Nachbarn füllt. Durch den Türspion beobachte ich die Besucher, die die Treppen hinaufsteigen, Söhne, Freunde und Verwandte, alle lächelnd und glücklich, manchmal tragen sie Töpfe oder Tabletts, die einen appetitlichen Duft verbreiten. Und dann erklingt das Klirren von Besteck und Tellern, und ab und zu hört man im Haus ein Lachen, lautes Singen, Fetzen von Geplauder. Nur wir sitzen vor dem Fernseher.

»Nein«, antwortete ich meiner Frau, »ich weiß nicht, was anders geworden ist.«

»Es ist deinetwegen«, sagte sie in gelassenem Ton, absolut sicher und überzeugt.

Ich sprang vom Sofa auf. »Meinetwegen? Warum? Habe ich mich etwa verändert?«

»Nein«, fuhr sie in dem gleichen gelassenen Ton fort, ohne den Blick von Amnon Abramowitsch abzuwenden, »nein, du hast dich nicht verändert, du bist noch immer der gleiche miese Mann, den ich vor fünfzehn Jahren kennengelernt habe.«

»Wo ist dann das Problem?«

»Du grillst nicht mehr«, sagte sie, »deshalb.«

Was? Worüber spricht sie? Was hat das mit dem Fernbleiben der Aschkenasim zu tun? Es stimmt, dass ich früher, in Beit Safafa, als wir noch einen Hof hatten, immer den Grill angeworfen habe, wenn Freunde kamen, und seit wir vor über zwei Jahren umgezogen sind, habe ich das nicht mehr getan. Aber das konnte doch nicht der Grund dafür sein, dass die Freunde uns mieden. Meiner Frau fällt es schwer, etwas anzuerkennen, sie war schon immer so, sie denkt, dass alles im Leben von Interessen abhängt. Aber sie irrt sich, sie irrt sich immer, auch diesmal.

»Du kannst glauben, was du willst«, sagte sie, »aber jetzt sei bitte still, ich möchte dem Polizeichef zuhören und du störst mich.«

»Prost!«, hörte ich aus der Nachbarwohnung, und ich, gekränkt und allein, fühlte mich einsam in Jerusalem und nahm Hans Fallada mit ins Bett. Ich war nicht bereit, die lächerlichen Argumente meiner Frau zu akzeptieren. Meine Freunde, die Freunde, die ich hatte, waren nicht so. Meine Freunde mochten mich nicht wegen des Fleischs, das ich grillte.

Ich versuchte mich an die wunderbaren Tage zu erinnern, als ich umgeben war von Freunden, und alles, was mir einfiel, war das glückliche Seufzen bei jedem Bissen vom Grillgut, den meine Freunde, ihre Frauen und Kinder ausstießen. »Hmmmmm, Sayed, das ist einfach großartig«, erklang mir das Echo ihrer Stimmen in den Ohren. »Was, das ist Lamm? Jo, Mani, das ist Lamm, probier mal dieses Rippchen, wo kaufst du überhaupt Lammfleisch?«

Und ich, Narr, der ich war, prahlte mit dem örtlichen Metzger, erklärte ihnen, wie ich aus dem Kühlfach die Fleischstücke auswählte und wie ich den Metzger bat, Kalb und Schaf zu mischen und frische Minze hinzuzufügen, wenn er mir das Fleisch für Kebab schnitt. Und wie ich ihnen immer entgegengelächelt hatte, wie der letzte Idiot, wenn sie zu uns nach Hause kamen, während ich am Grill, den ich schon vorher angezündet hatte, schnaufte und schwitzte. Die Grillzange in der Hand und Rauch in den Augen hatte ich gewürzt, gewendet, in einem Topf auf den Tisch gestellt, war zurückgerannt, um die Spieße zu drehen, die Katzen zu verscheuchen und dafür zu sorgen, dass nichts auf dem Tisch fehlte.

Immer wurde gegrillt, und nachdem wir umgezogen waren – was hatte ich für die Freunde vorbereitet, wenn sie kamen? Gulasch. Das ist das Einzige, was ich kochen kann, Gulasch. Bestimmt hatten sie die Nase voll davon, Gulasch konnten sie schließlich auch allein kochen. Aber nein, nein, nein. Das konnte nicht wahr sein, das war unmöglich der Grund dafür, dass Roni, Asaf und Schira nicht mehr kamen. Bestimmt machten sie gerade eine schwere Zeit mit ihrer Familie durch, oder vielleicht eine besonders gute. Der Freitagabend war ihnen schon immer heilig, das wusste ich. Ich versuchte, in Falladas Berlin zu flüchten, mich auf das deutsche Ehepaar zu konzentrieren, das dachte, den Führer mit Flugblättern stürzen zu können. »Dein Handy blinkt«, rief meine Frau vom Fernseher herüber.

»Kannst du nachschauen, wer es ist?«, rief ich zurück.

»Asaf«, sagte sie, und ich sprang aus dem Bett.

»Asaf«, sagte ich mit einem Lächeln, das mich an die Grillzeiten erinnerte und meine Frau dazu brachte, höhnisch das Gesicht zu verziehen. »Was, ihr seid bei euren Eltern? Wie geht es ihnen?«

Und dann antwortete ich »Morgen«, als Asaf fragte, was wir morgen vorhätten, und schaute meiner Frau in die Augen. »Asaf fragt, ob wir morgen Zeit haben, sie laden uns zum Mittagessen ein.«

»Wir haben nichts vor«, sagte sie und nickte.

»Wir freuen uns, euch morgen zu sehen«, sagte ich. »*Wallah*, auch wir haben uns nach euch gesehnt«, beantwortete ich seine Worte und warf meiner Frau beschuldigende Blicke zu, die ausdrücken sollten: Du hast ein Problem, du hast Minderwertigkeitskomplexe, du glaubst, du bist klüger als alle anderen, mit Menschen wie dir kann man hier keinen Frieden stiften, wegen Menschen wie dir gibt es kein Vertrauen zwischen den beiden Völkern. Bitte, da ist ein echter Freund, der mich für morgen zu sich nach Hause einlädt, und er mag mich nicht wegen des Grillens, er mag mich persönlich.

»Gut, um eins ist prima«, antwortete ich beglückt und fragte höflich: »Soll ich etwas mitbringen?«

»Wenn es dir nichts ausmacht, in Beit Safafa bei deinem Metzger vorbeizufahren«, sagte Asaf ins Telefon, während meine Frau mich anstarrte, erstaunt, warum ich nickte und das Handy nicht hinlegte. »Weißt du«, sagte Asaf, »ich kann auch hier Fleisch kaufen, aber mir scheint eures besser zu sein, wenn ihr Lamm bringen könntet, wäre das toll.« Und dann sagte er noch: »Es gibt hier auch Brot, aber wenn du vielleicht ein paar Pitafladen mitbringen könntest. Macht man dort auch guten Hummus? Oder ist es dir lieber, in Abu Gosch vorbeizufahren? Ich habe heute Morgen einen Grill gekauft und in den Garten gestellt, ich habe amerikanische Grillkohle besorgt, die sich allein entzündet, findest du das gut? Prima, ich verlasse mich darauf, dass du mir hilfst.«

»Nein, tut mir leid, ich kann nicht, nein«, antwortete ich und hoffte, dass mein Gesicht nicht den Inhalt des Gesprächs verriet. »Ja, schade, ich habe morgen etwas vor, mit der Arbeit. Ist mir gerade eingefallen. Macht nichts, ein andermal, bye.«

»Was für ein unverschämter Kerl«, verkündete ich meiner Frau, die mir einen unschuldigen Blick zuwarf und auf eine Erklärung für die plötzliche Absage wartete. »Wo soll ich so schnell Apfelstrudel für ihn besorgen?«

7. Januar 2011

Ein Geschenk aus Saudi-Arabien

Meine Mutter hatte beschlossen, reuevoll zur Religion zurückzukehren. Sie hatte sich immer vor Gott gefürchtet, deshalb fing sie an zu beten, und seit ein paar Monaten bedeckte sie sich auch den Kopf mit einem bunten Tuch. Anfangs hatte sie sich das Tuch auf eine lächerliche Art umgebunden, doch im Lauf der Zeit lernte sie die richtige Methode, und seither verlässt sie das Haus nicht mehr, ohne die Haare zu bedecken. Sie hatte sogar angefangen, mit Kopftuch und Nikes in das Fitnessstudio zu gehen, das sie hartnäckig *homeless place* nennt. Ehrlich gesagt, hatte sich im Haus nichts geändert, seit meine Mutter die Religion entdeckt hatte. Sie hing noch immer am Fernseher, an ägyptischen Serien, an massiven Möbeln, an Zeichnungen von Vögeln, mit einer besonderen Vorliebe für Schwäne, die in schweizerischen Seen schwammen.

Der Schlag kam vor einigen Monaten, als meine Mutter beschloss, es sei an der Zeit, nach Mekka zu pilgern. Die Pilgerreise nach Mekka ist eine der fünf Säulen des Islam, und meine Mutter beharrte darauf, diese Pflicht zu erfüllen. »Du pilgerst mit mir nach Mekka«, sagte sie zu meinem Vater, der anfangs zögerte, vor allem wegen seiner Krankheit, und schlug ihm als Entschädigung vor, das Wochenende in Bulgarien zu verbringen.

Mein Vater hatte seinen Glauben im Jahr 1967 verloren. »Nicht nur wegen der Niederlage«, hatte er einmal zu mir gesagt, »du musst verstehen, als ich ein Kind war, sagte man mir, in Jerusalem gebe es einen Felsen, der in der Luft schwebt und auf dem man den Fußabdruck des Propheten Mohammed sehe, der von dort aus in den Himmel aufgestiegen sei. Nach der Besetzung fuhr ich dorthin und sah keinen Felsen, der in der Luft schwebte. Und das war der Moment, in dem ich Kommunist wurde.«

Aber meine Mutter blieb stur. Erst versuchte sie ihn mit Worten zu überzeugen: Es ist eine geistige Erleuchtung, wir werden den Prozess gemeinsam durchlaufen, ganz langsam, ohne komplizierte Probleme, und sie sprach von dem Segen, den die Pilgerreise für ihr Leben und das ihrer Kinder bringen würde. Aber mein Vater ließ sich nicht überzeugen, er ließ meiner Mutter keine Wahl, sie musste zu Plan B greifen. »Willst du, dass die Leute dich als ungläubigen Kommunisten in Erinnerung behalten? Wer wird zu deiner Beerdigung kommen? Ganz zu schweigen von den Qualen des Grabes und des Feuers, die dich in der Hölle erwarten?«

Es gelang ihr, Angst in das Herz meines Vaters zu säen, er fing an zu beten und trug sich gemeinsam mit meiner Mutter zum Hadsch ein. Ich tat alles, um sie von diesem Vorhaben abzubringen. Ich sprach von dem Gedränge, von der Krankheit meines Vaters und was wäre, wenn er dort, Gott behüte, eine Behandlung brauche. Ich muss zugeben, dass ich große Angst hatte, vor allem wegen der bekannten Geschichten von den Pilgern, die aus irgendwelchen unklaren Gründen zu Tode getrampelt wurden. Meine Mutter sagte, es sei ein Segen, dort zu sterben, das verspreche einem einen direkten Zugang zum Paradies. Und mein Vater sagte, dass in Mekka normalerweise indonesische, pakistanische und indische Pilger zu Tode getrampelt würden, und wenn sie nicht im Gedränge von Mekka stürben, dann würden sie bestimmt bei einer Überschwemmung umkommen, oder bei einer Schlammwelle oder einer anderen Naturkatastrophe. Mein Vater behauptete, dies sei ihr Fluch, an dem sie litten, und es habe nichts mit dem Hadsch zu tun.

Vor ein paar Wochen machten sie sich auf den Weg und ließen mich für eine so lange Zeit allein zurück, wie ich sie vorher nie erlebt hatte: Fünfundzwanzig ganze Tage blieben sie dort. Früher, als Kind, hasste ich es, wenn meine Eltern einen Spaziergang unternahmen, ich machte mir Sorgen und hatte Angst, sie würden nie wieder heimkommen. Inzwischen war ich erwachsen und überzeugt, ich hätte diese Angst überwunden, aber ihre Mekkareise machte mir klar, dass ich noch nicht bereit war, ich brauchte sie noch immer, und ich wusste nicht, wie ich es aushalten könnte, wenn ihnen etwas zustoßen würde.

Am schlimmsten war es am Opferfest. Zum ersten Mal kam ich zum Fest nach Hause, nach Tira, und meine Eltern waren nicht da. Mein Bruder und ich waren ratlos, wir wussten nicht, was wir tun sollten. Normalerweise kümmerten sich unsere Eltern um alles, und nun mussten wir vier Brüder uns kümmern und hatten keine Ahnung, wie man das machte. »Vielleicht grillen wir einfach?«, schlug mein jüngerer Bruder als Kompromiss vor. Aber es war zu spät, alle kaufen das notwendige Fleisch vor dem Fest, nicht am Tag des Festes selbst, da sind alle Metzgereien geschlossen. Am Schluss kauften wir Würstchen und Hamburger und Tiefkühlkost in einem Supermarkt in Kfar Saba.

Am Fest strahlten die arabischen Fernsehsender aktuelle Berichte aus Mekka aus. Wir saßen vor dem Fernseher und verfolgten angespannt die Feierlichkeiten, versuchten, in der unermesslich großen Menge von vier Millionen weißgekleideten Pilgern, die alle die gleichen Aufgaben erfüllten, unsere Eltern ausfindig zu machen.

»Was ist mit der Dekoration?«, fragte mein ältester Bruder zwei Tage vor der erwarteten Heimkehr unserer Eltern.

»Stimmt«, sagten wir anderen, »alle schmücken das Haus zu Ehren der heimkehrenden Pilger.«

»Was sollen wir machen?«, fragte mein jüngerer Bruder.

»Gar nichts«, schlug ich vor.

»Werden sie dann nicht enttäuscht sein?«, fragte mein ältester Bruder.

»Warum sollten sie enttäuscht sein?«, fragte ich.

»Vielleicht haben sie eine große Wandlung durchgemacht, was

weiß ich, vielleicht ist ihnen dort etwas passiert und sie wollen echte Pilger sein?«

Der Gedanke, meine Eltern könnten sich wesentlich verändert haben, machte mir Angst. Ich stellte mir meinen Vater vor, wie er vor dem schwarzen Stein in Mekka kniete, wie er bitterlich weinte und das Licht sah. Bestimmt hat er schon einen Bart, dachte ich, und meine Mutter hat vermutlich ihr buntes Kopftuch gegen einen Schleier getauscht, vielleicht läuft sie schon mit einem Tuch herum, das die Augen verschleiert, wie die ganz Frommen es tun.

»Warum sagst du so etwas?«, fuhr ich meinen Bruder an, um diese Gedanken so schnell wie möglich zu vertreiben.

»Weißt du«, antwortete er, »solche Sachen passieren eben, ohne dass man es wirklich versteht. Und unsere Eltern waren immer irgendwie radikal.«

Am Schluss verzichteten wir auf bunte Spruchbänder an den Wänden. Mein Bruder kaufte in einem Geschäft in Ra'anana Luftballons mit Herzchen und Bändern, auf denen auf Hebräisch »Herzlich willkommen« stand.

Wir wussten nicht, wann genau unsere Eltern aus Saudi-Arabien zurückkehren würden, und ich musste nach dem Fest mit meiner Familie nach Jerusalem zurückfahren. Ich verfolgte weiterhin die Nachrichten und rief alle paar Stunden zu Hause in Tira an, ob meine Eltern schon zurückgekehrt seien, wartete angespannt darauf, zu erfahren, ob die Reise sie verändert hatte oder ob sie so geblieben waren, wie ich sie kannte. Manchmal, wenn ich den Hörer in der Hand hielt und auf eine Antwort wartete, fürchtete ich, mein Vater würde sich mit »Salam aleikum« melden und verkünden, er lasse mich nicht mehr ins Haus, wenn ich nicht endlich aufhörte, Alkohol zu trinken.

Und dann war es so weit, als ich wieder anrief, ging meine Mutter dran. »Hallo.«

»Mama?«

»Hallo, wie geht es euch?«

»Alles in Ordnung, und euch? Wie geht es Papa? Wie war's?«

»Hervorragend. Ich habe für die Kinder eine Spielkonsole gekauft.«

»Wirklich?«

»Ja. Einen Moment, ich gebe dir Papa.«

»Papa?«

»Wie geht es dir?«

»In Ordnung. Und euch?«

»Wir haben für die Kinder eine Spielkonsole aus Mekka gekauft.«

»Wirklich?«

»Ja. Und stell dir vor, die Xbox kann gebrannte CDs lesen.«

3. Dezember 2010

Revolution in der Küche

Ich brauche eine Facebookseite. Bis jetzt habe ich mich wegen meiner Suchtanfälligkeit zurückgehalten, aber nun bleibt mir nichts anderes übrig. Ich darf die kommende Revolution nicht verpassen. Nicht dass ich verstanden hätte, wie man eine Revolution auf Facebook veranstaltet, aber trotzdem brauche ich es, sicherheitshalber.

Schon seit einer Woche kann ich mich nicht von den Medien lösen, von allen Nachrichtensendern, den Radiostationen, den Zeitungen und Internetseiten. Ich habe das Bedürfnis, über das, was in Ägypten passiert, in jedem Moment auf dem Laufenden zu sein. Froh und besorgt angesichts der Nachrichten und voller Hoffnung auf etwas Gutes. Diese Woche habe ich entdeckt, dass ich Revolutionen mag, jedenfalls im Fernsehen, Revolutionen lassen die meisten seelischen Nöte verschwinden. Wenn es in Ägypten eine Revolution gibt, kannst du hier nicht in eine Depression verfallen, weil du nicht weißt, was nach dem Tod mit dir passiert. Wenn Millionen auf der Straße sind, kannst du dich nicht vor einer möglichen Schweinegrippe fürchten.

»Ruhe!«, schrie ich meine Tochter an, die am Anfang der Woche von mir zum Musikunterricht gefahren werden wollte. »Musik? Mubarak wird hinweggespült, und du sprichst von Musik? Weißt du, was es heißt, Mubarak wegzuspülen?«

»Vielleicht spülst du erst mal das Geschirr«, bat meine Frau.

»Was ist mit dir los?« Ich wandte mit Mühe den Blick vom Bildschirm. »Du willst, dass ich wegen eines bisschen schmutzigen Geschirrs das Ereignis verpasse, das den ganzen Nahen Osten verändern wird? Menschen sterben auf den Straßen und du willst, dass ich Geschirr spüle.«

»Gut«, sagte sie, »ich bringe die Kinder zum Unterricht und du veranstaltest weiter Revolutionen vom Sofa aus, pass aber auf, wohin du die Schalen von den Sonnenblumenkernen spuckst.«

Alles verändert sich hier. Nicht dass ich verstehen würde, wie und warum, aber es ist eine allgemeine Stimmung. Wie ließe sich sonst die Tatsache erklären, dass die Verantwortlichen in Israel sich dermaßen vor diesen Veränderungen fürchten? Stimmt, sie fürchten sich vor den Muslimbrüdern und noch mehr noch vor dem Iran an der Grenze. Die meisten unserer Kommentatoren haben bereits festgestellt, dass die Demokratie, gegensätzlich zu dem, was die Demonstranten auf Kairos Straßen fordern, in der islamischen Welt keine Chance hätte. »Das stimmt nicht«, hat Dr. Urija Shavit in der Morgensendung vom Fernsehsender Reshet behauptet. »Indonesien ist das größte muslimische Land der Welt, und dort herrscht allgemeine Demokratie.«

»Ja«, antwortete Eli Shaked, »aber Indonesien ist kein arabisches Land, und das ist ein Unterschied.«

Laut Shaked, dem ehemaligen israelischen Botschafter in Kairo, was beweist, dass er Ägypten wie seine Westentasche kennt, verhindert die arabische Mentalität die Demokratie. Und das sei nicht rassistisch, erklärte er dem Moderator, es fehlten ihnen einfach die guten alten jüdisch-christlichen Werte. Der ehemalige Botschafter führte aus, es handle sich dabei nicht um Bildung, Armut und lange Jahre der Unterdrückung, das sei einfach der beschissene arabische Charakter, der die Ägypter, sogar wenn sie Christen seien, daran hindere, die Stufe der Christen oder Juden zu erreichen, bei denen die Toleranz anderen gegenüber höchstes Gebot sei.

Früher hatte ich die Unkenntnis der arabischen Sprache für ein großes Problem des Landes gehalten, in dem alles von Humanität und Toleranz beherrscht wird. Als ich den Erklärungen unserer Kommentatoren zu den arabischen Angelegenheiten lauschte, kam ich zu dem Schluss, es sei besser, überhaupt nicht Arabisch zu lernen. Es sollte den Juden gesetzlich verboten werden, Arabisch zu lernen, wenn das Ergebnis so ausfiel wie bei Guy Bechor. »Frauen?«, antwortete er kichernd auf die Frage der Kommentatorin, welche Rolle die Frauen bei dem spielten, was in Ägypten geschah. Als Antwort berichtete er von einer wahren Geschichte, nämlich darüber, wie Saddam die Amerikaner verachtete, weil sie eine Frau als Abgesandte zu ihm geschickt hatten, die ihn vor einem Einmarsch in Kuweit warnen sollte. Bechor ignorierte die Fernsehberichte über die Aufstände, in denen den Frauen auf den arabischen Straßen eine wichtige Rolle zugeschrieben wurde. Er sagte: »Ich bin hier, um zu erklären, wie der ägyptische Kopf funktioniert.«

Die israelischen Medien schaffen es nicht, konsequent zu sein. Am Anfang der Revolutionen behaupteten unsere Kommentatoren, das, was in Tunesien geschehe, könnte sich in Kairo auf keinen Fall wiederholen. Später schwankten sie zwischen Ankündigungen der »letzten Tage von Mubarak« und »was mit Ben-Ali geschah, wird mit Mubarak nicht geschehen« hin und her, statt die Fakten anzuzweifeln, auf ihre Reputation zu achten und die einfache Wahrheit zu sagen: »Wir haben nicht die geringste Ahnung, was weiter passieren wird.«

Mit welcher Heuchelei und welchem Hochmut haben die Israelis die diktatorische Herrschaft Mubaraks unterstützt. Es lag im israelischen Interesse: eine korrupte Regierung, die eine grausame Geheimpolizei aufstellt, um die Bevölkerung zu unterdrücken und sie mundtot zu machen. Manchmal kommt es mir vor, als würde Israel sich stärker als die Muslimbrüder vor einer echten Demokratisierung Ägyptens fürchten. Für Israel war es immer bequemer, gegen die Muslime zu kämpfen, wie aus den Dokumenten von Wikileaks hervorgeht, die auch enthüllten, wie hocherfreut Amos Jadlins, der Chef des Geheimdienstes, sich über die Machtergreifung der Hamas in Gaza zeigte. Das wahre Problem ist die arabische Demokratie, die sich, im Gegensatz zu Mubarak, nicht mit der staatlichen israelischen Herrschaft in den besetzten Gebieten und in Gaza abfinden und zumindest dagegen protestieren wird. Wahre Demokratie setzt ein gutes Verhältnis zu den Nachbarstaaten voraus, nicht eines, das auf Intoleranz und Zerstörung der anderen aus ist.

»Eines ist sicher«, hat Präsident Schimon Peres diese Woche gesagt, »Mubarak konnte den Frieden im Nahen Osten bewahren.« Das ist das Problem, Herr Präsident: Es gibt keinen Frieden im Nahen Osten.

Ein israelischer Tourist, der seinen Urlaub in Kairo schnell beendete und bei seiner Ankunft in Israel interviewt wurde, beschrieb die israelischen Gefühle noch besser: »Wir waren im Auto, und plötzlich sahen wir tausende Menschen mit Stöcken und Steinen auf uns zukommen. Wir hatten eine Todesangst.«

Ich weiß, die Vorstellung, dass sich nicht die ganze Welt um einen selbst dreht, ist schwer zu ertragen, aber ich habe im Gegensatz zu dem, was viele Israelis denken, nicht den Eindruck, dass die Aufstände in Ägypten gegen Israel gerichtet sind oder dass die Revolution, ob sie nun gelinge oder nicht, daran interessiert ist, die israelische Regierung zu stürzen, sondern die ägyptische.

»Wie trägt man sich bei Facebook ein?«, fragte ich meine Frau, als sie von den Musikstunden der Kinder zurückkam.

»Wenn du das Geschirr spülst, zeige ich es dir vielleicht und füge dich meinen Freunden hinzu.«

»Das ist nicht nötig«, sagte ich und wandte mich wieder der aktuellen Sendung vom Tahrir-Platz zu. »Bis die Revolution hierherkommt, wird noch viel Wasser durch den Nil fließen.«

4. Februar 2011

Arabischunterricht

Wir verließen an jenem Nachmittag gemeinsam das Haus. Meine Frau nahm das Auto und fuhr unsere Tochter zum Musikunterricht am Konservatorium, und ich, als ich feststellte, dass es nicht zu kalt war, beschloss, mit unserem Sohn ins Schwimmbad zu gehen. In solchen Momenten erfüllt mich ein Gefühl des Sieges. Das Mädchen ist auf dem Weg zum Konservatorium und der Junge zum Schwimmunterricht. Das ist einer der Sätze, die ich als »Sätze, die nicht zu Tira gehören« bezeichne. Vorgänge, die mir die Sicherheit geben, dass die Idee, in ein jüdisches Viertel zu ziehen, richtig war, schwer, aber richtig. Das beheizte Schwimmbad nicht weit von unserer Wohnung, das Konservatorium zehn Minuten Autofahrt entfernt, das ist wirklich eine überzeugende Antwort an alle Kritiker, unter Arabern und Juden, die sich für eine politische, kulturelle und nationale Bedeutung für etwas einsetzen, was eigentlich nur die Suche nach einer besseren Lebensqualität ist.

Mein Sohn und ich überquerten den Park des Viertels, und er machte sich von meiner Hand los und rannte über den grünen Rasen, breitete die Arme wie Flugzeugflügel aus und bewegte den Körper nach links und rechts. Er rannte im Kreis, kam manchmal zu mir zurück, lachte und rannte wieder los. »Schau, wie schnell ich rennen kann«, rief er, und ich, der ich langsam ging, bat ihn fast, mit dem Rennen aufzuhören und seine Kraft für das Schwimmen aufzusparen. Für einen Moment vergaß ich die Fähigkeit kleiner Kinder, ganze Tage lang zu rennen und zu hüpfen.

Es war das zweite Jahr, dass der Junge am Schwimmunterricht teilnahm. Ich dachte daran, welche Angst er damals vor dem Wasser gehabt hatte und wie dieser ältere russische Lehrer ihn anlächelte und ihn sofort einen Helden nannte. Anfangs überredete er ihn dazu, nur am Beckenrand zu sitzen und mit den Füßen im Wasser zu planschen, doch sehr bald hatte er ihn dazu gebracht, zu ihm ins Wasser zu kommen. »Nur stehen«, hatte er versprochen, und schon in der zweiten Stunde tauchte mein Sohn und lernte, Blasen zu blubbern, er verließ sich auf seinen lächelnden Lehrer.

Es würde die letzte Stunde mit dem russischen Lehrer sein. »Sie bieten mir schlechte Bedingungen an«, hatte er gesagt, als er mir vor einem Monat traurig ankündigte, er würde weggehen. »Sie bezahlen mir keine Überstunden.« Meinem Sohn tat das sehr leid, und seine erste Reaktion war, dass er nicht mehr zum Schwimmunterricht gehen wollte, wenn sein Lehrer wegging. Die anderen Kinder der Gruppe waren schon in der letzten Stunde auf andere Lehrer verteilt worden, nur mein Sohn weigerte sich, sich einer neuen Gruppe anzuschließen, und beharrte darauf, bis zum letzten Moment bei seinem alten Lehrer zu bleiben.

Der Russe war glücklich. »Ich habe es gewusst«, sagte er, und beide gingen zu ihrem letzten Privatunterricht ins Wasser.

Das Becken war voller Kinder jeden Alters. In einer Ecke übten Mädchen Formationen, auf zwei Bahnen trainierten ältere Kinder, die schon an Wettkämpfen teilnahmen, und in kleineren Gruppen übten die Kleinen mit ihren Lehrern die ersten Schwimmbewegungen. Mein Sohn wusste, dass dies eine andere Stunde sein würde, eher wie im Pool eines Hotels als das Training der korrekten Bewegungen. Im Schwimmbad war es sehr laut, und von meinem Sitzplatz zwischen den begleitenden Eltern aus konnte ich das Gespräch zwischen dem Lehrer und meinem Sohn nicht hören, doch ab und zu sah ich sie beide im Wasser verschwinden und lachend wieder auftauchen. Es gab auch Momente, in denen der Lehrer sprach und mein Sohn traurig zuhörte, nickte und seinen Kopf ins Wasser steckte, um ein bedrückendes Gefühl abzuspülen oder einen guten Gedanken zu vertiefen.

»Du bist ein Held«, sagte der Lehrer am Schluss des Unterrichts zu meinem Sohn und fuhr ihm mit der Hand über das nasse Haar. Und bevor sie sich endgültig verabschiedeten, sagte er noch: »Du wirst ein großer Schwimmer werden.«

Ich drückte ihm die Hand, er hielt die Hand meines Sohnes lange fest, bevor er ging.

»Er hat dich sehr lieb«, sagte ich zu meinem Sohn, als ich ihn mit einem Handtuch abtrocknete.

»Was wird er jetzt machen?«, fragte er.

»Er wird bestimmt woanders unterrichten«, antwortete ich.

»Kann ich dann nicht woanders zu ihm gehen?«, fragte mein Sohn, und ich hatte keine Antwort.

Ein kleiner Junge kam zu uns und gab dem Gespräch eine andere Wendung. Der Junge kam näher, wie sich ein Kind dem anderen nähert, mit einem zögernden Blick, in sicherem Abstand. Mein Sohn verstand, was vor sich ging, er senkte verlegen den Kopf, wie er es immer tat, und warf ab und zu einen verstohlenen Blick auf den Jungen, der vor ihm stand.

»Er möchte dein Freund sein«, sagte ich zu meinem Sohn, der es nun wagte, den neuen Jungen anzuschauen.

»Welche Sprache sprecht ihr?«, fragte der Junge lächelnd.

Mein Sohn schaute mich an, als bitte er um Erlaubnis, die neue Beziehung zu knüpfen, seinen verschwundenen Lehrer hatte er offenbar schon vergessen. Ich nickte ihm zu, von mir aus sollte er die Sache selbst in die Hand nehmen.

»Arabisch«, sagte er zu dem Jungen.

»Pfui Teufel«, sagte der Junge und schaute meinen Sohn kurz an, bevor er sich wieder in die Arme seiner Mutter zurückzog.

Den Blick meines Sohnes werde ich nie vergessen. Ein Blick, der mir einen schrecklichen Schauer über den Rücken laufen ließ und meine Hände zum Zittern brachte, als ich ihn weiter abtrocknete. Der lächelnde Blick hatte sich von einem Moment auf den anderen in einen entsetzten Blick verwandelt, der in der nächsten

Sekunde zu einem gekränkten Blick wurde, dann zu einem anklagenden Blick. Ein Blick, der sagte: »Warum hast du mich angelogen? Warum tust du nichts? Das ist alles deinetwegen.«

Was hatte ich getan? Das war die Frage, die mir durch den Kopf ging und mich auf dem Weg nach Hause nicht losließ. Es war meine Schuld, wegen meiner Laune musste mein Sohn in seinem kindlichen Alter lernen, sich einer solchen Situation zu stellen. Ich hatte meine Kinder belogen, als ich ihnen beibrachte, dass alle Menschen gleich seien, ich hatte sie belogen, als ich sagte, es gäbe keinen Unterschied zwischen Muslimen, Juden und Christen. Ich hatte sie betrogen, als ich sie in das Treibhaus eines gemischten Kindergartens und zu netten Nachbarn brachte.

Ich unterbrach das Schweigen, ich wusste, ich musste eine weitere Lüge hinzufügen. »Der Junge ist wirklich ein Dummkopf«, sagte ich und versuchte, über das Geschehene zu lachen, den Jungen als debil darzustellen, als unnatürlich. Mein Sohn antwortete nicht.

Was dachte er jetzt, mein kleiner Junge? Wie sehr hasste er mich wirklich? Was hatte er von dem »Pfui Teufel« des anderen Jungen überhaupt verstanden? Wird er deswegen aufhören, in einer fremden Umgebung Arabisch mit mir zu sprechen, wird er jetzt vorsichtig werden? Sich schämen? O Gott, was gäbe ich alles dafür, wenn mir mein Sohn jetzt sagen würde, was er empfand.

Ich versuchte es im zärtlichsten Ton, den ich in diesem Moment aufbringen konnte. »Was meinst du?«

»Papa«, sagte er nach einem kurzen Schweigen, »ich möchte nicht mehr ins Schwimmbad gehen.«

»Warum?«, fragte ich und versuchte, meinen Kummer zu verbergen. »Du schwimmst doch so gern.«

Er schwieg eine Weile, bevor er antwortete: »Ich möchte keinen anderen Lehrer.«

4. März 2011

Heilige Arbeit

Wir hatten keine Wahl, wir brauchten eine Putzfrau. Ich versank in einem Meer von Arbeit, und meine Frau, die Sozialarbeiterin, kündigte einen Streik an. Erst schaffte ich den Berg Wäsche noch, beherrschte das schmutzige Geschirr, fuhr die Kinder zur Schule und zu ihren Kursen, ich bestellte Pizza oder hielt auf der Heimfahrt an, um etwas zu kaufen, damit sich die Kinder nicht vernachlässigt fühlten. Manchmal duschte ich sie, manchmal saugte ich die Böden, doch auch das wenige, was ich im Haushalt tat, wurde zu einer schweren Last. »Ihr braucht eine Putzfrau«, sagte fast jeder Freund, der sein Leben aufs Spiel setzte und uns besuchte.

Es war nicht leicht, eine legale Putzfrau zu finden, die noch dazu frei war. Ein wohlhabender jüdischer Freund, der immer jammert, er habe kein Geld, empfahl uns seine eigene Putzfrau. »Tikwa ist einfach erstaunlich«, sagte er, »ich habe sie dazu überredet, einen Freund zu retten, der sich in einer Notlage befindet.«

»Vielen Dank«, sagte ich. »Du weißt nicht, wie schwer es ist, jemanden mit einer Empfehlung zu finden.«

»Ja«, sagte der Freund, »ich weiß, und es fällt mir nicht leicht, sie mit dir zu teilen, aber du musst sie von zu Hause abholen und sie nach der Arbeit zurückbringen.«

»Kein Problem«, antwortete ich, fast zu allem bereit.

»Sie ist auch ein bisschen teuer«, fügte der Freund hinzu.

»Auch Geld ist kein Problem mehr«, war meine Antwort.

»Sie weiß nicht, dass ihr Araber seid«, sagte er.

»Was?«

»Hör zu, Sayed«, sagte er und legte mir die Hand auf die Schulter, »ich sage dir, ich kenne Tikwa schon über zehn Jahre. Vergiss es, es gibt keine Chance, dass sie im Haus eines Arabers arbeiten würde.«

»Ich verstehe es nicht«, stotterte ich, »also wie …«

»Sie braucht es nicht zu wissen«, antwortete der Freund entschieden. »Höre, was ich dir sage, im Haus eines Arabers zu arbeiten, das ist für sie fast wie Götzendienst.«

»Glaubt sie an Gott?«

»Sagen wir mal so.« Er seufzte. »Ihr ganzes Gehalt gibt sie für Flüge in die Ukraine aus, nach Uman, um zum Grab von Rabbi Nachman zu pilgern.«

»Ich bin nicht bereit, mir das überhaupt anzuhören«, war die erste Reaktion meiner Frau. »Bist du denn verrückt geworden?«

»Weißt du was?«, schrie ich ungeduldig. »Dann mach du doch sauber. Es interessiert mich nicht mehr. Ich habe keine Zeit, ich werde wegen dieser ganzen Hausarbeit meine Arbeit verlieren. Es geht mich nichts an. Du willst Tikwa nicht? Dann putz eben selbst, und weißt du was, fang auch an zu kochen, es wird Zeit.«

Sie dachte einen Moment nach. »In Ordnung, in Ordnung«, sagte sie dann. »Gut, die Kinder sind um diese Zeit sowieso in der Schule …«

Ich verstand, dass sie mit der Verstellung einverstanden war.

»Schalom, Tikwa«, sagte ich am Telefon, nachdem ich noch einmal tief eingeatmet hatte. »Schalom, ich bin ein Freund von Schay …«

»Schalom«, antwortete sie jubelnd. »Ja, Sie sind Israel?«

Israel? Das ist der Name, den er ihr genannt hat, dieser Idiot. »Ja«, antwortete ich. »Ich möchte wissen, wo ich Sie morgen abholen soll, und …«

Das war's also. Morgen, am internationalen Frauentag, würde unsere erste Putzfrau zu uns kommen. Die erste jüdische Putzfrau, die erste jüdische Arbeitnehmerin. Was für eine Aufregung. Welchem Araber ist es schließlich gelungen, wenn überhaupt, einen Juden für Dienstleistungen zu bezahlen?

Ich verabredete mich mit ihr für acht Uhr. Schon um halb acht wollte ich die Kinder zur Schule bringen, meine Frau zu Freunden und dann Tikwa abholen. Das musste nicht unbedingt zu Komplikationen führen, wir haben ohnehin kein Namensschild am Hauseingang. Dann würde ich sie allein lassen, mein Freund hatte ja gesagt, sie sei sehr vertrauenswürdig, und wenn sie mit der Arbeit fertig war, würde ich zurückkommen, um sie nach Hause zu fahren. Dann würde ich sie auch bezahlen. Ganz im Ernst, ich würde Geld aus der Tasche ziehen und eine Jüdin bezahlen. Meine Frau hatte mich zwar angeschrien, aber ich glaubte noch immer, dass das eine Art Umschwung war.

Gut, wir mussten jedes arabische Charakteristikum aus dem Haus entfernen. Erst stellte ich das Telefon aus, damit, Gott behüte, meine Mutter nicht mittendrin anrufen und unsere Tikwa erschrecken konnte. Dann machte ich mich daran, die Familienfotos von den Wänden zu nehmen.

»Was machst du da?«, schrie meine Frau.

»Du bist wirklich sehr schön«, sagte ich und fuhr mit meiner Arbeit fort, »alle Achtung, und trotzdem sieht man dir manchmal an, dass du Araberin bist.«

Die Familienfotos brachte ich, zusammen mit einem Stapel arabischer Kinderbücher und einigen Gedichtbänden, in die Abstellkammer. Ich machte einen letzten Rundgang durch das Haus, um mich zu vergewissern, dass kein Zettel, kein Heft oder Hinweis auf unser Arabertum offen herumlag. Ein paar Zeichnungen, die wir geschenkt bekommen hatten und die, wie ich fürchtete, auf »arabischen Geschmack« hinwiesen, landeten ebenfalls in der Abstellkammer und wurden eingeschlossen. Zur Sicherheit warf ich noch eine Tüte Zucchini und ein Paket Fladenbrote in den Mülleimer, weil auf der Verpackung »gebacken in Safafa« auf Arabisch stand.

»Fertig«, stellte ich am Schluss meiner Arbeiten fest, mein Blick wanderte über die nackten Wände. »Ich glaube, jetzt sieht es aus wie bei Juden.«

Alles verlief nach Plan. Ich schwitzte ein bisschen im Auto, aber das störte Tikwa nicht. Als wir bei uns ankamen, suchte sie sofort den Sender 24 und stellte ihn auf höchste Lautstärke ein. Sie warf einen Blick auf die Wohnung, schüttelte den Kopf nach links und nach rechts und sagte, sie arbeite höchstens sieben Stunden am Tag, und ihrer Meinung nach reiche das nicht für die Hälfte dessen, was sie bei uns zu tun habe. Ich nickte zustimmend, machte mit ihr aus, sie um drei Uhr abzuholen und sie zu bezahlen. Dann ging ich zur Arbeit.

Ich schaffte es nicht, auch nur ein Wort zu schreiben. Ich starrte den leeren Bildschirm des Computers an, besorgt, aufgeregt, fragte mich, ob ich nicht trotzdem etwas zurückgelassen hatte, was das Geheimnis verraten könnte. Als ich um drei Uhr nach Hause kam, erwartete mich eine große Überraschung. Ich hätte nicht geglaubt, dass unsere Wohnung so aussehen konnte. So sauber. Fast wäre ich auf dem Boden ausgerutscht. »Was ist das, Glas?«, fragte ich, betrachtete die Herdtür und stellte erstaunt fest, dass sie eigentlich durchsichtig war. Ich weinte fast, so gerührt war ich, als ich das Fenster betrachtete und entdeckte, dass es Licht in die Wohnung bringen konnte. Und als ich mein Portemonnaie aus der Tasche zog, überwältigte mich meine Rührung, es war wirklich ein historischer Moment, und ich bedauerte, keinen Fotoapparat zur Hand zu haben, um das Ereignis festzuhalten.

Tikwa unterbrach meine Rührung. »Hören Sie, Israel«, sagte sie, »falls das überhaupt Ihr Name ist.«

Ein Schauer ergriff mich. »Ist etwas passiert?«

»Ich habe Lehrbücher in einem Schrank gefunden und gemerkt, dass Sie versucht haben, sie zu verstecken.«

»Welche Lehrbücher?«

»Schätzchen«, sagte sie mit einem boshaften Lächeln, »ich bin halb irakisch und kann arabische Buchstaben erkennen, glauben Sie mir.«

Ich fing an zu stottern. »Ich entschuldige mich, ich weiß wirklich nicht, was ich sagen soll. Aber ich konnte es Ihnen einfach nicht sagen, ich konnte mich nicht bloßstellen.«

Sie lächelte. »Sie brauchen sich keine Sorgen zu machen, Schätzchen.«

»Ich verstehe es nicht.«

»Glauben Sie mir, es ist eine heilige Arbeit, die ihr dort leistet«, sagte sie, und mir stand der Mund offen, vor allem, da ich ihr nicht gesagt hatte, mit was ich mich beschäftigte. »Es ist eine große Ehre, für einen Mann wie Sie zu arbeiten«, sagte sie am Schluss, nahm das Geld, das ich ihr hinhielt, und flüsterte mit einem Augenzwinkern: »Mein Vater war auch beim Geheimdienst.«

11. März 2011

Schwarze Oberklasse

In dieser Woche habe ich ein neues Auto bekommen. Nicht einfach ein Auto, ein Direktorengefährt. Noch nie habe ich ein solches Auto besessen und noch nie bin ich ein Direktor gewesen. Das ist eine andere Welt, die Welt der Direktoren. Ihr müsst versuchen zu verstehen, worüber ich spreche. Plötzlich besitze ich, nach einem kleinen Auto mit einem schwachen Motor, ein riesiges Auto, mit dem ich überhaupt nicht einparken kann. Zum Glück hat es hinten eine akustische Einparkhilfe, nicht dass es mir gelungen wäre, mit Hilfe des Signals die rückwärtige Entfernung einzuschätzen, aber ich war froh, überhaupt eine Einparkhilfe zu haben. Wäre die Regierung nicht so rassistisch, müsste sie auf ihre Rechnung jedem Araber nachträglich eine hintere Einparkhilfe ins Auto bauen lassen. Die arabischen Kinder spielen auf der Straße, hinter den Autos, und es ist die Pflicht des Staates, ihr Leben zu schützen. Außerdem ist es auch einfacher, als Spielplätze für arabische Kinder zu bauen.

Ich habe also ein Direktorenauto bekommen. Schwarz. Mit einem Turbomotor, der einhundertsechsundfünfzig PS in sechstausend Umdrehungen pro Minute zügeln kann. Ein Auto mit schwarzen Ledersitzen, mit Knöpfen auf dem Lenkrad, die Namen tragen wie Tempomat oder Telefonaktivierung. Jeder Knopfdruck ändert die Displays in dem neuen Auto, und es gibt viele Displays in dem neuen Auto. Über die Knöpfe im Lenkrad beherrsche ich auch die Lautstärke des Radios. Was für ein wunderbares System. Noch nie habe ich den zweiten Radiosender so klar gehört.

Ich führe meiner Frau und den Kindern auf der Fahrt nach Tira sofort den Radioempfang des neuen Autos vor. »Hört doch, hört ihr das?« Ich muss laut rufen, als ich die Lautstärke mit einem leichten Druck auf den Knopf aufdrehe und den Sender mit dem Drehknopf verstelle.

»Toll«, sagen die Kinder und wollen es noch lauter.

»Wie schrecklich«, sagt meine Frau, und ich werfe ihr sofort vor, sie könne nichts anerkennen. »Statt die Qualität eines solchen Klangs zu genießen, behauptest du, er sei schrecklich.«

»Ich habe diese Geschichte im Radio gemeint, über die Palästinenser, denen man die Vergewaltigung eines Kindes vorwirft.«

»Warum musst du alles verderben?«, schimpfe ich und wechsle den Sender.

Ich muss durch Tira fahren. Langsam, so langsam wie möglich, und mich umschauen, damit die Leute mich erkennen und wissen, dass ich es bin, der das wundervolle große schwarze Auto steuert. Dass auch ich, letztendlich, eine Art Erfolgsgeschichte bin. Und dass man sich außerdem mit Schreiben ernähren und sogar einen gewissen Wohlstand erreichen kann. Obwohl das nicht die Wahrheit ist, aber es braucht ja keiner zu wissen, wie ich an dieses schöne Auto gekommen bin.

Es hat mit Geschrei angefangen. An jenem Morgen kam ich zur Sitzung mit dem Hauptproduzenten der Filmgesellschaft, für die ich arbeite. Er wollte wissen, wie es mit den Drehbüchern vorwärtsgehe, und tobte vor Wut, als ihm klar wurde, dass die Gesellschaft, die mit den Sendern Verträge unterschrieben hatte, ihren Zeitplan meinetwegen vielleicht nicht einhalten konnte und die Filmaufnahmen verschoben werden mussten, was zu einem finanziellen Schaden führen würde. Der Produzent, der vermutlich bemerkte, dass ich unter einem Kater litt, fing an, mich anzuschreien, wie mich noch niemand nach Beendigung meiner Grundschulzeit angeschrien hatte. Und ich, empfindlich nach durchzechter Nacht und verängstigt durch das Geschrei, fing einfach an zu weinen.

Der Produzent hatte nicht erwartet, dass ein anerkannter Autor wie ich, noch dazu einen Tag vor der Verleihung des Sapirpreises, wie ein kleines Kind anfangen würde zu weinen. Er nahm mich sofort in den Arm, bat die Sekretärin, mir ein Glas Wasser zu holen, reichte mir Taschentücher, damit ich mir die Tränen abwischen konnte, klopfte mir beruhigend auf den Rücken und sagte: »Genug, genug, entschuldigen Sie.« Aber ich konnte nicht aufhören zu weinen. »Es tut mir so leid«, fuhr er fort, »das habe ich nicht gewollt, ich wollte nur, dass Sie arbeiten, hören Sie auf, es zerreißt mir das Herz, was kann ich tun, damit Sie sich beruhigen? Genug, ich bewundere Sie, Sie wissen doch, dass ich Sie sehr schätze. Wissen Sie was? Ich bringe Ihnen ein neues Auto. Nicht einfach ein Auto, ein Direktorengefährt. Was sagen Sie dazu?«

Meine Eltern sind verblüfft, als sie auf mein Hupen hin herauskommen. Was für eine Hupe dieses neue Direktorengefährt hat, eine Hupe mit Charakter, eine Hupe, der gegenüber niemand gleichgültig bleiben kann.

»Herzlichen Glückwunsch«, sagen meine Eltern, und mein Vater fragt: »Wie viel hat das Ding gekostet?«

Ich wünsche mir so sehr, dass er glaubt, ich hätte es gekauft, dass ich »zweihundert« ausstoße, in einem leicht fragenden Ton.

»Das ist alles?«, fragt er verblüfft.

»Der Rest in Raten«, füge ich hinzu, während wir alle noch im Auto sitzen.

»Was ist, steigt ihr nicht aus?«

»Nein, wir müssen weiter.«

Sie gehen einem auf die Nerven, die Straßen von Tira, wie kann man von mir erwarten, mit einem solchen Auto auf so schlechten Straßen voller Schlaglöcher zu fahren. Eine derartige Rücksichtslosigkeit Direktoren gegenüber ist mir noch nie begegnet. Bei allem Respekt, denke ich, ich muss die Besuche bei meinen Eltern reduzieren.

Es ist erstaunlich, wie ein derartiges Auto auf die Psyche wirkt.

Ich fahre und weiß, dass ich das Lenkrad anders halte, irgendwie selbstsicherer. Ich schaue die anderen Autofahrer, die neben mir an der Ampel halten, anders an, mit einem Blick, als hätte ich mein Leben besser im Griff, als hätte ich das Geheimnis des Erfolgs geknackt und würde ab jetzt der Bitternis und der Last mit gewaltigen Achsen und breiten Reifen entkommen.

Nun, da meine Frau, die neben mir sitzt, die Beine in voller Länge ausstreckt, weiß ich, dass sie überzeugt ist, die richtige Wahl getroffen zu haben. Die Kinder schlafen auf dem Rücksitz, mit einem Lächeln auf den Lippen, wohl wissend, dass ich immer für sie da sein werde. Stolz erfüllt mein Herz, als ich zu dem Parkplatz neben unserem Haus zurückfahre, ich weiß, dass dieses Auto das teuerste auf dem ganzen Platz ist. Ich bin der Junge, der den ganzen Weg von Tira bis zum teuersten Auto der Straße geschafft hat. Ich bin derjenige, der allen beweist, dass alles möglich ist, einfach möglich, man muss nur daran glauben.

»Also«, sagt mein Nachbar, der Doktor der schönen Künste, als wir uns am nächsten Morgen im Treppenhaus treffen, »mit diesem Haus geht es immer weiter bergab, es ist zum Fürchten.«

»Was ist passiert?«, frage ich erschrocken.

»Ich glaube, hier sind üble Ganoven eingezogen«, sagt er. »Haben Sie nicht das schwarze Protzauto auf dem Parkplatz gesehen?«

8. April 2011

Nakba HD

Etwas ist in der letzten Zeit mit mir los. Eine Art Nationalgefühl, das ich nie gekannt habe, zeigt sich plötzlich bei mir. Vielleicht liegt es am Einfluss des israelischen Dialogs, der vor Nationalismus nur so strotzt, vielleicht auch am Nakba-Gesetz, das die Knesset verabschiedet hat, oder auch an den Revolutionen um uns herum, dass ich Lust habe, den Tag der Nakba mit meinen Kindern zu begehen.

Im Gegensatz zu den oberflächlichen und erwartbaren Reden des Ministerpräsidenten, dessen ganze Weisheit auf Angst und einer Beschreibung des Feindes basiert, der sich zum Ziel gesetzt hat, uns zu vernichten, ist der Tag der Nakba für mich keine Verpflichtung zur Vernichtung des Staates Israel und hat nichts mit Hass gegen Israel zu tun. Im Gegenteil – sagte ich mir am Morgen des Tages der Nakba, als ich mir eine Kafiya über die Schultern legte und zu einem Spaziergang mit den Kindern durch eines der arabischen Dörfer in der Umgebung Jerusalems bereitmachte – alles ist ein Akt der Erziehung. Die Regierung und die Medien werden zu ihren Gunsten edle Geschichten über die Pioniere verbreiten, die zur Erde ihrer Vorväter zurückgekehrt sind, und es wird keine Möglichkeit geben, zu verstehen, wer hier wirklich für einen schmerzhaften Verzicht bereit ist.

»Einsicht«, verkündete ich meinen Kindern, als wir in der Tür standen, »Einsicht, dass auch der Großvater, der 1948 getötet wurde, zur Geschichte dieses Landes gehört.«

Ich hatte die Wohnung schon verlassen, als das Telefon klingelte. »Guten Tag, spreche ich mit Herrn Sayed Kashua?«, fragte eine angenehme Stimme am anderen Ende der Leitung.

»Ja«, sagte ich, geschmeichelt wegen des »Herrn«.

Die Sprecherin identifizierte sich als Vertreterin der Fernsehgesellschaft und verkündete mir empathisch, sie freue sich, mir mitteilen zu dürfen, dass sie beschlossen hätten, mich in ihre VIP-Gruppe aufzunehmen. »In die VIP-Gruppe«, sagte sie, was mir die einen oder anderen Vorteile bringen würde, einschließlich der direkten Telefonnummer zum zuständigen Servicedienst, ohne dass ich ewig warten müsse wie das einfache Volk.

»Wow«, sagte ich, »vielen Dank, ich freue mich sehr über diese Anerkennung.«

Meine Tochter zupfte mich am Hemdsärmel: »Papa, erkennen sie die Nakba an?«

»Nein«, antwortete ich flüsternd, »wichtiger, es geht um die VIP-Gruppe.«

»Wir sind sehr stolz, Sie in unserer Gruppe begrüßen zu dürfen, gibt es etwas, was ich für Sie tun kann, mein Herr?«, fragte die Frau mit engelhafter Höflichkeit, und ich, der Auserwählte, konnte nicht nein sagen, sie wollte mir doch so gern behilflich sein. Außerdem genierte ich mich ein bisschen, weil ich keinen HD-Anschluss und keinen VOD-Konverter hatte, mit dem man die Rede des Ministerpräsidenten aufnehmen und mittendrin stoppen konnte. Ich hatte das Gefühl, der Einzige in der Gruppe der VIPs zu sein, der sich noch immer mit dem Basispaket aus der Zeit vor 1948 zufriedengab.

»Ja«, hörte ich mich mit einer seltsamen Stimme sagen, die bestimmt aus dem VIP-Paket stammte, »ja, ehrlich gesagt möchte ich schon seit langem Ihren neuen raffinierten Konverter haben, aber ich hatte bisher keine Zeit, ich war einfach …«

»Ja, mein Herr«, antwortete sie, »uns ist klar, dass Sie ein sehr beschäftigter Mann sind, deshalb sind wir da, das ist ein großartiger Konverter, ich bin sicher, er wird Ihnen viel Spaß machen, Ihnen und Ihrer ganzen Familie. Wenn Sie erlauben, notiere ich den Auftrag.«

»Papa«, jammerten meine Kinder, die neben mir standen, mit Mützen auf den Köpfen und Rucksäcken, »heute ist Tag der Nakba, Papa.«

»Einen Moment«, sagte ich leise zu ihnen, »ich besorge euch VOD, noch dazu mit Ermäßigung.«

»Mein Herr«, wiederholte die Vertreterin der schönen Menschen, »ich sehe, ich könnte Ihnen bereits heute einen Servicemann schicken, haben Sie heute etwas vor?«

»Nein«, sagte ich, »ich habe mir ausgerechnet heute freigenommen«, und sofort tat es mir leid, sie sollte bloß nicht denken, dass es wegen der Nakba war, oder aus einem anderen sonderbaren Grund. »Wissen Sie, manchmal tue ich das, um mich inspirieren zu lassen.«

»Unser Techniker wird in zwei Stunden bei Ihnen sein«, sagte sie. »Passt Ihnen das, mein Herr?«

Natürlich passe es mir, antwortete ich, und sie wünschte mir noch einen angenehmen Tag.

»Gut, dann machen wir uns in zwei Stunden für die Nakba auf den Weg, was spielt das für eine Rolle«, sagte ich zu den Kindern. »Haben wir es so eilig? Als ob die Nakba verschwinden würde, wenn wir uns ein bisschen verspäten.«

Als meine Frau von der Arbeit anrief, fragte sie: »Wohin bist du mit den Kindern gegangen?«

»Wir sind noch zu Hause«, stotterte ich und erklärte ihr, der Techniker sei auf dem Weg.

»Du hast dir einen Tag freigenommen, wir haben die Kinder nicht in die Schule geschickt, und das alles für dein VIP-Paket?«, rief sie wütend.

»Gut«, versprach ich, »ich gehe nachher mit ihnen los. Inzwischen beschäftige ich sie zu Hause mit der Nakba, weißt du überhaupt, ob sie leiden? Hier, bitte, jemand klopft, das ist der Techniker, du wirst sehen, in einer Viertelstunde fotografiere ich sie in einem verlassenen Dorf.«

Der Techniker brachte den Konverter, doch es gelang ihm nicht, ihn anzuschließen. »Der Konverter ist zu weit vom Internet entfernt, es liegt nicht an mir. Weil Sie zu den VIPs gehören, wird ein anderer Techniker kommen, ein Fachmann für dieses Problem.«

Nach zwei Stunden kam ein anderer Techniker, der meinte, das werde wirklich schwierig, er müsse über sieben Meter ein Außenkabel vom Internet zum Konverter spannen. Doch vielleicht gebe es noch eine andere Lösung, deshalb würden sie einen weiteren Techniker schicken. Der dritte Techniker behauptete, der Router meines spezifischen Internets passe nicht zu der Verbindung des spezifischen Konverters, den der vorherige Techniker gebracht habe.

»Papa«, sagte meine Tochter gegen drei Uhr, »Papa, die Nakba.«

»In Ordnung«, schrie ich, »ihr seht doch, dass ich hier ohne VOD und ohne Fernsehen feststecke? Ein bisschen Verständnis, ist das zu viel verlangt?«

»Papa«, sagte sie, »gleich kommt Mama nach Hause, und wenn sie herausfindet, dass du uns keinen Tag der Nakba gemacht hast, wirft sie dich raus.«

»Du hast recht«, sagte ich, stopfte die Kinder ins Auto, während ich mit meinem Bruder sprach, der ein bisschen von Kabeln und Technologie versteht, und er erklärte mir, wie ich das Problem lösen könnte, das die drei Techniker des VIP-Pakets nicht hatten lösen können.

»Nun, wo seid ihr?«, fragte meine Frau in dem Moment, als ich oben im Telefonladen in Romema in der Schlange stand. Diesmal rief sie von zu Hause an.

»Wir sind genau zwischen den Dörfern Sheikh Badr und Lifta.«

»Sehr gut.« Sie schien beruhigt zu sein.

Ich wollte den drahtlosen Router austauschen, wie mein Bruder mir geraten hatte, und sauste anschließend zum Office Depot im Einkaufszentrum, um zwei Netzverbindungen zu kaufen.

»Wir haben Hunger«, sagten die Kinder, als ich die Ausrüstung in der Hand hatte.

»Ich mache mir Sorgen«, sagte meine Frau am Telefon, »es gibt überall Spannungen und Unruhe wegen der Nakba, passt du auch gut auf die Kinder auf?«

»Du brauchst dir keine Sorgen zu machen, wir machen gerade Picknick auf der Erde des Dorfs Malha«, sagte ich, während ich für zwei Kindermenüs bei McDonald's bezahlte und einen Luftballon als Geschenk bekam.

Meine Frau war erleichtert, als wir nach Hause kamen. Sie umarmte die Kinder und gab mir einen Kuss. »Ich weiß nicht, wieso du plötzlich so mutig bist.«

»Ich wollte Ihnen sagen, dass wir noch immer das Problem bearbeiten«, sagte die Vertreterin der VIP-Gruppe am Telefon, »auch die Firmenleitung ist involviert.«

»Nicht nötig«, sagte ich und lächelte angesichts des erstaunlich klaren Bilds auf dem Bildschirm. Palästinensische Flüchtlinge kletterten auf die Mauer. »Schau doch«, sagte ich stolz zu meiner Frau und deutete auf den Fernseher. »Schau doch, wie schön man die Golanhöhen sieht.«

20. Mai 2011

Nachtwache

Die Uhr neben dem Bett zeigte eine Stunde nach Mitternacht, als ich aufwachte. Eine Gruppe kreischender Jugendlicher hatte beschlossen, sich auf dem Mäuerchen unter meinem Fenster niederzulassen. Sie sangen, schrien und riefen mit ihren jugendlichen Stimmen, von denen sie selbst wohl nicht wussten, wie schrill sie waren. Ich stand auf, um nach den Kindern zu sehen, betrachtete die ausgelassenen Jugendlichen und hasste sie aus vollem Herzen. Hätten sie doch gewusst, was mich an diesem Tag erwartete, hätten sie gewusst, wie dringend ich ein paar Stunden Schlaf brauchte! Bei Gott, wäre ich stark und mutig genug gewesen, wäre ich hinuntergegangen und hätte sie verprügelt, ich hätte ihnen in die jugendlichen Hintern getreten, hätte ihnen die Mäuler gestopft und sie gezwungen, die Glasscherben aufzusammeln und sich für das Gelächter beim Zerplatzen der Flaschen zu entschuldigen.

Ich trank ein Glas Wasser und ging zurück ins Bett, nachdem ich die Fenster geschlossen und die Klimaanlage angestellt hatte, die gewohnte nützliche Methode, um während der großen Ferien den Lärm draußen zu halten. Aber ich hasse es, mit geschlossenen Fenstern zu schlafen, und ich hasse es auch, die Klimaanlage anzustellen, wenn die Kinder schlafen. Ich habe Angst vor einem möglichen Gasaustritt, obwohl ich Detektoren installiert habe. Ich habe Angst, dass ein Kurzschluss einen Brand verursachen könnte, und deshalb lasse ich auch nachts keine elektrischen Geräte laufen.

Alles wird gut, versuchte ich mich zu beruhigen, um wieder einzuschlafen, allerdings ohne Erfolg. Ich bleibe wach, ich passe auf die Kinder auf, ich werde warten, bis diese schreckliche Horde verschwunden ist und wieder Ruhe einkehrt, dann werde ich die Klimaanlage ausschalten und die Fenster weit öffnen.

Ich ging hinunter ins Arbeitszimmer, dort stehen die Fenster immer offen, wegen der Zigaretten, und der Lärm der Jugendlichen zerriss mir das Trommelfell. Wenn dieser ganze Druck endlich vorbei ist, werde ich aufhören zu rauchen, ich bin schon nicht mehr jung, und die Zigaretten machen mich kaputt, dachte ich und steckte mir die erste Zigarette an.

Gegen alle Vernunft fühlte ich mich wach und überlegte sogar einen Moment lang, ob ich den Computer hochfahren und ein bisschen arbeiten sollte. An diesem Tag hatte ich kein einziges Wort geschrieben. Ich versuchte, die Serie fertigzustellen, die ich schon vor einigen Wochen hätte abgeben sollen, und ich könnte auch meine Kolumne für die Zeitung schreiben, statt bis zur letzten Minute zu warten.

Ich debattierte lange mit mir, womit ich anfangen sollte, bis ich es am Schluss aufgab. Ich würde bald wieder müde sein, ich wollte nur noch meine Zigarette zu Ende rauchen, diese lästigen Kids unter dem Fenster würden hoffentlich bald abhauen und ich könnte wieder ins Bett gehen, ich musste unbedingt schlafen, schließlich erwartete mich morgen ein schwerer Tag.

Der Aufschrei eines Mädchens draußen erinnerte mich an den Aufschrei, den meine Frau ausgestoßen hatte, als sie mich vierundzwanzig Stunden zuvor aufgeweckt hatte. »Ich blute«, hatte sie gerufen und sich erschrocken aufgerichtet. Sie hielt sich den Bauch und rannte zum Bad. »Es ist eine starke Blutung«, schrie sie, als ich ein Hemd anzog und in meine Hausschuhe schlüpfte.

Die Kinder schliefen noch, und ich wusste nicht, ob wir sie allein in der Wohnung lassen konnten. Ich bestellte einen Krankenwagen und bedauerte es sofort, wie könnte ich sie allein in einem Krankenwagen in die Klinik schicken? Aber die Kinder? Wir hatten sie noch nie allein gelassen, wenn der Kleine aufwachte und wir nicht zu Hause waren, könnte er … Ich wagte gar nicht daran zu denken.

»Süße«, flüsterte ich, als ich leise meine Tochter weckte und sie anlächelte wie einer, der ihr ein Geschenk bringt. »Hör zu, Süße«, sagte ich, als sie die Augen aufschlug. »Mama geht es gut, aber ich muss sie zur Untersuchung in die Klinik bringen.«

Sie nickte als Zeichen, dass sie jedes Wort verstanden hatte. »Du musst auf deinen kleinen Bruder aufpassen, ich weiß, dass ich mich auf dich verlassen kann.«

»Klar«, sagte sie und stand auf, um vorher noch ihre Mutter zu sehen.

Die Sicherheitsbeamten ließen uns schnell passieren, sie öffneten Türen, von denen ich bis jetzt nicht gewusst hatte, dass es sie gab. Wieder einmal die Klinik, wieder einmal der schreckliche Aufzug, der die Namen der verschiedenen Stationen in der Hadassa verkündet. »Intensivstation für Kinder«, »Frühgeburten«, »Schwangerschaftskomplikationen«, »Chirurgische Kinderklinik«, »Geburtshilfe«. Das war unser Ziel.

»Ich fühle keine Bewegung«, sagte meine Frau zu der Schwester, die uns in Empfang nahm, und diese schloss sie sofort an einen Monitor an.

»Es gibt einen Herzschlag«, sagte die Schwester, und meine Frau atmete erleichtert auf. Nun sah alles schon anders aus.

Ein junger Arzt stellte fest, dass die Blutung nachgelassen hatte, er stellte einige Untersuchungen an und sagte, man würde sie zur Sicherheit für eine Operation bereitmachen, aber er sei optimistisch und glaube, alles komme in Ordnung.

»Papa«, fragte meine Tochter, die nicht wieder schlafen gegangen war, am Telefon. »Wie geht es Mama?«

»Alles in Ordnung«, sagte ich. »Ich komme gleich nach Hause. Geh wieder ins Bett, meine Süße.«

»Kann ich mit ihr sprechen?«

Die Sonne blendete mich, als ich nach Hause fuhr, ich wühlte in den Taschen nach der Zigarette, von der ich wusste, dass ich sie nicht finden würde. Wenn das alles zu Ende ist, werde ich aufhören zu rauchen, dachte ich.

Die Kinder schliefen, als ich ankam, gleich musste ich sie für die Schule wecken. Erst wollte ich das schmutzige Betttuch wechseln und die Matratze umdrehen, damit sie nicht sahen, was passiert war. Ich wollte den Fußboden putzen, die Kloschüssel reinigen und sie dann mit einem breiten Lächeln wecken, damit sie verstanden, wie schön das Leben war.

Ich rauchte gerade eine Zigarette zu Ende, als ich das Geräusch eines Dieselmotors hörte, der langsam in unser Viertel einbog. Ich drückte den Stummel im Aschenbecher aus und schaute durch das Fenster meines Arbeitszimmers. Ein Polizeiwagen sammelte die fröhlichen Jugendlichen ein. Einer von ihnen schrie die Polizisten aus dem Auto heraus an: »Warum lasst ihr uns nicht ein bisschen Spaß haben? Verdammt, was ist mit euch?«

Und ich dachte plötzlich, dass er vielleicht recht hatte.

1. Juli 2011

Eintritt ins Paradies

»Du musst mit den Kindern in die Ferien fahren«, sagte meine Frau am Morgen.

»Was für eine Idee, sollen wir dich etwa mit dem Baby allein lassen?«

»Ja«, sagte sie, »die Ferienlager schließen bald, und unsere armen Schätzchen haben ein paar schwere Monate hinter sich. Außerdem haben sie schon lange keinen Ausflug mehr gemacht.«

»Du hast recht«, sagte ich, wohl wissend, dass wir unsere beiden großen Kinder in den schweren Monaten der Schwangerschaft ein bisschen vernachlässigt hatten, sie hatten wirklich ein paar schöne Ferientage verdient, bevor die Lernerei wieder losging. »Ich werde versuchen, etwas für den August zu finden«, sagte ich, bevor ich mit ihnen das Haus verließ. »Tu mir einen Gefallen und suche inzwischen einen Namen für das Baby.«

Es ist schwer, einen Namen für ein arabisches Kind zu finden. Wir haben vor einer Internetseite gesessen, die Namen vorschlägt, wir haben arabische Wörterbücher durchgeblättert, Gedichtbände gewälzt, wir haben sogar im Koran nach einem passenden Namen gesucht, doch alles war erfolglos. An allen Namen stimmt etwas nicht. Der Name eines Kindes darf sich nicht auf einen Fluch reimen, und das ist fast unmöglich, für jeden arabischen Namen gibt es einen Fluch, der sich darauf reimt, und selbst wenn das nicht so ist, wird es die anderen Kinder nicht davon abhalten, einen Fluch zu erfinden, ohne Rücksicht auf einen Reim. Am Ende sind es immer nur kräftige, bedrohliche Kinder, deren Namen sich nicht auf demütigende Ausdrücke reimen. Und unseren kleinen Jungen darf man nicht in Gefahr bringen, immerhin ist er als Frühgeburt auf die Welt gekommen.

Vermutlich wird er, wie sein Bruder, in einem interkulturellen Erziehungsprojekt landen, deshalb muss man auch einen arabischen Namen finden, der den Lehrern und den jüdischen Mitschülern keine allzu großen Schwierigkeiten macht. Es ist nicht angenehm, wenn einem ständig die Aussprache des Namens verhunzt wird, was man auch anstellt, am Ende wird man Said genannt. Und überhaupt beweist die Erfahrung, dass es sich lohnt, einem arabischen Kind einen universalen Namen zu geben, das heißt einen Namen, der sich nicht anhört wie ein verdächtiger Gegenstand, der Sicherheitsleute sofort aufspringen lässt, der, im Gegenteil, kein Aufhebens verursacht, wenn er im Café Aroma ausgesprochen wird. Die meisten Schulkameraden meiner Kinder haben arabische Namen wie: Adam, Adi, Ram, Dani, Sami, Nur und Amir, und ich spreche hier über muslimische Kinder, denn die christlichen tragen auch Namen wie George, Peter, Michel, Chris und Mikel.

Andererseits wollen wir auch nicht wie Leute wirken, die sich übertrieben anstrengen, akzeptiert zu werden, sich zu assimilieren und in der israelischen Erosion aufzugehen. Bei allem Respekt, ein arabischer Name mit einer guten Bedeutung beeinflusst die Identität. Was also war zu tun? Würde ich wirklich meinem Sohn den Namen Mustafa, Mohammed oder Ibrahim geben? Würde ihm das nicht eine Hürde sein, wenn er später einmal Arbeit suchte, einen Studienplatz oder einfach nur mit seinen Freunden am Strand spazieren gehen wollte?

Deshalb habe ich den Auftrag an meine Frau weitergegeben. Es ist mir lieber, wenn sie den Namen aussucht, und wenn der Kleine größer wird und sich beklagt, kann ich einfach auf die Schuldige deuten.

»Na, und?«, fragte der rothaarige Regisseur, den wir auf dem Parkplatz der Produktionsgesellschaft trafen. »Habt ihr euch schon für einen Namen entschieden?«

»Noch nicht«, antwortete ich, »das dauert langsam zu lang, nicht wahr?«

»Ja, das ist nicht angenehm«, sagte er. »Bist du deshalb so schlecht drauf?«

»Nein«, sagte ich, »einfach so, der ganze Druck im Leben, bei der Arbeit, die Verspätungen bei den Proben, und dazu muss ich noch irgendwie Zeit für die Ferien mit den großen Kindern finden.«

»Vielleicht schließt ihr euch uns an?«, schlug er vor, als wir die Treppe hinaufstiegen, »das wäre doch wirklich nett. Meine Frau sagt, es wäre ein Superhotel, sie hat für Mitte August gebucht. Die Frage ist, ob sie überhaupt noch freie Zimmer haben.«

Ma'agan Eden, sagte der Bühnenbildner, und ich gab den Namen in meine Suchmaschine ein. Wirklich großartig. »Nur zwei Stunden vom Zentrum«, stand auf der Homepage, »und man befindet sich in einer anderen Welt, in einer echt israelischen Landschaft, beruhigend und angenehm.«

Ich wählte die angegebene Nummer und landete im Reservierungsbüro.

»Schalom«, sagte ich zu dem jungen Mann, der mir am Telefon antwortete. »Ich möchte fragen, ob Sie noch Platz haben ...« Ich nannte die Zeit, in der der Regisseur und seine Familie gebucht hatten.

»Was für eine Art Zimmer möchten Sie?«, fragte der junge Mann vom Reservierungsbüro.

»Ein Zimmer für ein Elternteil und zwei Kinder.«

»Es tut mir leid«, antwortete der junge Mann. »Zu diesem Zeitpunkt habe ich keine Zimmer frei.«

»Schade«, sagte ich, »und später im August?«

»Nein«, antwortete er sofort. »Ich habe im August überhaupt keine freien Zimmer mehr. Alle sind schon vergeben.«

»Ich habe es dir ja gesagt«, sagte der rothaarige Regisseur, »August. Alles besetzt.«

Ich weiß nicht warum, aber ich hatte ein ungutes Gefühl. »Iris«, bat ich die strenge Sekretärin, »könntest du bitte diese Nummer anrufen und fragen, ob sie an dem und dem Termin noch Zimmer freihaben?«

Der rothaarige Regisseur sprang auf, ein zynisches Lächeln auf den Lippen. »Nur wegen des Akzents? Glaubst du nicht, dass du paranoid bist?«

»Ich weiß, dass ich paranoid bin«, sagte ich, während die Sekretärin schon anfing, die Nummer zu wählen. »Sag ihm, für ein Elternteil mit zwei Kindern«, bat ich, und sie nickte.

Ja, sagte man ihr, es gebe noch Zimmer, ja, passend für ein Elternteil mit zwei Kindern, ja, im August, genau zu der Zeit, die wir wollten. Sie bekam sogar die Möglichkeit, zwischen verschiedenen Kategorien zu wählen, die Ma'agan Eden vorschlug.

»Ich glaube es nicht«, sagte der rothaarige Regisseur, der Zeuge des Gesprächs war, »ich glaube es einfach nicht.«

»Es reicht«, schimpfte ich den Weichling, der anfing zu weinen: »In was für einer Welt leben wir? In was für einer Welt leben wir bloß?«

Ich rief wieder an und landete beim selben jungen Mann wie vorher. »Ja«, sagte er, »ich habe Ihnen doch vor einer Minute gesagt, dass keine Zimmer mehr frei sind.«

»In Ordnung«, sagte ich. »Ich weiß genau, dass es noch Zimmer gibt, bitte geben Sie mir den Direktor.«

»Ich heiße Sayed Kashua«, sagte ich zu der Direktorin, erzählte ihr, was kurz zuvor geschehen war, und bat sie um eine Reaktion.

»Es ist wie an der Börse«, sagte sie, »in einem Moment gibt es Zimmer und im nächsten keine. Man kommt aus allen Bevölkerungsschichten zu uns.«

»Schön. Und wie sieht die Lage an der Börse jetzt aus? Gibt es Zimmer?«

»Ja«, antwortete sie, »jetzt gibt es Zimmer. Möchten Sie reservieren?«

»Klar«, antwortete ich und gab ihr die Nummer meiner Kreditkarte.

Der rothaarige Regisseur kochte vor Zorn und wischte sich eine Träne ab. »Ich glaube es nicht.« Und die strenge Sekretärin lachte ihm ins Gesicht.

»Hallo«, sagte ich zu meiner Frau am Telefon, »ich habe die Ferien für die Kinder gebucht. Hast du einen Namen gefunden?«

»Ich suche immer noch«, sagte sie. »Hast du ein gutes Hotel gefunden?«

»Ein wunderbares Hotel«, antwortete ich ihr, »sie nehmen keine Leute mit Akzent.«

29. Juli 2011

Die Beschneidung

»Nein«, sagte ich nachdrücklich zu meiner Frau. »Auf gar keinen Fall. Damit bin ich nicht einverstanden. Nein, und damit Ende der Diskussion. Klar?«

»Du willst also, dass unser Sohn anders ist als die anderen Kinder?«

»Und du willst sagen, dass eine Beschneidung ihn davor schützt, anders zu sein? Du lieber Gott, er ist ein Araber.«

Mir war über jeden Zweifel hinweg klar, dass ich meinen kleinen Sohn nicht beschneiden lassen würde. Vor allem nicht nach dem Trauma, das wir vor genau sechs Jahren ausgestanden hatten, als wir seinen großen Bruder beschneiden ließen. Ich erinnere mich, dass wir einen Kinderarzt von der Klinik Hadassa kommen ließen, einen Arzt, der uns von Verwandten und Nachbarn empfohlen worden war und der eine Fortbildung in Beschneidungen gemacht hatte. Er kam, ausgerüstet mit einer beeindruckenden Arzttasche, und strahlte Selbstsicherheit aus. Schließlich war das eine Prozedur, die alle durchmachen, das Kind weint ein bisschen, macht ein bisschen Pipi und die Sache ist schnell vorbei. Doch damals war alles anders. Eine Viertelstunde nachdem der Arzt gegangen war, schrie der Junge, und eine Kontrolle der Windel offenbarte eine zu starke Blutung.

»Eine Blutung ist ganz normal«, sagte der Arzt am Telefon, und ich beschloss, noch ein bisschen zu warten, dann würde alles gut. Aber nichts wurde gut, der Kleine fuhr fort zu bluten und zu schreien. Eine halbe Stunde nach der barbarischen Zeremonie waren wir bereits in der Notaufnahme für Kinder in Scha'arei-Zedek, und das Baby hing an einer Infusion. Es folgten unzählige Untersuchungen, die für den zarten Kleinen schwer zu ertragen waren, mit einer Mutter, die Blut spenden wollte, falls eine Transfusion nötig war. Nach vier harten, erschöpfenden Tagen kehrten wir aus dem Krankenhaus zurück, und danach wusste ich, dass ich auf keinen Fall weitere Kinder haben wollte, und wenn meine Frau mir ihren Willen aufzwingen sollte und wir noch einen Sohn bekämen, würde ich gleichwohl niemals wieder diese Gefahr eingehen und das Kind beschneiden lassen.

»Du willst also, dass er der einzige Unbeschnittene unter seinen Freunden sein soll?«, fuhr meine Frau mit ihren vergeblichen Versuchen fort.

Ehrlich gesagt, ich verstand nicht, wie ihr dieses Argument überhaupt in den Kopf kam. Warum sollte jemand meinen Sohn nackt sehen? Warum glaubt man, dass ein Junge immer in der Auswahlmannschaft des Fußballclubs sein muss? Dort duschen sie nach einem Spiel gemeinsam und schwenken ihre Glieder nach allen Seiten. Ist es wirklich so? Macht man das beim Fußball? Ist es das, was die Jungen tun?

Aus familiärer Erfahrung weiß ich, dass er eher Aussicht haben würde, in der Auswahlmannschaft eines Schachclubs zu landen als beim Fußball, und nach einem Schachspiel, das weiß ich ebenfalls, duscht man nicht gemeinsam, auch nicht nach einem besonders anstrengenden Spiel.

»In Ordnung, kein Fußball«, sagte meine Frau, »aber im Schwimmbad?«

»Du lieferst mir immer bessere Gründe gegen eine Beschneidung«, sagte ich. »Ich verstehe diese Helden nicht, die darauf beharren, in den Duschen nackt auf und ab zu spazieren. Bindet euch ein Handtuch um, zieht den Vorhang vor, zieht euch in einer Kabine an. Wenn die fehlende Beschneidung ihn daran hindert, einer von diesen Idioten zu werden, die ihren Spaß daran haben, sich in der Öffentlichkeit auszustellen, umso besser, wir lassen die Vorhaut und vergrößern sie sogar noch.«

Ich weiß wirklich nicht, was das Beschneidungsgebot im Islam bedeutet. Anders als die Juden, die über die religiösen Traditionen gut informiert sind, bin ich in einem besonders unreligiösen Haus aufgewachsen und weiß nie, was erlaubt und was verboten ist, wozu ein Gebot verpflichtet oder nicht. Ich weiß, dass Muslime ihre Söhne beschneiden lassen, und ich weiß, dass sie die Beschneidung im Alter von ein, zwei Wochen vornehmen, nicht mit dreizehn Jahren, wie man es allgemein annimmt.

»So steht es im Koran«, behauptete meine Mutter, die von meiner Frau im Kampf gegen meine Weigerung zu Hilfe gerufen wurde. »Ein Gebot des Himmels«, stellte sie fest, obwohl ich mich, was die Gebote des Islam betraf, nicht unbedingt auf sie verlassen konnte.

»Auch wenn du recht hast«, sagte ich am Telefon zu ihr, »es interessiert mich nicht, was im Koran steht. Ich lasse meinen Sohn nicht beschneiden, und damit basta.«

»Aber das ist verboten«, beharrte sie.

Ich blieb stur. »Das ist mir egal, ich lasse es nicht zu.«

»Einen Moment, Papa will mit dir sprechen.«

»Hallo, Papa«, sagte ich böse ins Telefon, er sollte gleich wissen, dass er keine Chance hatte.

»Nun?«, fragte er. »Ich verstehe, dass dein Sohn so sein wird wie du.«

»Was meinst du?«

»Auch bei dir war jeder Millimeter kritisch, wir haben damals heftig gestritten, deine Mutter und ich, bevor wir entschieden, dich beschneiden zu lassen.«

»Schön, Papa«, sagte ich, »das ist nicht zum Lachen.«

»Was ist dann zum Lachen?«, fragte er, wohl wissend, von welcher Seite er mich angreifen konnte. »Dass dein Sohn, Gott behüte, Infektionen bekommt oder irgendwelche Krankheiten, von denen wir keine Ahnung haben?«

»Was heißt das?«

»Was soll das schon heißen«, fuhr er fort, »weißt du nicht, dass eine Vorhaut zu medizinischen Problemen führt?«

Ich fing an zu stottern. »Nein, ehrlich gesagt, das habe ich nicht gewusst, wer hat dir das gesagt? Blödsinn ... Also ehrlich, alle Christen sind unbeschnitten, und ich sehe nicht, dass sie weniger gesund sind als wir.«

Als mein Vater mir Beispiele von Kindern anführte, deren Eltern aus irgendwelchen Gründen die Beschneidung verweigert hatten, als er die Probleme ausführlich beschrieb, angefangen mit bakteriellen Harnwegsinfektionen bis zu Herzkrankheiten und schrecklichen Krampfanfällen, fing ich schon an, meinen Widerstand gegen eine Beschneidung in Frage zu stellen. Er lieferte sogar Telefonnummern, die mir die direkte Verbindung zwischen Beschneidung und Gesundheit beweisen würden.

»Gut«, sagte ich zu meiner Frau nach den erschreckenden Ausführungen meiner Eltern. »Was sollen wir tun? Beim letzten Mal haben wir einen Arzt hinzugezogen, und du hast ja gesehen, was daraus wurde.«

»Warum einen Arzt? Du meinst doch wohl nicht, dass wir uns diesmal in Gefahr begeben?«, sagte sie selbstsicher.

»Ich verstehe nicht, was du meinst.«

»Der Rabbi Yischai«, sagte sie. »Ich habe unendlich viele Empfehlungen bekommen, er hat halb Jerusalem ohne Probleme beschnitten.«

»Rabbi Yischai? Und wie bitte würden wir ihn dazu bewegen, zu uns zu kommen?«

»Morgen Mittag ist er hier«, sagte sie, wieder sehr überzeugt – wie bei der Sache mit der Schwangerschaft, als sie meine Meinung erst danach hören wollte. »Bei solchen Dingen ist Erfahrung am wichtigsten, und der Rabbi hat mehr Erfahrung als alle anderen.«

Ich versuchte, ihre Entscheidung zu verstehen. »Aber ein Rabbi? Bist du sicher?«

»Wenn wir schon in einem jüdischen Staat leben«, antwortete sie, »warum sollten wir nicht nutzen, was er zu bieten hat?«

2. September 2011

Schlaflosigkeit

Seit der Geburt des Kleinen habe ich angefangen, im öffentlichen Raum zu schlafen. Mein kleiner Sohn hat noch nicht gelernt, den Schlaf zu schätzen, vor allem nachts nicht. Ich empfinde das als höchst irritierend, vor allem da ich zu einer Familie gehöre, die sich durch ein erhöhtes Schlafbedürfnis auszeichnet. Ich liebe es, zu schlafen, ich habe es immer geliebt. Als ich klein war, ging ich um sieben Uhr abends ins Bett, und als ich älter wurde, um neun. Und meine Eltern haben, im Gegensatz zu dem Gerücht, Rentner würden zu verbitterten Menschen mit einem Gefühl der Nutzlosigkeit, sehnsüchtig auf den Tag gewartet, an dem sie aufhörten zu arbeiten und schlafen konnten, wann immer sie es wollten. Meine Frau hat sich einmal mit meiner Schwägerin über die Schlafgewohnheiten meines Bruders unterhalten. Meine Schwägerin sagte, er glaube fest an das Sprichwort: »Ich schlafe, also bin ich.«

In den letzten Monaten ist der Schlaf für mich zu einem hohen Ziel geworden. Manchmal kommt es mir vor, als würde ich, müsste ich mich zwischen dem Ende der Besatzung und einigen Stunden Schlaf entscheiden, die zweite Option wählen. Auch der Verbleib meiner Frau im Elternschlafzimmer, allein mit dem Baby, änderte nichts an der Qualität meines Schlafs. Anfangs legte ich eine Matratze ins Zimmer meines großen Sohns, doch schon bald fing er an, nachts aufzuwachen und gegen mein Schnarchen zu protestieren. Ich versuchte vergeblich, ihn durch kluge Argumente umzustimmen: Es lohne sich für ihn, dass ich in seinem Zimmer schlafe, immerhin sei ich erwachsen und könne ihn in der Nacht vor Einbrechern und schrecklichen Ungeheuern beschützen, die jeden Moment bei ihm eindringen könnten. Doch das erwies sich nicht als besonders hilfreich, er bestand darauf, in Ruhe schlafen zu wollen.

Meine Tochter wies die Möglichkeit direkt zurück, und meine Frau stimmte ihr zu: »Sie ist schon ein großes Mädchen, fast eine junge Frau, wie kommst du überhaupt auf die Idee, du könntest bei ihr schlafen?«

Mir blieb nichts anderes übrig, als tapfer zu versuchen, neben meiner Frau zu schlafen, die behauptete, sich bereits mit ihrem bitteren Schicksal abgefunden zu haben, und das Schnarchen sei nun mal einer meiner kleineren Nachteile. Doch schon bald erwies sich dieser Versuch als ungeeignet, denn das lebhafte Baby begann, das Schnarchen seines Vaters als eine Art Spiel zu betrachten – und statt jede Stunde aufzuwachen, blieb der Kleine einfach die ganze Nacht wach.

Aus Mangel einer anderen Möglichkeit legte ich meine Matratze ins Wohnzimmer. Jeden Abend wartete ich, bis alle Familienmitglieder ins Bett gegangen waren, dann nahm ich die Matratze vom Schrank, legte sie neben das Sofa, bezog sie, streckte mich auf ihr aus und versuchte einzuschlafen. Es nützte auch nichts, dass ich mir angewöhnte, vor dem Einschlafen zu lesen, denn neben der Matratze im Wohnzimmer gab es keinen Schalter, um das Leselicht auszuschalten. Wenn ich mich zu müde fühlte, um weiter zu lesen, konnte ich nicht einfach die Hand nach einem Schalter ausstrecken, das Licht löschen und in einen angenehmen Schlaf sinken.

»Dann kauf doch eine Verlängerungsschnur«, sagte meine Frau, als ich ihr die Ursache meines Problems beschrieb.

»Ja«, antwortete ich zwei Wochen lang. »Gleich morgen nach der Arbeit, wenn ich die Kinder abgeholt habe, fahre ich los und kaufe eine Verlängerungsschnur, die das Problem meines Schlafmangels lösen wird.«

Doch immer wenn ich die Kinder abgeholt oder zu ihrem Unterricht gefahren oder ihnen bei den Hausaufgaben geholfen hatte, war alles, was ich nach der Arbeit tun wollte, mich ins Bett zu legen. Stimmt, es war nur eine dünne Matratze ohne Leselampe, aber für mich war es noch immer ein Bett.

»Vielleicht kaufst du endlich eine richtige Matratze«, schlug meine Frau vor, als ich anfing, wegen meiner Rückenschmerzen krumm herumzulaufen, »diese Matratze bringt dich noch um.«

Aber der Gedanke, eine richtige, hochwertige Matratze zu kaufen, war mir zuwider. Trotz der vielen Monate, die ich im Wohnzimmer verbracht hatte, wollte ich lieber daran glauben, dass es sich um eine vorübergehende Störung handelte. Inzwischen würde ich ein bisschen an Schlafmangel und Rückenschmerzen leiden und weiterhin auf meine Familie aufpassen: Vom Wohnzimmer aus verfolgte ich ihre Geräusche, und von Zeit zu Zeit stand ich auf, um nachzuschauen, wie es ihnen ging. Wenn mein kleiner Sohn nicht jede Stunde weinend aufwachte, sprang ich von der Matratze und kontrollierte, ob alles in Ordnung war.

Der Kleine machte mir Sorgen. Meine Frau sagte, ich hätte mir um die beiden Großen ebensolche Sorgen gemacht, aber diesmal war ich empfindlicher, weil er eine Frühgeburt war. Ich beobachtete seine Entwicklung genau: »Warum dreht er sich noch nicht um?« Ich schlug die Internetseiten nach, die sich mit der frühkindlichen Entwicklung beschäftigten.

»Weil er den Kopf noch nicht hoch genug hebt«, antwortete meine Frau.

»Und warum hebt er den Kopf noch nicht?«, fragte ich.

»Das ist in Ordnung«, sagte sie beruhigend, »du bist schon sechsunddreißig und hast noch immer nicht gelernt, den Kopf zu heben.«

In den Nächten fragte ich mich manchmal, warum es keine Entwicklungstabellen für ältere Menschen gab. Warum stand nirgendwo geschrieben, was normales oder wünschenswertes Verhalten für einen vierhundertzweiunddreißig Monate alten Menschen war? Was hätte ich bis jetzt lernen müssen? Wie sollte ein Mann meines Alters auf die politische Entwicklung reagieren? Wo befand ich mich auf der Skala der Entwicklung?

Meine Frau machte sich Sorgen wegen meiner Gedanken und meiner düsteren Überlegungen, die mir verquollene Augen bescherten. »Du wirst immer verrückter«, sagte sie. Am Anfang dieser Woche beschloss sie, sich das nicht länger anzuschauen, und fuhr los, um eine Verlängerungsschnur zu kaufen. »Vielleicht liest du ein bisschen und kannst endlich einschlafen.«

An diesem Abend holte ich die Matratze heraus, schloss die Verlängerungsschnur an, befestigte die Leselampe in erreichbarer Nähe und konnte endlich Hans Keilsons *Komödie in Moll* anfangen. Das Buch beginnt mit einem Luftangriff, mit einem Flüchtling. Bald werde ich einschlafen, ich werde noch ein Kapitel über diesen Flüchtling lesen, der sich bei einem holländischen Ehepaar versteckt. Ich muss wissen, was mit ihm passiert, obwohl ich weiß, dass er schon tot ist. Bald bin ich müde und kann einschlafen, bald wird mein Leben wieder in normalen Bahnen verlaufen.

Als ich feststellte, dass ich schon über die Hälfte des Buchs gelesen hatte, sprang ich erschrocken von der Matratze auf und rannte ins Schlafzimmer. Mein Sohn hatte schon über fünf Stunden nicht mehr geweint. Ich stand an seinem Bett, hob ihn hoch und schaukelte ihn sanft hin und her. Ich beruhigte mich erst, als er weinend aufwachte. »Bist du verrückt geworden«, schrie meine Frau, »endlich schläft er mal länger als eine Stunde, und dann musst du ihn wecken?«

6. Januar 2012

Hausaufgaben

Ich lächelte, als das Flugzeug in Los Angeles landete, der letzten Station auf einer zweiwöchigen Reise, morgen würde ich nach Hause zurückkehren. Ich blieb einen Moment stehen und dachte an die Flüge, die mich am nächsten Morgen erwarteten, erst nach New York und dann weiter nach Tel Aviv.

Der Fahrer, den ich erst für einen Araber hielt und der sich, als er anfing zu sprechen, als Russe entpuppte, wartete mit einem Schild, auf dem mein Name stand. Ich mag das, ich hob die Hand zum Zeichen, dass ich es war, und schaute mich um, ob es einem Mitreisenden wohl auffiel, dass ich nicht einfach ein betrunkener Passagier mit einem seltsamen Akzent war, der es tatsächlich geschafft hatte, auf diesem kurzen Flug von Seattle nach Los Angeles zweimal einen Jack Daniels und zweimal ein Bier zu bestellen, sondern eine wichtige Persönlichkeit. Doch niemand beachtete mich und den Fahrer, der mich erwartete. So ist das in den Vereinigten Staaten, dachte ich, ein fremdes Volk, das sich um seine Mitmenschen nicht schert.

Wir verließen das Terminal, und als wir uns einige Meter vom Ausgang entfernt hatten, zündete ich mir eine Zigarette an. In Amerika sind die gesetzlichen Regelungen für Raucher sehr streng und ändern sich von einem Staat zum anderen. Am Anfang fühlte ich mich jedes Mal wie ein Aussätziger, wenn ich vor ein Hotel trat, um zu rauchen, und zweimal ist es passiert, dass Gäste zu mir kamen und fragten, ob ich ihr Taxifahrer sei.

Die erste Zigarette nach einem langen Flug hat eine Wirkung, die an das Gefühl der allerersten Zigarette erinnert, ich versuchte Haltung zu bewahren und kämpfte gegen das Schwindelgefühl an. Noch eine Veranstaltung, noch eine Nacht, und dieser Albtraum hätte ein Ende.

»Gutes Wetter«, sagte ich zu dem Fahrer, der ruhig den Wagen mit meinem großen Koffer schob.

»Ja.« Er nickte und blieb vor dem Eingang zum Parkhaus stehen. »Rauchen Sie zu Ende«, sagte er mit einem Akzent, der an ein Mitglied der Mafia-Familie aus »Die Sopranos« erinnerte, »da drinnen darf man nicht rauchen.« Er machte eine Kopfbewegung zum Parkhaus hin, zog eine Zigarettendose aus der Tasche und entnahm ihr eine lange Zigarette mit einem goldenen Filter.

Das Wetter war wirklich gut, warm und angenehm, schade, dass ich nicht mehr als zwölf Stunden in dieser Stadt bleiben würde. In Seattle, der Stadt, aus der ich gekommen war, hatte es ununterbrochen geregnet. Und einen Tag vor Seattle, im kanadischen Ottawa, hatte es heftig geschneit, Schneeräumfahrzeuge waren über die Start- und Landebahnen gefahren, und mich hatte die Angst gepackt, als Streifenwagen mit aufgebauten Kränen sich daranmachten, das kleine Flugzeug, in dem ich saß, abzutauen.

»Ein Bentley?«, rief ich, als der Fahrer auf einen Knopf der Fernbedienung drückte und die Lichter des Wagens aufleuchteten, bevor er den Kofferraumdeckel aufklappte. »Ein Bentley?«, fragte ich noch einmal, und der Fahrer lächelte mir zu und nickte. Ich hielt ihm mein Handy hin und bat, er solle doch ein paar Fotos von mir machen, während ich mich an das Auto lehnte, und dann erlaubte er mir sogar, dass ich mich auf den Fahrersitz setzte.

Auf der ganzen Fahrt zum Gästehaus der Universität schaute ich aus dem Fenster des Bentleys und versuchte, die erstaunten Blicke anderer Autofahrer aufzufangen, die sich bestimmt verwundert fragten, wer wohl dieser junge Mann auf dem Rücksitz des Bentleys sei, mit einem eigenen Chauffeur. Aber niemand schaute zu mir herüber, weiße Fahrer, schwarze, chinesische und Latinos ignorierten mich systematisch. So ist das in den Vereinigten Staaten, kein Mensch interessiert sich für den anderen.

Laut Zeitplan hatte ich zwei Stunden im Hotel, bevor man mich zu meinem ersten Treffen an der Universität abholen würde. Ich machte den Computer an und stellte eine Videoverbindung nach Hause her. »Papa«, rief mein kleiner Sohn, »ich habe dich schon zwei Wochen lang nicht angefasst.« Er streckte eine Hand nach dem Bildschirm aus, und ich bemühte mich zu lächeln und mich daran zu erinnern, dass bald alles gut war und ich bereits morgen die Heimreise antreten würde. Meine Frau hielt das Baby auf dem Arm, deutete auf den Schirm und versuchte vergeblich, den Kleinen zu überreden, dass er »Papa« zu mir sagt.

»Wo bist du jetzt?«, fragte meine Frau. »Ich habe schon aufgehört, deine Flüge zu verfolgen.«

»Gerade bin ich in L.A.«, erzählte ich, »hier ist besseres Wetter.«

»Hast du mir eine Mundharmonika gekauft?«, fragte mein Sohn.

»Ja«, sagte ich, »in einer ganz wunderbaren Musikhandlung in Seattle.«

»Zeig sie mir«, verlangte er, und ich machte sofort den Koffer auf, benutzte die Gelegenheit, mich vom Computerbildschirm abzuwenden und mir eine Träne abzuwischen.

»Papa«, hörte ich jetzt die Stimme meiner großen Tochter.

»Geh in dein Zimmer und komme erst heraus, wenn du deine Aufgaben gemacht hast«, sagte meine Frau und machte mir klar, dass zu Hause alles so war wie immer.

»Aber Papa«, beharrte meine Tochter, »einen Moment, ich muss ihn etwas fragen.«

»Hör auf deine Mutter«, sagte ich, als ich mich wieder umwandte.

»Aber ich weiß was nicht«, sagte sie, ein Blatt mit ihren Hausaufgaben in der Hand. »Was heißt das, Volk?«

»Wie meinst du das?«

»Hausaufgaben«, sie schaute auf das Blatt in ihrer Hand. »Da steht: Zu welchem Volk gehörst du und warum?«

»Zum palästinensischen Volk«, antwortete ich meiner Tochter, sie notierte es auf dem Blatt und fuhr fort: »Und warum?«

Wie oft hatte ich diese Frage auf meiner Lesereise gehört? Wie viele Fragen zur Identität, zur Kultur und Zugehörigkeit, die hier ständig gestellt wurden. Ich traf israelische Studenten, die Heimweh nach Israel hatten, ich war bei palästinensischen Studenten eingeladen, die nach Hause wollten, ich traf Libanesen, Ägypter, Araber und Juden, die kaum Hebräisch oder Arabisch sprachen und deren Englisch schrecklich amerikanisch war, und trotzdem hatten sie Heimweh, auch wenn sie nicht beabsichtigten, Boston oder Kanada oder New York zu verlassen. Ein Professor, ein ehemaliger Israeli, sagte, wie wichtig es ihm sei, dass seine Kinder Hebräisch sprächen, und ich fragte mich: warum. Warum war es ihm wichtig, da sie doch in Amerika lebten? Er antwortete, es sei ihm aus gesellschaftlichen Gründen wichtig, und er fragte mich, ob es mir denn nicht wichtig sei, dass meine Kinder Arabisch könnten.

»Klar«, antwortete ich ohne zu zögern.

»Warum?«, fragte er, und ich sagte nach kurzem Nachdenken, es sei wegen des Kriegs, wegen der Auseinandersetzungen, wegen der Teilung und der unsicheren Zukunft. Danach fragte ich mich laut, ob uns Arabisch auch so heilig wäre, wenn wir in einem Land leben würden, in dem alle gleich wären, jedenfalls nach dem Gesetz, und fand keine überzeugende Antwort, trotzdem sagte ich: »Auch unter solchen Bedingungen wäre es mir wichtig, die Sprache zu bewahren, auch dass sie eine weitere Sprache sprechen und eine weitere Kultur kennen.«

»Also was, Papa«, sagte meine Tochter und schob ihren Bruder vom Bildschirm weg. »Palästinensisch habe ich aufgeschrieben, aber warum?«

»Wegen Israel«, hätte ich am liebsten geantwortet, doch dann sagte ich, sie solle zu diesem Thema im Computer oder in Büchern nachschlagen und selbst denken.

»Uff«, sagte sie und verschwand vom Bildschirm.

»Los, in dein Zimmer«, trieb meine Frau sie an. »Sag, war der Vorschlag der Universität ernst gemeint?«

»Ja«, sagte ich, und schon tat es mir leid, dass ich ihr vom Angebot der Universität erzählt hatte, für ein Jahr mit meiner Familie als Gastdozent zu kommen.

»Aber ich kenne dich«, sagte sie unzufrieden. »Du wirst nie im Leben zustimmen.«

»Ich bin mir nicht so sicher«, antwortete ich. »Allmählich fängt es tatsächlich an, mir hier zu gefallen. Es gefällt mir, dass sich keiner um den anderen kümmert.«

Mein Sohn sprang vor die Kamera. »Papa, zeig mir die Mundharmonika.«

4. Mai 2012

Niederländische Seifenblase

Am selben Abend landete ich in Amsterdam mit einem Jetlag, der noch aus Los Angeles stammte. Ich hatte mir nicht erlaubt, während des Flugs einzuschlafen, trotz der Alkoholmenge, die in meinem Blut floss. Ich hatte die Hände um die Sitzlehne gekrampft. In meinem Kopf hatte sich der Gedanke festgesetzt, dass ich bereit sein musste, wer sonst würde das Flugzeug retten, falls, Gott behüte, hier oben etwas schieflaufen würde.

»Herzlich willkommen«, begrüßte mich eine groß gewachsene blonde Frau, die mich am Ausgang des Flughafens mit einem Schild erwartete, auf dem mein Name stand.

»Danke«, sagte ich zu meiner Gastgeberin, drückte ihre Hand und folgte ihr zum Parkhaus.

»Wie war der Flug?«, fragte sie, und ich antwortete, er sei ganz gut gewesen, doch ich sei sehr froh, jetzt in Amsterdam zu sein. Und ich dankte ihr und dem niederländischen Volk dafür, dass sie mein Buch übersetzt hatten, »Obwohl der Umschlag für meinen Geschmack etwas sonderbar ist«, bemerkte ich höflich und fragte: »Warum, glauben Sie, hat man diesen Umschlag gewählt?«

»Das weiß ich nicht«, sagte sie und zog einen Autoschlüssel aus ihrer Kostümtasche. »Ich habe Ihr Buch noch nicht gesehen.«

Diese Antwort erstaunte mich, während die groß gewachsene blonde Frau den Kofferraum öffnete und fragte, ob ich Hilfe mit dem Koffer benötigte. Da erst kapierte ich, dass sie nur meine Fahrerin war.

Ich kam spätabends im Hotel an. Im Zeitplan, der am Empfang hinterlegt war, stand eine Verabredung mit meinem Verlag um neun Uhr morgens, hier in der Hotellobby, danach würde ich zu einem

Fernsehsender gebracht werden, zu einem Interview im Kulturprogramm. Als ich endlich im Bett lag, konnte ich nicht einschlafen, mein Körper benahm sich wie am frühen Nachmittag in Los Angeles. Ich schaute mir stundenlang niederländisches Fernsehen an, und meine Augen blieben offen wie die Augen einer Eule.

Um fünf Uhr morgens wachte ich auf und wusste, dass ich keine Chance hatte, wieder einzuschlafen. Um sechs unternahm ich bereits einen Spaziergang durch das kühle Amsterdam. Ich lief im Stadtzentrum herum, an Kanälen entlang, und bewunderte die schönen Häuser, wobei ich immer wieder zu Boden schaute, um nicht in die Abfallhaufen zu treten, die sich auf dem Bürgersteig sammelten. Endlose Reihen von Heineken-Bierdosen, Zigarettenkippen, Pappbechern, Papptellern und Essensresten begleiteten mich auf meinem ganzen Weg, bis ich anfing mich zu fragen, woher eigentlich das Gerücht stammte, Europa sei ein sauberer Kontinent.

»Ich entschuldige mich für den Zustand der Stadt«, sagte der PR-Mensch des Verlags, nachdem wir höflich ein paar Floskeln ausgetauscht hatten. »Gestern haben wir den Geburtstag unserer Königin gefeiert«, erklärte er und beschrieb, wie alle vom frühen Morgen bis spät in der Nacht betrunken durch die Straßen gezogen waren. »Schade, dass Sie mich nicht einen Tag früher eingeladen haben«, sagte ich voll echten Bedauerns darüber, etwas verpasst zu haben. »Ich wollte schon immer etwas Königliches feiern.«

Mir schien es, als hätte ich Paul Auster in der Lobby des Hotels sitzen sehen, doch ich wagte nicht, meinen Gastgebern gegenüber etwas zu erwähnen. Was, wenn ich mich irrte? Und wenn es nicht der Schriftsteller war, sondern irgendein groß gewachsener Europäer mit Sonnenbrille? Schließlich hatte ich gestern Abend die Taxifahrerin für eine seriöse Lektorin gehalten. Ich schwieg also und folgte dem PR-Menschen zum Taxi.

Beim Fernsehen empfingen mich blonde, groß gewachsene Holländer, der Moderator des Kulturprogramms drückte mir die

Hand, lobte das Buch und versprach ein ruhiges, angenehmes Gespräch. Eine freundliche Maskenbildnerin bemühte sich lange, die dunklen Schatten unter meinen Augen abzudecken. Als sie fertig war, lächelte sie und wünschte mir viel Erfolg.

Im Warteraum erzählte mir mein Gastgeber, dass es in den Niederlanden eine große marokkanische Minderheit gebe. Er nannte auch die Namen einiger wichtiger und ausgezeichneter marokkanischer Schriftsteller, die auf Niederländisch schrieben und deren Bücher sich gut verkauften. Sieh an, was für ein Land, dachte ich, und statt der Vereinigten Staaten zog ich sofort die Niederlande als Ziel einer Emigration vor. Die Marokkaner galten als gute Schriftsteller, bestimmt hatten sie auch alle Bürgerrechte, was für ein Vergnügen musste es sein, als Marokkaner mit niederländischer Staatsbürgerschaft zu leben. Ein Lächeln breitete sich auf meinem Gesicht aus, als der Mann mit der Sonnenbrille aus der Lobby des Hotels zusammen mit dem Moderator den Warteraum betrat. »Herr Auster«, sagte der Gastgeber, »ich möchte Ihnen Herrn Kashua vorstellen, er wird heute auch an der Sendung teilnehmen.«

»Ich schätze Ihre Arbeit sehr«, sagte ich zu Paul Auster und hoffte, die Schminke würde die Röte verdecken, die mir ins Gesicht stieg. Ich und Paul Auster im selben Programm, ich konnte es nicht glauben. In Israel hätten sie ihm mindestens David Grossman zur Seite gesellt. Die Niederlande sind der richtige Ort!, dachte ich, ich werde mich hervorragend eingewöhnen, ich werde ein geschätzter Autor sein, ohne Bezug auf meine Herkunft. Bitte, ich bin erst einen Tag hier, das Buch ist noch nicht erschienen, und Paul Auster und ich trinken bereits zusammen Kaffee, sind völlig gleichberechtigt und werden zu unseren neuen Büchern interviewt.

Paul Auster wurde zu seinem letzten Buch befragt, in dem es um Erinnerung geht, und gab kluge und anschauliche Antworten. »Schreiben bedeutet eigentlich erinnern«, begann der charmante Kulturredakteur, und Auster sagte: »Es bedeutet vor allem die Erinnerung an Dinge, die nie geschehen sind.«

Ich nickte, überrascht von seinen brillanten Antworten, und nahm mir vor, sein Buch über die Erinnerungen sofort nach seinem Erscheinen in Israel zu lesen. Ich atmete tief, gleich wäre ich an der Reihe, ich versuchte, Luft zu holen, mich auf mein Buch zu konzentrieren und auf die Fragen des Interviewers vorzubereiten, der die Bücher sehr genau gelesen zu haben schien.

»Herr Kashua«, fragte er mich auf Englisch, nach einer Einleitung auf Niederländisch, die ich nicht verstand. »Sagen Sie uns, wo Sie geboren sind.« Das überraschte mich, denn Paul Auster hatte er nicht nach dem Ort seiner Geburt gefragt. »In Tira«, sagte ich, und der Interviewer beharrte darauf, ich solle etwas von meiner Kindheit im Dorf erzählen. Wie schwer war es dort? Welche Art Kindheit hatte ich? Hatten Sie eine Bücherei im Dorf, als Sie klein waren? Wann haben Sie angefangen zu lesen? Und wann zu schreiben? Wie ist es, zu einer Minderheit zu gehören?

Ich wäre fast erstickt. Es war mir unangenehm, dass Auster die Fragen des Moderators hörte, die überhaupt nichts mit meinem Buch zu tun hatten, sondern vor allem zeigen sollten, dass da ein arabischer Junge war, der lesen und schreiben konnte und sogar ein gar nicht so schlechtes Buch verfasst hatte. Ein Interview, das mich an die Interviews in Israel von vor zwanzig Jahren erinnerte. Es ging nicht um Literatur, keine Frage glich den Fragen, die Paul Auster gestellt worden waren, keine, die anfing mit »Schreiben ist die Musik des Körpers«, es ging nur um anthropologische Fragen, die aus der kolonialistischen Tradition stammten.

Am Ende des Interviews drückte mir der Moderator voller Wärme die Hand und bedankte sich, die blonde Haartolle auf seinem Kopf zitterte und fast rann ihm eine Träne der Identifizierung mit den Rückständigen über die Wange.

»Das war ein gutes Interview«, sagte der PR-Mensch des Verlags im Taxi auf dem Weg zum Hotel.

Arbeiter der Straßenreinigung verteilten sich in großer Anzahl in den Straßen und machten sich an die Arbeit. Ich schaute ihnen zu und versuchte, einen, nur einen groß gewachsenen Blonden unter ihnen zu entdecken. Ohne Erfolg. Einige waren schwarz, andere sahen eher aus wie ich, aber alle, das könnte ich beschwören, hatten dunkle Ringe unter den Augen.

10. Mai 2012

Vierter Teil

GESCHICHTEN, DIE ICH NICHT ZU ERZÄHLEN WAGE 2012–2014

Geschichten, die ich nicht zu erzählen wage

Am Tag der Nakba muss ich ständig an meine Großmutter denken. Wenn sie doch noch am Leben wäre, wenn sie doch so wäre, wie ich sie in Erinnerung habe, so stark und schlagfertig. Sie wartete immer nach der Schule auf mich, saß auf ihrem Gebetsteppich aus Schafwolle. Ich nahm mir den schweren Ranzen von den Schultern und rannte zu ihr, legte den Kopf in ihren Schoß und weinte leise. »Warum weinst du wieder, mein Junge?«, fragte sie. Sie nahm wahr, dass ich zitterte.

»Sie quälen mich«, sagte ich dann, »sie quälen mich und lassen mir keine Luft zum Atmen.«

»Wer?«, fragte sie. »Sag mir wer, und ich werde es ihnen zeigen.«

»Alle«, antwortete ich, »und meine Freunde noch mehr als die anderen.«

»So ist das«, würde ich sie jetzt gern sagen hören, genau wie damals, als sie mir über den Kopf streichelte und sagte: »Nur weil du ein kluger Junge bist, der klügste Junge, und alle wollen so sein wie du, können es aber nicht.«

Wenn ich so klug bin, Großmutter, wie erklärst du dann die Tatsache, dass ich noch immer nicht mit meinem Leben klarkomme? Wenn ich so klug bin, wie erklärst du dir dann meine schrecklichen Ängste? Stimmt, es tut mir leid, ich schlafe nicht mehr mit einer kleinen Ausgabe des Koran unter dem Kopfkissen, wie du es mich gelehrt hast, als ich ein Kind war. Ich muss dir sagen, dass es nie geholfen hat, Großmutter, ich hatte nachts immer Angst, und jetzt ist es schlimmer denn je zuvor. Nur dass ich jetzt keinen Ort mehr habe, an den ich fliehen und an dem ich mich verstecken kann. Und jetzt, weißt du, bin ich bereits Vater, ich habe Kinder, die sich nachts fürchten und zu mir kommen, um sich zu verstecken. Drei Kinder, Großmutter. Und manchmal erzähle ich ihnen die Geschichten, die du mir damals vor dem Einschlafen erzählt hast.

Ich habe ihnen erzählt, was für riesige Wassermelonen ihr hattet, die ihr mit Kamelen zu den Booten am Meer gebracht habt. Ich habe ihnen von den Kühen erzählt, den Eseln und Pferden. Wie du an Feiertagen Männerkleidung angezogen und dir eine Abaja und eine Kafiya umgebunden hast und mit Großvater zusammen auf einem Pferd nach Jaffa geritten bist. Und von dem Café in Jaffa, und wie du immer erzählt hast, dass dort Städterinnen saßen und ganz schamlos Wasserpfeifen rauchten, genau wie Männer.

»Aber du auch«, habe ich immer gesagt und gelacht, und du hast geantwortet: »Stimmt, aber niemand hat gewusst, dass ich eine Frau bin, nicht wie diese Dirnen in Jaffa, du hättest sie sehen sollen – sie sind hinterher ins Theater gegangen und haben neben uns gesessen, diese Dirnen, Gott möge sie im Höllenfeuer braten.«

Aber die anderen Geschichten, Großmutter, die anrührenden, bei denen du geweint hast, wenn du sie mir erzähltest, habe ich noch nicht gewagt, ihnen zu erzählen. Manchmal denke ich, ich will nicht, dass sie diese Last tragen, vielleicht weil ich ihnen die Illusion vermitteln will, ein Zuhause sei etwas Dauerhaftes, Beständiges, ein Schutz, damit sie sich, anders als ich, nicht vor der Katastrophe fürchten müssen, die vor der Schwelle lauert.

Deshalb habe ich ihnen noch nicht erzählt, dass Großvater im Krieg 1948 getötet wurde, und nicht, wie du zu einer jungen Witwe gemacht wurdest. Ich habe ihnen nichts von den Ländereien erzählt, die du verloren hast, nichts von den Kugeln, die von allen Seiten flogen, und von den Granaten, die links und rechts einschlugen. Ich habe ihnen nicht erzählt, wie du dich auf den Getreidefeldern über deinen kleinen Jungen, meinen Vater, gebeugt hast, um ihn mit deinem Körper vor dem Feuer zu schützen, und wie du an dieser Stelle immer gesagt hast: »Als würde mein Körper ihn retten, denn wenn das Feuer mich packen würde, hätte es auch ihn vernichtet, doch dann wäre ich wenigstens vor meinem Sohn gestorben.«

Nein, das habe ich ihnen noch nicht erzählt, auch nicht die schlimmste deiner Geschichten, die von dem Moment, in dem die Granaten aufhörten und Stille sich ausbreitete, dem Moment, in dem du versuchtest, aufs Feld zu gehen, um Essen für deine Kinder zu holen, und verstandest, dass nichts mehr so war wie zuvor. Ich erinnere mich an diesen Blick, Großmutter, von jedem der tausend Male, als du diesen schrecklichen Tag beschrieben hast, es war immer der gleiche Blick, der sich im gleichen Rhythmus mit Tränen füllte, und ich erinnere mich, wie du das feine Taschentuch herauszogst und dann den Satz sagtest: »Ja, in einer Sekunde verstand ich, dass alles, was ich einmal hatte, verloren war.«

Wie schwer es mir fällt, mit diesem Gefühl zu leben, mit der ständigen Angst vor dem, was kommt, mit dem Gefühl, immer auf das Schlimmste gefasst sein zu müssen. Dass alles, was ich habe, verloren gehen kann. Dass ein Haus nie ein sicherer Ort ist und das Schicksal des Flüchtlings das Schwert an meinem Hals.

Inzwischen bin ich selbst zum Geschichtenerzähler geworden. In einer Sprache, die du nicht verstanden hättest, aber mach dir keine Sorgen, nicht viele, die sie sprechen, verstehen sie auch. Manchmal habe ich das Gefühl, einfach nur die Geschichten zu erzählen, die ich von dir gehört habe, genau auf die Art, wie du es immer getan hast, ich wiederhole sie ein ums andere Mal, auf alle möglichen Arten, in allen möglichen Variationen, ohne dass es etwas hilft. Die Menschen hier sind nicht bereit, deine Geschichten zu glauben, Großmutter, und auch nicht meine. Wenn du doch hier wärest, denn jetzt, an diesem Tag der Nakba, würde ich aufs Pferd steigen und den ganzen Weg nach Hause galoppieren, ich würde dich dafür um Verzeihung bitten, dass ich dich an deinen letzten Tagen im Stich gelassen habe, und ich würde meinen Kopf auf deinen Schoß legen und leise weinen.

»Warum weinst du, mein Junge?«

Wenn du nur wüsstest, was mit mir los ist, wenn du nur wüsstest, wie schwer es ist, Geschichten zu erzählen.

»Wer tut dir was an? Sag's mir, und ich werde es ihm zeigen.«

»Alle, Großmutter, und am schlimmsten sind die, die ich für meine Freunde gehalten habe.«

»So ist es eben«, hättest du bestimmt gesagt und mir den Kopf gestreichelt, bis das Zittern aufgehört hätte. »Hast du Hunger?«

18. Mai 2012

Stolz und Vorurteil

Ich weiß, ich habe es mir selbst eingebrockt, ich habe es meinen Kindern eingebrockt. Meinen süßen Kindern, meinen klugen Kindern. Die beiden Großen hatten am Donnerstag ausgezeichnete Zeugnisse bekommen, und ich beschloss, das Ereignis im Einkaufszentrum zu feiern. »Ihr könnt euch aussuchen, was ihr wollt«, versprach ich ihnen strahlend, »ein Geschenk.«

»Ich will kein Geschenk«, sagte meine große Tochter und senkte den Blick zu Boden.

»Das machst du immer so«, brüllte mein Sohn, der fürchtete, das versprochene Geschenk zu verlieren, und drauf und dran war, sich auf seine Schwester zu stürzen.

Ich hielt ihn zurück. »Beruhige dich.«

»Sie macht es immer so«, wiederholte er, und Tränen blitzten in seinen Augen.

»Mach dir keine Sorgen, wir fahren ins Einkaufszentrum und du bekommst ein Geschenk«, versprach ich. Und zu meiner Tochter sagte ich: »Du kannst etwas mit uns essen.« Ich lächelte, versuchte ihren Zorn zu übergehen, der von Tag zu Tag unverständlicher wurde.

»Ich will nichts essen«, sagte sie im Ton der beginnenden Pubertät, ein Ton, der einen wahnsinnig machen konnte.

»Was ist passiert?«, fragte ich und legte den Arm um sie. In der letzten Zeit hatte ich kapiert, dass in diesem Alter eine Umarmung hilfreicher ist als Zorn oder Strafe.

»Nichts«, sagte sie, befreite sich aus meinem Griff und widerlegte die Umarmungstheorie.

Wie es sich gehörte, setzte ich meine Tochter auf den Beifahrersitz und meinen Sohn, der die erste Klasse beendet hatte, schnallte ich auf dem Rücksitz hinter mir fest. Auf der ganzen Fahrt sagte das Mädchen kein Wort. Ihr Gesicht war verschlossen, sie hielt die Augen gesenkt. Es mag daran liegen, dass es sich um ihren letzten Tag in der alten Schule handelte, dachte ich, vielleicht ist sie traurig wegen des Abschieds und fühlt sich bedrückt wegen des bevorstehenden Wechsels ins Gymnasium. Doch als ich sie fragte, begnügte sie sich mit einem ungeduldigen Kopfschütteln.

Als wir zur Einfahrt des Einkaufszentrums kamen, stellte ich den israelischen Musiksender im Radio lauter und verzog mein Gesicht zu meinem breitesten Lächeln.

»Schalom«, sagte der Wachmann und schaute durch das Fenster. »Alles in Ordnung?«

»Alles in Ordnung«, antwortete ich und bemerkte, dass meine Tochter mir einen schnellen, wütenden Blick zuwarf.

»Bitte«, sagte der Wachmann, und als wir losfuhren, rief mein Sohn: »Eins zu null für uns.« Wieder war es uns gelungen, dass der Wachmann weder unser Handschuhfach noch den Kofferraum kontrollieren wollte. »Gewonnen«, sagte mein Sohn.

»Was ist passiert?«, fragte ich meine Tochter, deren Gesicht immer ernster wurde.

Mein Sohn wanderte lange zwischen den Regalen eines großen Spielwarengeschäfts herum. Er berührte da, prüfte dort, manchmal begeistert, dann wieder enttäuscht, er wusste nicht, was er wählen sollte, er war verwirrt.

»Vielleicht nimmst du auch etwas?« Wieder legte ich meiner Tochter den Arm um die Schultern.

»Ich bin kein kleines Kind mehr«, sagte sie und schob meinen Arm von sich.

»Kannst du mir bitte erzählen, was passiert ist?«, beharrte ich. »Du weißt doch, dass du nicht unbedingt ins Gymnasium gehen musst.«

»Ich weiß«, sagte sie, »aber ich möchte es.«

»Also was ist los mit dir?« Ich verlor langsam die Geduld am Regal des Power Rangers.

»Ein Junge in meiner AG …« Ohne Vorwarnung fing sie an zu weinen. »Ich habe nur gespielt und ihn aus Versehen berührt …«

Wieder legte ich den Arm um sie und diesmal ließ sie es geschehen. »Was ist passiert? Komm, erzähl's mir.«

»Da hat er gesagt«, sie versuchte, ihr Weinen zu stoppen, »igitt, die Araberin hat mich angefasst.«

Das Blut begann mir in den Adern zu kochen. »Und was hast du getan?«

»Nichts«, sagte sie, »ich habe getan, als hätte ich nichts gehört. Ich habe sogar gelächelt.« Sie brach zusammen.

»Das verstehe ich nicht«, rief ich gereizt. »Warum hast du mir das nicht sofort erzählt?«

»Und was hättest du dann getan?« Der Ton meiner Tochter änderte sich, wurde wieder rebellischer, sie löste sich von mir. »Sag, was hättest du getan? Du hast doch auch Angst und lächelst sie die ganze Zeit an.«

Mein Sohn verzehrte ein Kindermenü bei McDonald's, während vor ihm auf dem Tisch das neue Lego lag, das man zu einem Motorrad zusammensetzen konnte. Meine Tochter saß still da und schaute sich um. Ich hätte sie gern gefragt, was ihr jetzt durch den Kopf ging, ob sie, genau wie ich, jedes Mal an die Reinigungskräfte hier im Einkaufszentrum dachte? Ich hätte ihr gern gesagt, dass sie sich irrte, was mich betraf, ich sähe hier immer die Hilfskräfte, die einfachen Verkäufer, und das Herz werde mir schwer. Sie sollte wissen, dass ich tief innen noch ein Revolutionär war und dass ich jeden Tag darüber nachdachte, wie man die Welt verbessern und den Blick in den Augen der Armen ändern könnte, und dass der Bauarbeiter so viel verdienen müsse wie der Bauleiter.

Aber sie hat recht, meine Tochter, ich tue nichts. Und ich weiß nicht, wann sich die Hoffnung in Verzweiflung verwandelt hat, wann der Mut in Angst. Sie hat recht, meine Tochter, wenn sie sagt: »Was hättest du denn getan?«

Ich wollte sagen, ich kämpfe mit Worten, aber sie ist klug genug, um eine Lüge zu erkennen. Ich wollte sagen, ich war nicht immer so, als ich so alt war wie du, glaubte ich an Gerechtigkeit und ging auf die Straße, um gegen das Unrecht zu kämpfen, aber das würde jetzt wohl nichts nützen.

Ich wollte sagen, es stimmt, ich bin ein Angsthase, ich gehe Auseinandersetzungen aus dem Weg, ich streite mich nicht mit Wachleuten, ich ignoriere Rassisten. Aber etwas sollte sie wissen: Angst ist eine Sache und Stolz eine andere. Sie sollte wissen, dass ich mich nie einem anderen Menschen gegenüber minderwertig gefühlt habe, im Gegenteil, und dass ich nie zugelassen hatte, dass man auf mir herumtrampelt. Doch ich wusste nicht, wie ich ihr das klarmachen sollte.

»Hör mal«, platzte es aus mir heraus.

»Was?«, fragte sie, ohne mich anzuschauen.

»Ich bin nicht so, wie du denkst«, sagte ich unsicher, doch ihr Blick brachte mich zum Schweigen.

»Es tut mir leid«, sagte ich, als wir hinausgingen. »Wenn du größer bist ...« Und plötzlich verstand ich, dass es sinnlos war.

Beim Hinausfahren hielt ich das Auto kurz vor dem Wachmann an, den ich vorhin angelächelt hatte. Ich machte das Handschuhfach auf und suchte nach einer CD mit arabischer Musik. Dann suchte ich in den Türen und im Kofferraum. Und ich konnte meiner Tochter nicht in die Augen schauen, als ich keine CD auf Arabisch fand.

6. Juli 2012

Gestohlenes Wasser

»Papa«, rief mein Sohn aus dem Wasser. Ich saß am Beckenrand und passte auf ihn auf. »Papa, willst du sehen, wie ich im Wasser einen Purzelbaum schlage?«

»Natürlich«, sagte ich, und während er untertauchte, suchte mein Blick meine Tochter, die es vorzog, weit entfernt von meinen aufmerksamen Augen zu schwimmen und zu probieren, wie sie im tiefen Wasser zurechtkam.

»Prima«, rief ich meinem Sohn zu, als er von seinem Salto auftauchte. »Alle Achtung.«

Er lachte, zufrieden mit sich selbst, und rückte seine Taucherbrille zurecht. »Papa, jetzt mache ich drei Purzelbäume hintereinander, willst du's sehen?«

»Natürlich«, sagte ich. Er atmete tief und füllte seine Lungen mit Luft. Es war ein sehr heißer Schabbat. Morgens hatte ich noch versucht, die Hitze, die der Wetterdienst vorausgesagt hatte, als Ausrede herzunehmen, um mich vor dem versprochenen Schwimmbadbesuch zu drücken. »Du hast recht, was die Hitze betrifft«, hatte meine Frau gesagt, »aber es ist in Ordnung, sie werden im Schatten schwimmen und viel trinken. Wir haben es ihnen versprochen.« Sie ließ mir keine Wahl, dabei wusste sie genau, dass die Hitze nur eine Ausrede war. Ich habe ein ernsthaftes Problem damit, mit meinen Kindern ins Schwimmbad zu gehen.

Mag sein, dass das an den Artikeln liegt, die ich gelesen habe, oder an den Filmen, die ich gesehen habe, doch vor allem sind Geschichten aus meiner Kindheit schuld, dass ich jedes Mal mit Angst und Widerwillen kämpfen muss, wenn ich mit meinen Kindern zum Schwimmen gehe.

Wie sehr liebte ich Schwimmbäder, als ich klein war, sie waren so etwas wie ein Traum, ein Ort des Verlangens. Schwimmbäder kannte ich vor allem vom Fernsehen und vom Kino, damals war ich überzeugt, dass jemand wie ich nie ein Schwimmbad betreten dürfe. Ich hatte immer wieder mal gehört, wie mein Vater, wenn er vom Café nach Hause kam, zu meiner Mutter sagte, man habe eine weitere Familie daran gehindert, das Schwimmbad in den benachbarten Ortschaften zu besuchen.

Damals, als ich klein war, haben wir nie versucht, ein jüdisches Schwimmbad zu betreten, mein Vater sagte immer, man müsse sich ein Minimum an Stolz bewahren. Die Kinder in der Schule erzählten von Familien aus Tira, die eine Dauerkarte für das Schwimmbad in Kfar Saba oder Bet Berl hatten, und von Kindern aus Tira, nicht aus unserer Schule, aus einer anderen, die wirklich ins Schwimmbad gingen und wie alle anderen badeten. Ich war mir nicht sicher, ob diese Geschichten der Wahrheit entsprachen, aber die anderen Kinder in der Schule nannten die Namen von Kindern, deren Eltern reich und gebildet waren, oder von anderen Kindern, von denen mein Vater sagte, man erlaube ihnen, das Schwimmbad von Bet Berl zu betreten, weil ihre Eltern Hunde der Arbeiterpartei seien.

Ich glaube, ich weinte am Tag, als man das städtische Schwimmbad in Tira eröffnete, eines der ersten in einem arabischen Dorf. Damals war ich in der fünften oder sechsten Klasse, und mein Vater war sehr stolz und berichtete von unserem Dorfvorsteher, der nicht lockergelassen hatte, er hatte Demonstrationen vor den Schwimmbädern der Juden in unserer Gegend organisiert und dem Innenminister zugerufen: »Man lässt unsere Kinder nicht in das Schwimmbad von Kfar Saba? Dann sollen sie eben in Tira baden.«

Ich liebte das Schwimmbad, es war genau so, wie ich es mir vorgestellt hatte, wie ich es in Filmen gesehen hatte. Im Sommer hatten wir Dauerkarten und gingen jeden Tag hin. Eines Tages kam ein schönes Mädchen mit krausen Haaren ins Schwimmbad. Ich hatte sie nie zuvor gesehen. Ich beobachtete verwirrt, wie sie mit dem Bademeister diskutierte, und dann auch mit dem Direktor, der gerufen wurde. Ich konnte hören, wie sie zu beiden sagte: »Es gibt kein Gesetz dagegen.« Und als die Männer verlegen gegangen waren, sprang sie ins Wasser und schwamm ins Tiefe, ohne den Jungen einen Blick zuzuwerfen.

Sie war das einzige Mädchen, das manchmal ins Schwimmbad kam. Die Jungen sagten hässliche Dinge über sie, und ich hätte sie so gern zum Schweigen gebracht, sie angeschrien, sie hätten unrecht, sie würden überhaupt nichts wissen. Aber ich sagte nichts, ich hatte Angst, sie könnten merken, dass ich verliebt war.

Sie kam nicht an festen Tagen ins Schwimmbad, deshalb wartete ich jeden Tag auf sie. Ich kam als Erster ins Schwimmbad, manchmal wartete ich auf der Treppe, bis sie mit dem Saubermachen fertig waren und um zehn Uhr das Schwimmbad öffneten, und dann wartete ich, bis es geschlossen wurde, vielleicht würde sie ja doch noch zu einem kurzen Schwimmen auftauchen. Ich wusste, dass ich keine Chance hatte, nicht bei einer wie ihr, die richtig schwimmen konnte, nicht mit einer, die man bestimmt in die Schwimmbäder von Kfar Saba und Bet Berl gelassen hätte. Ihre Eltern waren vermutlich wichtige, reiche Menschen. Ich hoffte inständig, dass dieses Mädchen keine Hündin der Arbeiterpartei war.

Ein paar Wochen später wurde eine Mitteilung aufgehängt, die ankündigte, das Schwimmbad sei an einem Tag in der Woche für Frauen bestimmt, und das gemeinsame Baden von Knaben und Mädchen sei verboten. Die Jungen verfluchten die Frauen, die ihnen einen Tag Leben nahmen, und sagten, an allem sei nur dieses lästige, sture Mädchen schuld.

Ich sah sie danach nicht mehr, und ich habe nie erfahren, wie sie hieß.

Ich mochte das Schwimmbad nicht mehr so gern, nachdem sie

verschwunden war, ging aber trotzdem während der Ferien weiterhin jeden Morgen hin, denn abgesehen davon gab es bei uns nichts zu tun. Bis eines Tages drei Jungen auftauchten, die wir nicht kannten und die lachten und fröhlich zu sein schienen. Plötzlich sah ich, wie der Bademeister angerannt kam, er winkte den Jungen zu, während sie ihre Hemden auszogen. Ein paar andere verließen das Wasser, um ja nichts zu verpassen.

Ich sah, wie der Bademeister mit ihnen sprach. Ich erinnere mich noch an ihre Gesichter, und ich sehe es noch vor mir, wie einer von ihnen kurz den Kopf senkte und sich dann zum Wasser drehte, direkt zu mir. Ich konnte den Blick nicht abwenden, obwohl ich es unbedingt wollte.

Die anderen Jungen kehrten ins Wasser zurück und lachten. »*Wallah*, lustig, sie sind aus Qalqiliya und wollen hier baden.«

»Papa«, schrie mein Sohn, der mich unvorbereitet erwischte. »Hast du gesehen? Drei Saltos hintereinander.«

»Großartig«, sagte ich mit erstickter Stimme. »Du bist ein wunderbarer Junge.«

20. Juli 2012

Der Himmel wird weinen

Am Freitagmorgen überfiel mich wieder einmal das Bedürfnis, aus Jerusalem an einen sicheren Ort zu fliehen, alles, was ich mir aufgebaut hatte, zu verlassen und wieder zu dem guten Jungen zu werden, der ich vielleicht einmal gewesen war. Am Freitag wollte ich mich bei meinen Eltern verstecken, ich wollte mich im heimatlichen Hafen beschützt und sicher fühlen. Ich wollte mich in mein Jugendbett legen und den Kopf ins Kissen drücken. Vielleicht würde meine Mutter das Zimmer betreten, mein Zittern bemerken. Sie würde fragen, ob ich weine, und ich würde es verneinen, ohne den Kopf vom Kissen zu heben. Sie würde die Decke feststopfen, mir über den Kopf streicheln und mir versprechen, dass alles gut werden würde, ich brauchte keine Angst zu haben.

Am Freitag fuhren wir gegen Abend nach Tira. Die Straße war gesperrt, wegen einer Hochzeit in der Nachbarschaft, ich musste mir einen Umweg suchen, um zu meinen Eltern zu gelangen.

Plötzlich waren Schüsse zu hören. »Das ist wegen der Hochzeit«, sagte mein Vater, der sah, wie ich zusammenzuckte. »Alles in Ordnung.« Er drückte mir die Hand.

»Vielleicht essen wir lieber nicht draußen«, sagte meine Mutter, schaute zum Himmel und prüfte die Wolken.

»Du brauchst dir keine Sorgen zu machen«, entschied mein Vater, »es hat erst an Sukkot geregnet. Auf Gott kann man sich verlassen.«

Meine drei Brüder samt ihren Frauen und Kindern versammelten sich im Hof meiner Eltern um den Tisch. »Alles in Ordnung?«, fragte mein Vater.

»Ja«, log ich, »alles in Ordnung.«

»Du siehst ein bisschen blass aus«, sagte er besorgt.

Ich sagte das, was er gern hörte: »Ein bisschen viel Arbeit.«

»Er hat sich gestern betrunken«, sagte meine Frau, und ich verstand nicht, ob sie sich einmischte, um seine Unterstützung zu bekommen, oder ob sie mich nur beschämen wollte. »Er ist gegen Morgen heimgekommen und hat sich die Seele aus dem Leib gekotzt.«

»Warum?«, fragte mein Vater wütend, seine Hände umklammerten die Stuhllehne. »Ich habe es dir schon eine Million Mal gesagt. Warum? Wenn du schon nicht an dich denkst, denk wenigstens an die Kinder.«

Und ich dachte an die Kinder, die blitzschnell das Essen hinunterschlangen, um ja keine Minute zu vergeuden, in der sie mit ihren Cousins und Cousinen spielen konnten.

»Die Leber, die Nieren, die Lungen«, sagte meine Mutter, »bis wann willst du trinken und rauchen? Du bist kein Kind mehr.«

Ich bin kein Kind mehr, ich weiß. Es ist viel Zeit vergangen, seit ich die Grundschule verlassen habe, die meine Neffen jetzt besuchen, die auch mein Vater besucht hat.

»In der Schule zerbröckelt die Decke«, sagte mein Bruder besorgt. »Stücke vom Verputz fallen auf die Kinder.«

»Letztes Jahr ist eine Wand eingestürzt, nicht wahr?«, erkundigte sich mein Vater.

»Ja«, antwortete mein Bruder, »zum Glück war es nicht während der Unterrichtszeit, es ist wirklich lebensgefährlich.«

»Und die Rektorin?«

»Sie weint«, sagte mein Bruder.

Die Teller wurden abgeräumt und machten Teegläsern, Obst und Süßigkeiten Platz. »Kommt, es gibt Kuchen«, riefen die Mütter ihren Kindern zu, die mit »gleich, gleich« antworteten und weiter im Hof hintereinander herliefen, lachten und schwitzten. Schüsse ließen die Körper erstarren und die Sinne schärfer werden. Die Kinder unterbrachen ihr Spiel und warteten, genau wie ich, auf die beruhigenden Worte derjenigen, die in Tira lebten und Erfahrung hatten und vielleicht sagen würden »eine Hochzeit« oder »nur ein Feuerwerk«.

Mein Vater stand auf. »Geht ins Haus«, befahl er.

»Schnell«, schrie ich die Kinder an. »Rein mit euch.«

Mit einer bis zum Umfallen trainierten Eile rannten meine Eltern und meine Brüder ins Wohnzimmer. Mein Vater hielt sein Telefon in der Hand und mein Bruder seinen Laptop. »Gibt es Verletzte?«, fragte mein Vater ins Telefon. »Wer? *Ya allah*.«

»Drei Verletzte bei einer Schießerei in Tira«, las mein Bruder auf der örtlichen Nachrichtenseite.

»Erst gestern hat man eine Nachbarin erschossen«, sagte meine Mutter, »man betrat ihr Haus und schoss auf ihre Beine.«

»Familienangelegenheiten«, sagte mein Vater. »*Ya allah*, was für ein Dorf.«

Am Freitagabend hatte ein Jugendlicher in der Ortsmitte auf drei Menschen geschossen, unter ihnen ein elfjähriger Junge. Auf der örtlichen Nachrichtenseite las ich von einem Kleinkind in Kafr Kasim, das am Freitag von Schüssen tödlich getroffen worden war, ich las von Verwundeten bei Schießereien in Kafr Kasim, in Dschir az-Zarga und anderen Orten.

Jemand rief meinen Vater an, dann noch einer. Ein Junge, einundzwanzig Jahre alt, berichtete man aus dem Krankenhaus.

Mein Vater fasste die Anrufe zusammen. »Sie sagen, er wird nicht überleben. Seine armen Eltern, sein Vater ist ein einfacher, guter Mann, Gott möge ihnen helfen.«

»Gott möge uns allen helfen«, sagte meine Mutter.

Die Kinder verzogen sich in eines der Zimmer und spielten jetzt sehr viel leiser. Ein weiterer Anruf aus der Klinik, man müsse den Diwan neben dem Haus der Eltern herrichten. Ich erinnerte mich, dass mein Vater, als er einmal zugestimmt hatte, das Konstrukt als Diwan für eine benachbarte Familie zur Verfügung zu stellen, gesagt hatte: »Ein Diwan kann auch ein fröhlicher Ort sein. Man kann Familientreffen darin abhalten, man kann ihn für Hochzeiten verwenden, für Verlobungsfeiern. Wer sagt denn, dass ein Diwan immer nur eine Hütte für Trauernde sein muss?«

Danach sprachen wir traurig und bedrückt über Tira, wir wollten nicht glauben, dass es zu dieser Situation gekommen war. Wir wollten uns nicht von der kindlichen Illusion eines warmen, geschützten Ortes trennen. Wir verfluchten die Polizei, die Politik des Staates, die Gerichte, die Vernachlässigung und die Bürger, die unbarmherzige Ungeheuer aufzogen.

»Ich habe Whisky zu Hause«, sagte mein jüngerer Bruder und warf einen Blick in meine Richtung. Mein Vater nickte schweigend als Zeichen der Zustimmung.

»Vielleicht fahren wir trotzdem nach Jerusalem zurück?«, schlug meine Frau vor.

»Nein«, sagte ich, wohl wissend, dass ich noch nicht auf den Grund dafür verzichten wollte, aus dem ich am Wochenende nach Tira gefahren war.

Nach einem Schluck Whisky wurde mir schlecht. Ich konnte mich gerade noch zurückhalten, sonst hätte ich gekotzt. Nachdem die Kinder auf ihren Matratzen eingeschlafen waren, duschte ich, putzte mir die Zähne und stieg in mein Jugendbett. Ich drückte den Kopf ins Kissen und wartete. »Geht es dir gut?«, fragte meine Frau und legte die Hand auf meinen Kopf.

»Ja«, log ich, und mein Körper zog sich zusammen, ich versuchte aus aller Kraft zu weinen, so zu weinen, wie ich als Kind in Tira geweint hatte, im selben Bett, aber es gelang mir nicht.

5. Oktober 2012

Wurzeln

»Papa«, rief meine Tochter. Sie kam aus ihrem Zimmer, ein Arbeitsblatt in der Hand, und begann zu lesen: »Was bedeutet mein Name?«

»Was soll das heißen?«, antwortete ich ungeduldig, wie es meine Art ist, wenn mich jemand um Hilfe bei den Hausaufgaben oder irgendeiner anderen Sache bittet. »Du weißt doch, dass es der Name eines Musikinstruments ist.«

»Bin ich nach einer bestimmten Person benannt?«, fuhr sie mit dem zweiten Paragraphen fort, nachdem sie eine kurze Antwort hingekritzelt hatte. »Und lebt diese Person noch oder ist sie tot und welche Gefühle weckt das in mir?«

»Nein«, sagte ich, »du bist nicht nach einer bestimmten Person benannt. Es ist einfach ein schöner Name, den deine Mutter ausgesucht hat.«

»Warum habt ihr mir diesen Namen gegeben?«, fragte sie weiter, und ich sah, dass sie langsam die Geduld verlor.

Ich spürte, wie die Nostalgie in mir aufstieg. »Ohhhhh, der Name kommt in einem Lied von Khalil Gibran vor, und ich mag dieses Lied sehr gern.«

»Das war alles?«, sagte meine Tochter zornig und schrieb die Antwort nieder.

»Nein«, antwortete ich stolz, »es ist auch das Lied, das die legendäre Fairuz ganz hervorragend gesungen hat, du hättest hören sollen, wie sie deinen Namen im Lied immer betonte.«

»Kommt mein Name im Tanach vor?«, erkundigte sie sich gereizt.

Ich wurde auch zunehmend gereizter. »Warum sollte dein Name im Alten Testament vorkommen? Weder im Tanach noch im Koran und auch in keinem anderen frommen Buch. Ein Musikinstrument, Gibran, Fairuz, kein Altes Testament. Ich habe es dir doch gesagt. Das ist ein schöner Name, was für ein Problem hast du eigentlich?«

Sie fing an zu schreien. »Was ich für ein Problem habe? Mein Problem ist, dass du und Mama euch nach Lust und Laune entschieden habt, ihr wolltet ein Liebeslied hören und mir einfach diesen Namen geben, weil es euch Spaß gemacht hat, und jetzt habe ich überhaupt keine Wurzeln.« Sie rannte in ihr Zimmer und knallte die Tür hinter sich zu.

Ich riss die Tür zu ihrem Zimmer auf und schrie: »Was für Wurzeln? Bist du verrückt geworden?«

»Nein«, sagte sie und setzte sich aufs Bett, mit Tränen in den Augen. »Das ist dieses Jahr unser Projekt, Wurzeln … Und ich stelle gleich am Anfang fest, dass ich nichts habe. Mein Name ist einfach nur ein Name.«

»Wurzeln?« Ich nahm ihr das Arbeitsblatt aus der Hand und betrachtete es genau. »Was ist das, Hausaufgaben?«

»Ein Projekt«, antwortete sie. »Das Projekt Wurzeln, in diesem Jahr ist es das Wichtigste. Wir müssen am Schluss auch eine Zeitung fabrizieren.«

»Gut«, sagte ich in beruhigendem Ton, »es tut mir leid, das habe ich nicht gewusst, es tut mir leid, wenn ich deine Wurzeln verletzt habe. Warte hier.« Ich verließ mit dem Blatt das Zimmer.

»Hör zu«, sagte ich zu meiner Frau, betrat das Schlafzimmer und schloss die Tür hinter mir.

»Psst.« Sie warf mir einen mörderischen Blick zu und flüsterte: »Ich versuche schon seit einer Stunde, das Baby zum Schlafen zu bringen. Warum macht ihr so einen Lärm, ihr beiden?«

»Wurzeln«, sagte ich und versuchte, besänftigend zu klingen. »Sie haben in der Schule ein Projekt über Wurzeln.«

»Na und?«, sagte sie. »Wo ist das Problem?«

»Das Problem?« Ich regte mich leise auf. »Wenn es eine arabische Schule wäre, na gut … Wurzeln hier, Wurzeln dort … Auch eine gemischte Schule wäre nicht schlimm, aber es ist das Gymnasium neben der Uni, weißt du, was das bedeutet? Der Sohn von Netanyahu besucht diese Schule.«

»Ich verstehe es immer noch nicht«, sagte sie. »Was hat das mit dem Gymnasium zu tun? Wurzeln sind Wurzeln.«

»Das ist ein Krieg«, sagte ich zu meiner Frau. »Glaub mir, man macht ein Projekt Wurzeln nicht einfach so, das ist Teil eines Kriegs auf der narrativen Ebene, es geht um zwei Versionen der Überlieferung. Es ist ein Kampf um die Vorherrschaft, jemand muss das Feuer erwidern, sage ich dir, vergiss nicht, sie ist die einzige Araberin in ihrer Jahrgangsstufe.«

»Übertreibst du nicht ein bisschen?«

»Ob ich übertreibe?«, sagte ich, ich verstand die Gelassenheit nicht, die meine Frau ausstrahlte. »Du wirst schon sehen, was passiert, wenn wir uns nicht angemessen auf das Projekt Wurzeln vorbereiten, dann werden wir, ausgerechnet wir, so tief drinstecken, dass wir unsere Abstammung vergessen, wir werden wurzellos sein. Du wirst schon sehen, ich kenne sie, sie sind verrückt nach Wurzeln. Am Ende wird herauskommen, dass wir von irgendeinem Wüstenstamm abstammen und sie schon vor der Erschaffung der Welt hier waren.«

»Du hast recht«, sagte sie. »Ich kenne mit Mühe den Namen meines Urgroßvaters.«

»Was habe ich gesagt?«, antwortete ich und versuchte, mich ein paar Generationen weit zurückzuerinnern. »Mein Vater, mein Großvater hießen Achmed, sein Vater Mohammed … ja, das wär's, mehr weiß ich nicht.«

»Ich habe das Gefühl, es gab auch bei uns einen Achmed«, sagte meine Frau. »Aber unsere Geschichte ist doch ein guter Grund, um zu kämpfen.«

Es stimmte, sie hatte recht. Die Eltern meiner Frau sind beide in Kafr Masqa geboren und wurden 1948 zu Flüchtlingen, und mein Großvater war im Krieg umgekommen. Das ist zwar gut für eine Geschichte, aber nicht gut genug für einen Mythos.

»Wir müssen weiter zurückgehen«, sagte ich zu meiner Frau. »Wir müssen viel tiefere Wurzeln ausgraben. Dreitausend Jahre tiefere. Du kennst die Juden, sie gehen bis zu dem Grab zurück, das Abraham in Hebron oder wo auch immer gekauft hat.«

Plötzlich traf es mich wie ein Schlag. »Eins zu null für uns«, rief ich, und das Baby fing an zu weinen.

»Ich bring dich um«, hörte ich meine Frau noch sagen, als ich bereits aus dem Schlafzimmer stürmte.

»Schreib auf«, sagte ich zu meiner Tochter, die noch immer auf dem Bett saß und auf ihre Wurzeln wartete. Sie nahm ein Heft und einen Stift und machte sich daran, das aufzuschreiben, was ich ihr diktierte.

»Der Name, der mir von meinen Eltern gegeben wurde … Schreibst du?«

»Ja«, sagte sie ungeduldig. »Weiter.«

»… ist der Name eines Musikinstruments, das von den Kanaanitern besonders geschätzt wurde.«

»Wie schreibt man Kanaaniter? Mit einem oder mit zwei a?«

»Mit zwei«, schrie ich, »und hüte dich vor mir, es geht hier um deine Vorfahren, verdammte Scheiße.«

19. Oktober 2012

Gespräch mit einer Fremden

»Sind Sie es?«, fragte die junge Frau, die mir gegenüber in der Bar saß.

»Ja.« Ich nickte unbehaglich, an diesem Abend hatte ich es vorgezogen, in einem Lokal zu trinken, in dem ich noch nie gewesen war, damit mich keiner erkannte und kein Stammgast gekränkt reagieren würde, wenn ich mich weniger kommunikativ und nett benahm.

»Ich schätze Ihre Arbeit sehr«, sagte sie und erinnerte mich daran, wie sehr ich in diesem Moment meine Arbeit hasste und wie wenig Wertschätzung ich verdiente. Es ist nur eine Arbeit, hätte ich gern gesagt, aber ich zog es vor, diese Worte zurückzuhalten und sagte: »Eine harte und schreckliche Arbeit«.

»Was stört Sie an Ihrer Arbeit?« Ihre Frage erstaunte mich.

»Nichts stört mich an ihr«, log ich, »mir scheint, Sie projizieren ein bisschen viel.«

Sie senkte den Blick und kontrollierte ihr Smartphone, verzog das Gesicht und legte es wieder auf die Theke.

»Sie haben recht«, sagte sie und Tränen traten ihr in die Augen. »Die politische Situation ist beängstigend, nicht wahr?«

»Ja.« Ich nickte. »Am besten ist es, einfach zuzuschauen und sich nichts zu Herzen zu nehmen.«

Sie lächelte. »Und Sie schaffen es, einfach zuzuschauen?«

»Nicht wirklich«, antwortete ich. »Ich nehme mir alles zu Herzen.«

»Ach ja, das Herz.« Sie seufzte und nahm einen tiefen Schluck aus dem Bierglas, das vor ihr stand. »Sie sind ein Mann und Sie sind Schriftsteller. Bestimmt verstehen Sie was von Männern.«

»Nicht wirklich.« Diesmal sagte ich die Wahrheit. »Ich habe mich noch nie durch Menschenkenntnis ausgezeichnet.«

»Was?« Sie kicherte. »Ich lese doch, was Sie schreiben, Sie schaffen großartige Figuren.«

»Danke«, sagte ich und wollte bei der Wahrheit bleiben. »Ich verstehe wirklich nichts vom menschlichen Verhalten. Ich versuche vergeblich, es zu erklären. Ich glaube, auch meine Figuren bemühen sich, zu verstehen, und wenn man genau liest, stellt man fest, dass sie weder ihre eigenen Gefühle verstehen noch die ihrer Umgebung. Nichts, sie haben keine Ahnung, was sie wo und wann empfinden sollen.«

»Möchten Sie was Scharfes?«, fragte sie.

»Nur wenn ich bezahle.«

»Geht klar«, sagte sie und bestellte zwei Gläser Bushmills, nachdem ich gesagt hatte, es sei mir egal, was. »Sehen Sie, das ist das Problem von Euch Männern, Ihr wollt die Sache in der Hand haben.«

»Siehst du«, sagte ich, »und ich war bisher immer der Meinung, dass ihr Frauen es seid, die hinter der Macht her sind und sie auch bekommen.«

»Wir?«, fragte sie und hob ihr Glas. »Prost.«

»Prost.« Der Schluck brannte und stieg mir in den Kopf. »Ja, zumindest ist es mir immer so vorgekommen. Dass ihr wesentlich stärker seid als wir, ihr könnt eure Gefühle besser beherrschen und irgendwelche Pläne besser verfolgen.«

»Pläne?«, sagte sie verächtlich. Das Vibrieren ihres Handys ließ sie aufspringen und die Nachricht anschauen, doch die Hoffnung, die ihr anfangs anzusehen war, wich einem schmerzlichen Ausdruck.

»Hoffst du, etwas Neues zur politischen Lage zu erfahren?«, fragte ich.

»Nein, das ist es nicht, was mich bedrückt«, antwortete sie traurig. »Es geht um jemanden. O Gott, was für ein Dummkopf bin ich doch, verstehst du? Ich war sicher, dass alles gut würde, endlich, endlich, das heißt, es gab überhaupt kein Anzeichen. Ich verstehe nicht, warum. Ich weiß nicht, weshalb. Wenn es etwas gibt, was ich am liebsten laut schreien würde, dann ist das ›Aber warum?‹. Entschuldige, dass ich dich einfach mit meiner Geschichte überfalle.«

»Das ist in Ordnung«, sagte ich, »ich höre dir gern zu. Du musst dir nur klar darüber sein, dass ich in meiner nächsten Kolumne vielleicht etwas über dich schreibe.«

»So verzweifelt bist du?«

»Viel verzweifelter, als du dir vorstellen kannst.«

»Glaubst du überhaupt an die Liebe?«, fragte sie.

»Warum? Du etwa nicht?«

»Ich weiß es nicht mehr. Plötzlich kommt mir alles wie eine billige Täuschung vor.« Sie seufzte, und wieder traten ihr Tränen in die Augen. »Und ich dumme Kuh habe noch geglaubt, dass ich es bin, die die Beziehung löst, verstehst du? Deshalb habe ich ihm geschrieben: ›Das war's, ich bin nicht mehr bereit, das zu akzeptieren.‹ Ich war sicher, er würde sich entschuldigen, mich anflehen, ich hätte ihm sofort verziehen, das hat er genau gewusst, da bin ich mir sicher, und dann ist er einfach verschwunden, als hätte er nur darauf gewartet, als habe er auf diesen einen kleinen Satz gewartet, um alles zu beenden. Und ich habe geglaubt, mein wütender Satz würde ihn traurig machen, und jetzt stelle ich mir vor, dass er kichert wie die böse Hexe aus dem Norden. Und ich? Schau mich doch an, ich bin diejenige, die weint und wartet. Entschuldige.«

»Ist schon gut«, sagte ich und wünschte mir, sie würde damit aufhören, mir ihre Geschichte zu erzählen, denn ich musste selbst das Weinen unterdrücken.

»Er ist vor vier Tagen verschwunden, mitten im Gespräch, ›ich bin in fünf Minuten wieder da‹, hat er gesagt, und seither habe ich nichts von ihm gehört. Steht es mir etwa nicht zu, so böse zu sein, auch nicht, ihm zu schreiben, dass ich nichts mehr mit ihm zu tun haben will? Willst du wissen, wie sehr ich in diesen Tagen des Wartens gelitten habe? Ich bin bald gestorben, ich konnte mich nicht auf die Vorlesungen konzentrieren, konnte keine Arbeit erledigen. Nichts. Ich habe nur dagesessen und auf ein Signal gewartet, auf Facebook, eine SMS, eine beschissene Nachricht. Und am Schluss war ich überfroh, als er mir ein ›Hi‹ getextet hat, als wäre nichts passiert, und ich schimpfte mit ihm. Ich hatte doch ein Recht, böse zu sein, nicht wahr?«

Ich nickte. »Ja, und ob.«

»Und es gab kein Anzeichen, nichts. Wenn er sich von mir trennen will, warum sagt er es dann nicht? Verstehst du das?« Sie putzte sich die Nase. »Entschuldige«, sie lächelte, »und ich weiß nicht, ob ich wütend sein soll oder ängstlich oder hoffnungsvoll oder was. Ich habe keine Erklärung für sein Verhalten, und ich habe keine Erklärung für meine eigenen Gefühle. Wegen so einem Mistkerl, verstehst du?«

»Willst du noch einen Bushmills?«

»Ja«, sagte sie. »Danke. Aber dass du's weißt, ich hasse Whisky.« Sie lachte laut.

»Alles wird gut, du wirst schon sehen«, belog ich sie und mich selbst. »Prost.«

»Prost.«

7. Dezember 2012

Pipi machen

Ich hätte das Treffen in der Hochschule von Baqa al-Gharbiyye absagen sollen, dachte ich am Dienstagmorgen, als ich auf die Fernstraße Richtung Norden einbog. Es regnete so heftig, dass ich nur ein paar Meter weit sehen konnte. Ich ordnete mich rechts ein und fuhr sehr langsam, mit zusammengekniffenen Augen, um jede Bewegung des Autos vor mir wahrzunehmen. Zum Teufel, warum wissen die Autofahrer hier nicht, wie man Nebelscheinwerfer benutzt?, fluchte ich leise und versuchte, gleichmäßig zu atmen.

Ich hätte nicht wegfahren sollen, ich hätte bei den Kindern bleiben sollen. Wir hatten sie wegen des Regens, des Sturms und der eisigen Kälte nicht in die Schule geschickt. In der Wohnung war es nicht kalt, und sogar im Auto war es ziemlich warm. Mir war schon lange nicht mehr kalt, dachte ich, und das Herz tat weh, als ich mich erinnerte, wie ich früher gefroren hatte. Ich dachte an die kalten Winter in Tira, obwohl es dort wärmer war als in Jerusalem. Ich dachte daran, wie weh es abends tat, die Matratze zu berühren, an die Kälte der Zudecke im Kinderzimmer und daran, wie lange es dauerte, bis das Bett ein bisschen warm wurde.

Ich erinnerte mich an das morgendliche Warten an der Bushaltestelle am Studentenwohnheim von Givat Ram, an meinen dicken Dufflecoat, an die lange Unterhose, die ich unter der Jeans trug, und an die Wollstrümpfe, die mir meine Mutter immer kaufte. »Du musst deine Füße warm halten«, hörte ich sie jetzt noch sagen, »dann ist dein ganzer Körper warm.« Ich fror auch in der Wohnung im Viertel Nachlaot. Ich und meine Mitbewohner wickelten uns abends in dicke Decken und versuchten, uns neben dem ziemlich armseligen Elektroofen zu wärmen. Ich fror, als ich heiratete und in die Einzimmerwohnung in Beit Safafa zog, und mir war kalt, als meine Frau entbunden hat.

Uns, den Eltern einer ein paar Monate alten Tochter, wurde in unserem ersten Winter klar, dass wir keine Wahl hatten, wir mussten eine Wohnung mit Heizung suchen. »Ohne Heizung wird sie den Winter nicht überleben«, sagte meine Frau, und ich stimmte zu.

Im Radio sprachen sie von Sturmschäden, von gesperrten Straßen und schrecklichen Staus. Vor mir fuhr ein großer Lastwagen, und das Wasser, das er auf meine Frontscheibe spritzte, ließ mir keine Wahl, ich musste auf die rechte Fahrbahn verzichten und den Lastwagen vorsichtig überholen, weil ich kaum etwas sehen konnte.

Jetzt ging es im Radio um Überflutungen im Süden von Tel Aviv, in Naharia, Jaffa, Bat Jam und Hedera. Um überschwemmte Viertel und um Bewohner, die nicht in ihren Häusern bleiben konnten. Ich schaltete um und landete bei einem Sender, der sich nach den Nachrichten vor allem um die Staus in Tel Aviv sorgte, die, dem Sprecher zufolge, die Ursache allen Übels waren.

Kälte ist bestimmt eine Frage der Armut, dachte ich. Je mehr Geld jemand hat, umso wärmer ist es ihm im Winter. Überschwemmungen treffen in der Regel ebenfalls die Armen. Woran liegt das, fragte ich mich, schließlich weiß ich doch, dass die Wohlhabenden sich keine Wohnungen auf irgendwelchen Berggipfeln suchen, und trotzdem treffen die Heimsuchungen, auch die Heimsuchungen der Natur, vor allem die Schwachen.

Wie beängstigend war es doch, zu den Schwachen zu gehören. Und wie viel beängstigender die Erkenntnis, dass ich nur allzu schnell wieder in der Kälte landen könnte. Obwohl ich damals nicht litt, vielleicht sogar im Gegenteil, manchmal kommt es mir vor, als sei das Leben damals angenehmer gewesen. Aber diese Erkenntnis darf ich mir nicht erlauben, die Erkenntnis, dass die Menschen, die sich auf nichts verlassen können als auf ihre Arbeit, die Menschen, die ohne Besitz geboren wurden, die Menschen, die sich nicht auf die Hilfe ihrer Eltern und Freunde verlassen können, über Nacht alles verlieren können. Heute war mir warm, das stimmte, und ich hoffte, dass es auch meiner Familie warm war, doch tief innen spürte ich, dass es sich um etwas Eingebildetes handelte, eine Illusion, die sich durch eine einzige unverantwortliche Entscheidung in Luft auflösen konnte. Entscheidungen wie die, wegen eines Sturms auf eine Veranstaltung zu verzichten oder mit der Kolumne Schluss zu machen.

»Tira ist überschwemmt«, sagte mein Vater, der mich auf dem Handy anrief. Ich musste das Gespräch annehmen, weil ja ein Unglück passiert sein könnte, obwohl ich mir vorgenommen hatte, keinen Anruf anzunehmen, sondern mich darauf zu konzentrieren, dass ich heil an der Hochschule Baqa ankam. »Autos schwimmen«, sagte er, »die Straße von Tira nach Tayyibe ist vollkommen kaputt, dort wird es einen Fluss geben.« Nicht nur Tira, auch Tayyibe, Qalansuwa und viele andere arabische Dörfer sahen auf den Bildern wie ein einziger großer Schlammhaufen aus. Ich hoffte, dass die Situation in Baqa nicht so schlimm war, ich betete insgeheim und hoffte, der Regen würde aufhören.

Ich hätte das Haus nicht verlassen sollen, ich hätte auf meine Frau hören und zu Hause bei meiner Familie bleiben sollen. Im Radio fingen sie an, über die Wahlen zu sprechen, und plötzlich wurde mir zum ersten Mal klar, dass die Wahlen bevorstanden. Das heißt, ich hatte es natürlich gewusst, aber nicht realisiert, wie nahe sie herangerückt waren, und irgendwie bekümmerten sie mich diesmal auch nicht. Früher hatte ich mit meinen Freunden, Arabern wie Juden, über die Wahlen diskutiert, sie beschäftigten uns, sie machten uns wütend, weckten Hoffnung oder Frustration, während ich mir jetzt auf einmal klar darüber wurde, welche tiefe Gleichgültigkeit ich den Wahlen gegenüber empfand. Sogar bei unseren Besuchen in Tira hatte niemand über die bevorstehenden Wahlen gesprochen, und dabei erinnerte ich mich, dass sie früher zu einem richtigen Aufruhr geführt hatten. »Hier kümmert man sich einstweilen nur um die Überschwemmung«, sagte mein Vater. »Und wenn der Regen nachlässt, kümmern sich alle darum, wer wen erschossen hat. Wer hat überhaupt Zeit, sich mit Politik zu beschäftigen?«

Im Radio sagten sie, dass der Regen noch zunehmen und der Ministerpräsident Ministerpräsident bleiben würde. Und ich dachte, ich hätte zu Hause bleiben sollen, und ich musste lachen, als mir mein kleiner Sohn einfiel, das Baby, das nur Hebräisch sprach, wegen seiner Tagesstätte. Sein erstes Wort war iPad, und er hat Angst vor arabischem Akzent. Ich lachte, als ich daran dachte, wie er, bevor ich das Haus verließ, zum ersten Mal verkündete, er habe Pipi.

»Was?«, fragte ich, ich traute meinen Ohren nicht.

»Pipi«, sagte er noch einmal und deutete auf seine Windel. Und ich fuhr langsam und achtete auf die Verkehrsschilder und hoffte aus tiefstem Herzen, dass ich nicht verloren gehen würde.

11. Januar 2013

Ein alter Mann

Erst in der letzten Zeit habe ich es bemerkt. Der Mann, der mir morgens aus dem Badezimmerspiegel entgegenschaut, sieht ein bisschen anders aus. Wie es meine Art ist, beschuldigte ich zuerst den Spiegel, aber das Phänomen wiederholte sich bei allen Spiegeln, in denen ich mein Konterfei überprüfte. Ich hatte zwar schon immer von meinen vereinzelten grauen Haaren gewusst, doch erst jetzt nahm ich sie wirklich wahr. Mein Spiegelbild hatte sich verändert, und auf einmal schaute mir ein älterer Mann entgegen, ein sehr viel älterer als früher, ohne dass ich verstand, wie das geschehen war.

Ein besorgniserregendes Zeichen nach dem anderen zeigte sich. Zum Beispiel fiel mir diese Woche auf, als ich ins Bett ging und gierig nach meinem Buch griff, dass ich seit einigen Tagen einen Roman von Jane Austen las. Und es handelte sich nicht nur um einfaches Lesen, sondern eines, auf das ich immer sehnsüchtig wartete. Ich versank förmlich in die Geschichte der zarten Jungfrau Anne Elliot. Ich wartete auf einen Admiral, der auf dem Familiensitz in Somersetshire auftauchen sollte, und hoffte, dass er sich in die gutherzige und freundliche Anne verlieben und sie heiraten würde, sie, die so sehr unter dem kränkenden Verhalten ihrer Familie gelitten hatte, besonders ihres Vaters und ihrer älteren Schwester, die hochmütig und überheblich war.

Die Lage war so ernst, dass ich, obwohl ich die Problematik meines eigenen Verhaltens erkannte, unfähig war, das Buch auch nur einen Moment aus der Hand zu legen, ich schlug die nächste Seite auf, während ich alle Mitglieder der königlichen Flotte wegen ihrer Hartherzigkeit verfluchte.

Es war auch die Woche, in der ich plötzlich erkannte, dass ich nicht mehr witzig war. In einem unerwarteten Moment geistiger Klarheit wurde mir bewusst, dass das, was ich viele Jahre lang für meinen Sinn für Humor gehalten hatte, der mir einen gewissen Charme verlieh, sich in eine zum Pathos neigende Bemühtheit verwandelt hatte. Ich sah mich selbst, wie ich in einem Fernsehsender anlässlich einer Preisverleihung einen Witz erzählte, und wurde beim Anblick dieses älteren Mannes, der hartnäckig darauf beharrte, den Clown zu spielen, von Mitleid erfüllt. Meine Kinder, das erkannte ich erst jetzt, hatten recht mit ihrer Behauptung, ich würde sie beschämen.

Erst kürzlich hatte mich mein kleiner Sohn, als ich ihn von der Schule abholte und seiner Lehrerin einen Witz erzählte, wütend angeschaut, mit den Zähnen geknirscht und mir, als die Lehrerin es nicht sah, einen Fußtritt gegen das Bein verpasst, so stark, dass ein blauer Fleck zurückgeblieben war. Und meine Tochter hatte, als sie verstand, dass ich derjenige war, der zum Elternabend ihrer Klasse gehen würde, geschrien: »Nur unter der Bedingung, dass du den Mund hältst. Versuche einfach nicht, die anderen zum Lachen zu bringen, Papa, du beschämst mich und dich selbst.«

Wann ist das alles geschehen?, dachte ich, als ich gestern von Jerusalem in die Bücherei in Kirjat Motzkin fuhr, und warum wird mir jetzt erst klar, dass ich das Gymnasium schon vor vielen Jahren beendet habe? Beängstigende Gedanken begleiteten mich auf der Fahrt zu der Lesung. Dieser scharfsinnige, witzige und mitfühlende Mann auf der Bühne hatte sich in Luft aufgelöst, und seinen Platz hatte ein leichtfertiger Mann eingenommen, der sich unaufhörlich selbst zitierte bei dem Versuch, dem Publikum, das vor allem mitleidig reagierte, ab und zu einen Lacher oder sogar eine Träne zu entlocken. Guter Gott, dachte ich, ich hätte diese Lesung absagen sollen, das wird schlecht enden.

»Wovon redest du?«, fragte meine Frau, als ich sie anrief. »Du siehst noch völlig gleich aus und hörst dich auch genau gleich an.«

Ich wollte ihr klarmachen, wie ernst es mir war. »Aber ich sag dir doch, ich fühle mich anders, und ich weiß, dass etwas Wichtiges weggefallen ist, und ich habe keine Ahnung, warum.«

»Hör doch auf mit diesem Blödsinn«, beharrte sie. »Mach deine normale Lesung, genau wie vor einer Woche, und alles wird gut sein.«

»Nichts wird gut sein«, sagte ich, ich wollte ihr den Ernst der Situation klarmachen. »Diese Woche ist nicht mehr wie die letzte Woche, ich fühle mich anders, ich fühle mich alt.«

»Gut«, sagte sie, wie es ihre Art war, wenn sie ein Gespräch beenden wollte, »lass mich in Ruhe, ich muss die Kinder duschen.«

Ich zitterte am ganzen Körper, als ich in der Bücherei die Bühne betrat und lange schweigend das Publikum betrachtete, das offenbar das Gefühl bekam, einem Betrüger auf den Leim gegangen zu sein. Getuschel war zu hören, unzufriedene Blicke trafen mich. Ich hatte keine Wahl, ich musste automatisch meine Lesung abspulen und hoffen, dass dieser Abend schnell vorbeiging. »Guten Abend«, fing ich an, »ich freue mich sehr, heute Abend hier zu sein, und ich werde mit dem Anfang anfangen.«

Es dauerte nur fünf Minuten, bis ich verstand, dass alles in Ordnung war, die Lesung funktionierte, das Publikum hatte seinen Spaß. Als ich wollte, dass sie weinen, flossen die Tränen, und als ich wollte, dass sie lachen, kugelten sie sich vor Vergnügen. Alles klappte, meine Frau hatte recht, nichts hatte sich geändert, trotzdem wusste ich, dass alles anders war.

Alles lief ab, wie es sollte, und wie üblich gab es gegen Ende der Veranstaltung Fragen aus dem Publikum. Ich hatte kluge und witzige Antworten auf die Fragen parat, die sich nie ändern: »Warum schreiben Sie auf Hebräisch?« Sofort danach kommt dann die Frage: »In welcher Sprache träumen Sie?«, gefolgt von: »Wie werden Ihre Texte im arabischen Sektor aufgenommen?« Ich fange jede Antwort auf derartige Fragen an mit »wie immer, mit einem Schuss Freude«, dann lasse ich das Publikum einen Augenblick lachen, bevor ich eine begründete und gescheite Antwort gebe, bevor ich über die Auffassung von Satire bei einem Publikum, das sich bedroht und verfolgt fühlt, spreche.

Und auch die Frage, die mir eine Frau stellte, nachdem sie höflich die Hand gehoben hatte, war mir bekannt: »Woher stammt Ihr Optimismus?«

Wie üblich begann ich die Antwort mit einem Witz: »Oh, mein Optimismus stammt vom Whisky«, und wie immer lachte das Publikum, und dann folgte meine gewohnte richtige Antwort, es gebe zwar nicht viele Gründe für Optimismus und wir befänden uns tatsächlich in einer finsteren Periode, dass ich aber trotzdem tief innen wisse, dass sich die Lage ändern müsse, ich würde an das Gute im Menschen glauben … Ich fing an zu stottern, denn mir wurde klar, dass gerade etwas mit mir geschah, ich spürte, dass ich nicht nur anfing, das Publikum zu belügen, sondern vor allem mich selbst. Ich hörte mitten in der Antwort auf, die ich noch vor einer Woche aus vollem Herzen auf die Frage nach meinem Optimismus gegeben hatte, und verstand genau, warum das Alter mir die Kraft raubte.

»Ich weiß es nicht«, antwortete ich auf der Bühne, am ganzen Leib zitternd, und die Bibliothekarin rettete mich, indem sie verkündete, wir wären weit über der Zeit. Das Publikum klatschte, und ich stand dort und verstand zum ersten Mal, dass ich die Hoffnung verloren hatte.

18. Januar 2013

Schnee auf ihrer Stadt

In London war es kalt, und in den Nachrichten wurde bekannt gegeben, dass die Königin leicht erkrankt sei und man nicht sicher wisse, ob sie ihren Besuch in Italien würde wie geplant abhalten können. »Die Menschen haben sich bestimmt vorbereitet«, sagte der Sprecher des Königshauses, »sie haben Blumen und Kleider für den Besuch der Königin gekauft.« In Washington war es noch etwas kälter, und im Fernsehen sprach man von einem ernstzunehmenden Schneesturm, der sich der Stadt nähere, vielleicht der schlimmste dieses Jahres. Und man sprach von einem neuen Kindermenü bei McDonald's, das für einen Sonderpreis angeboten werde.

Ich war am Morgen in Chicago gelandet, und der Fahrer des Autos, das mich vom Flughafen abholte, hatte gesagt, dies sei bestimmt das letzte Flugzeug, das in O'Hare gelandet sei. Chicago war ganz weiß, und im Fernsehen wurde angekündigt, der Schneefall würde heute noch zunehmen, es handle sich um den heftigsten Schneesturm des Jahres. Zehn Inches Schnee, versprach der Meteorologe, und ich versuchte auszurechnen, wie viel Zentimeter das waren, aber es gelang mir nicht.

Ich war erst am Anfang meiner Reise und sehnte mich schon nach zu Hause, oder besser gesagt, nach meiner Frau und meinen Kindern. Ich strich jeden einzelnen Termin durch, den ich erledigt hatte, jede Stadt, die ich hinter mir hatte, jeden Flug und jeden Tag, der vergangen war. Zu meinem Glück hatte ich zu viel zu tun, um in Depressionen zu versinken, ich traf überall interessante Menschen. Die meisten waren Akademiker, darunter viele Israelis und nicht wenige Araber. Irgendwie beschlich mich ein Gefühl, dass mir zu Ehren nur Einwanderer kamen.

Nach jeder Lesung gab es ein Abendessen oder einen Empfang. Die Leute erkundigten sich, wie es jetzt in Israel sei, und ich antwortete »Alhamdullilah«. Sie erzählten mir immer von der Zeit, die, seit sie ihr Heimatland verlassen hatten, vergangen war, von ihrer Sehnsucht und den Schwierigkeiten, die es neben dem Erfolg und dem leichteren Leben gab. »Ich kann nicht mehr an diesen verrückten Ort zurückkehren«, das war der Satz, den ich unentwegt zu hören bekam, und sofort danach Überlegungen zu den Kindern, zur Sprache und schließlich der Gedanke, dass sie eines Tages vielleicht doch dorthin zurückkehren würden.

Ich traf Israelis, die sagten, erst nachdem sie das Land verlassen hatten, hätten sie verstanden, wie unlogisch das Leben dort sei, wie sie sich unter Druck gefühlt hätten und wie sich ihre Sorgen sofort in andere Sorgen verwandelt hätten. Zu Sorgen, die sich um die Arbeit drehten, den Alltag, das Wetter und vor allem um die Familie.

Mir ist bewusst, dass ich weggehen möchte, nicht auswandern, nur das Land für ein oder höchstens zwei Jahre verlassen. Ich möchte mir eine Pause von den Kriegen nehmen, um ernsthaft an meinem neuen Buch zu arbeiten. Obwohl ich kaum mehr als vierundzwanzig Stunden an jedem Ort bleibe, fange ich jedes Mal sofort nach der Landung an, mir vorzustellen, wie es wäre, hier zu leben, ich berechne die Miete für ein Jahr und frage nach dem Erziehungssystem, erkundige mich nach den Wetterverhältnissen, nach den öffentlichen Verkehrsmitteln und nach der Kriminalstatistik.

Ich muss eine Weile weg, mich beruhigen, ich muss Schutz finden, für mich und vor allem für meine Familie, für die Kinder. Mich hat man immer in dem Bewusstsein aufgezogen, dass es keinen Platz gibt, an den ich gehen könnte. Meine Eltern waren schon seit jeher gegen Auswanderung, auch gegen ein Studium im Ausland. »Für dich gibt es keinen anderen Ort außer Tira«, hatte mein Vater immer gesagt, und das sagt er auch noch heute. »Es gibt keinen Ort, an den du gehen könntest.«

Ich möchte meine Kinder anders erziehen. Ich weiß, es würde mir das Herz zerreißen, würden sie eines Tages beschließen, im Ausland zu studieren oder in ein fernes Land auszuwandern, aber ich empfinde es als meine Pflicht, ihnen die Ausreise zu ermöglichen. Ich empfinde es als meine Pflicht, ihnen diese Möglichkeit als Lebensplan zu zeigen. Ich leide unter Schuldgefühlen, wenn ich an meine Kinder denke, die ich zum gleichen Leben gezwungen habe, wie es mir auferlegt war.

Manchmal habe ich Schuldgefühle, wenn ich an das Erziehungssystem denke, dem ich sie ausgesetzt hatte, oder an das rein israelische Gymnasium. »Für eine bessere Bildung«, so habe ich immer versucht, mich selbst zu überzeugen. Manchmal habe ich Angst wegen der Tatsache, dass ich sie zu einem Leben in einem jüdischen Viertel gezwungen habe. »Das ist nicht dein natürlicher Ort, auch nicht der deiner Kinder«, das ist ein anderer häufig vorgebrachter Satz meines Vaters. Manchmal fürchte ich ihre Reaktion auf die Realität, ich fürchte die Verwirrung, der sie ausgesetzt sind, das Maß an Illusion, die Teil ihres Lebens sein wird.

Ich muss meinen Kindern das Gefühl vermitteln, dass Israel nicht das Ende der Welt ist, und sie müssen wissen, dass es andere Optionen gibt, wenn sie hier, Gott behüte, keinen Erfolg haben, wenn sie sich hier zur Seite geschoben oder misstrauisch beobachtet fühlen oder ihnen die Realität hart ins Gesicht schlägt. An einem anderen Ort werden sie zwar auch anders sein, aber auf eine andere Art anders. Sie werden Einwanderer sein und vielleicht einen seltsamen Akzent haben, sie werden sich ein bisschen fremd fühlen, aber sie werden Fremde in einem fremden Land sein, nicht in ihrem Heimatland. Ich habe solche Angst vor dem Tag, an dem sie die Bedrängnis und Ausweglosigkeit ihrer Lebensumstände erkennen, dann werden sie mir Vorwürfe machen, dass ich wegen meiner Launen ihr Leben zerstört habe. Ich habe wegen meiner Kinder Angst davor, ich könnte eines Tages verstehen, dass mein Vater recht hat, dass es für mich wirklich keinen anderen Ort gibt als Tira und es tatsächlich einen natürlichen Ort gibt, an dem man Menschen aufzieht.

»Hallo«, sagte ich zu meiner Frau, nachdem ich den Zeitunterschied ausgerechnet und mit dem Computer die Verbindung hergestellt hatte. »Was willst du?«, antwortete sie, wie nur eine Frau antworten kann, die man mit drei Kindern in einer fernen Stadt zurückgelassen hat. »Ich bin gerade dabei, das Abendessen vorzubereiten.«

»Nichts«, antwortete ich, »ich muss gleich los und wollte noch mit den Kindern sprechen.«

»Gut«, sagte sie und beruhigte sich ein bisschen. »Wie geht es dir?«

»Ich bin müde«, sagte ich wahrheitsgemäß, »gleich fahre ich weiter nach Minneapolis.«

»Hast du einen Ort gefunden?«

»Ich arbeite daran«, sagte ich.

Sie kicherte und konnte gerade noch sagen: »Ich kenne dich, du wirst nie im Leben das Land verlassen«, da tauchten schon meine beiden Söhne vor der Kamera auf und jubelten: »Papa, Papa!«

»Hi.« Ich lächelte sie an und winkte vor dem Bildschirm, versuchte, die Tränen der Sehnsucht zurückzuhalten, die von ganz allein hervorzubrechen drohten. »Wollt ihr Schnee sehen?«, fragte ich, hob den Laptop ans Fenster und drehte ihn zu der weißen Stadt Chicago. Sie waren beeindruckt, sie hatten nicht geglaubt, dass es außerhalb Jerusalems überhaupt schneien könnte.

8. März 2013

Das Gericht

Der Koffer steht schon bereit, gleich wird man mich abholen und zum Flughafen bringen, und ich werde die Heimreise antreten. Ich stehe am Fenster und betrachte das weiß verschneite Montreal. »Das ist einer der schlimmsten Schneestürme des Jahres«, sagte der kanadische Meteorologe, der mit seinem Kollegen, dem Nachrichtensprecher, darüber witzelte, dass dieser Schneesturm ausgerechnet Ende März kommen würde, zu einem Zeitpunkt, an dem die Stadt sich schon darauf vorbereitete, den Frühling zu empfangen. Ich betrachte den Schnee, der ununterbrochen vom Himmel fällt, schon seit dem frühen Morgen, und wundere mich, dass mein Flug nicht abgesagt wurde. Einundzwanzig Tage sind vergangen, seit ich von zu Hause weggefahren bin, ich habe mehr als zwanzig Veranstaltungen absolviert, und ich freue mich mehr als je zuvor darauf, endlich nach Hause zu fahren.

Drei Wochen sind vergangen, ich bin sehr müde und erschöpft und sehne mich nach meiner Familie. Ich habe auf dieser Reise viel geweint, nicht immer hatte ich einen eindeutigen Grund, doch ich wurde von Wellen von Traurigkeit überschwemmt, die mich dazu brachten, meinen Tränen freien Lauf zu lassen. Zweimal passierte es mir auf der Bühne, vor Publikum.

Drei Wochen sind vergangen, und ich habe in dieser Zeit mehr getrunken als je zuvor. Ich trank vor den Veranstaltungen, um mich zu beruhigen, und ich trank direkt danach, um sie zu vergessen. Ich trank vor und während der Flüge. Ich trank, wenn ich mich erinnerte, und ich trank, wenn ich vergaß, und vor allem trank ich, um den schrecklichen Druck auszuhalten. Ich hatte das Gefühl, beständig auf dem Prüfstand zu stehen, über jedes Wort sollte geurteilt werden, über jeden Witz, jeden Spruch. Manchmal schien es mir, als hätte ich allein dadurch, dass ich bereit war, vor Publikum zu sprechen, einen schlimmen Fehler begangen. Ich hätte meine Arbeit zur Prüfung vorlegen sollen. Es wäre mir lieber gewesen, dass man das, was ich schreibe, beurteilt, nicht das, was ich sage, denn ich habe immer geglaubt, dass ich nur dann über die Dinge nachdenke und sie abwäge und ihre Bedeutung empfinde, wenn ich versuche, sie schriftlich zu formulieren.

Das Gericht war das Publikum. In der Regel war es zwar höflich und gut erzogen, doch manchmal gingen meine Worte einem amerikanischen Juden auf die Nerven, der Israel im Laufe seines Lebens bestimmt oft besucht hatte und sich so sehr zu den stolzen Beherrschern zählte, dass er überzeugt war, die Zukunft des Landes sei für ihn wichtiger als für mich, der ich dort lebte.

»Sie haben gesagt, Sie verstehen nicht, warum es keine Moscheen in Tel Aviv gibt«, sagte ein junger Mann in Vancouver. »Haben Sie vielleicht an das Schicksal der Synagogen in Hebron gedacht?«

»Sie sprechen über 1948 und über Ihre Katastrophe«, sagte eine Kanadierin, eine Jüdin ägyptischer Herkunft, »haben Sie einmal an die Juden gedacht, die gezwungen wurden, Ägypten zu verlassen?«

»Wie können Sie es wagen, die hebräische Sprache zu verwenden?«, fragte eine Palästinenserin, die in Jaffa geboren und geflohen war. »Die Sprache, mit der die Söhne Ihres Volkes unterdrückt werden?«

»Sie sollten sich dafür bedanken, dass Sie in einem Land leben, das Ihnen die Freiheit gibt, zu schreiben«, sagte ein Amerikaner. »Worüber hätten Sie denn geschrieben, wenn Sie in Syrien geboren worden wären?«

»Wissen Sie was«, sagte eine junge Palästinenserin, die ihre Dissertation in Berkeley schrieb und hartnäckig darauf bestanden hatte, nach der Veranstaltung noch mit mir zu sprechen, »Sie haben die Nakba nur zweimal erwähnt und das Wort Besatzung nur einmal.« Sie fühlte sich offenbar ganz sicher, als sie mir diesen Vorwurf machte, und fügte hinzu: »Und das Wort Kolonisation haben Sie kein einziges Mal in den Mund genommen.«

Danach griff ein Israeli, der das Land vor dreißig Jahren verlassen hatte, nach meinem Arm. »Ich weiß, dass es schwer für Sie ist«, sagte er lächelnd und mit einem Augenzwinkern, »aber unter uns, Kashua, würden Sie es vorziehen, unter Abu Mazen zu leben?«

Alle wollten über Identität sprechen, über Nationalität, über Fremdheit, Wurzellosigkeit, Selbstbestimmung, sie wollten etwas über die Sprache hören, den Humor, die Ängste und die Zukunft. Und ich trank viel und dachte über mich nach, und darüber, was es bedeutete, ein Palästinenser und israelischer Staatsbürger zu sein. Ich dachte an die Israelis, die bestenfalls eine Art Verständnis erreichen wollten, oder, im Extremfall, Dankesworte, und ich dachte an die Araber, die eine Entschuldigung und eine Erklärung verlangten. Und anfangs empfand ich tatsächlich ein dringendes Bedürfnis, mich bei allen Seiten zu entschuldigen, denn schon immer zählte ich mich zu den Selbstverteidigern, zu den Zweiflern, ohne Selbstsicherheit, zumindest wenn es um Nationalstolz ging. Doch aus irgendeinem Grund gab ich diesmal nicht nach, ich war nicht bereit, die Kritik von Israelis und Arabern zu akzeptieren.

Ich dachte an meine Großmutter, die nach dem Krieg nichts mehr besaß und trotzdem alles für die Bildung ihres Sohnes getan hatte. Ich dachte an meinen Vater und an meine Mutter, die ihr Leben lang schwer gearbeitet hatten, um für die Zukunft ihrer Kinder zu sorgen. Ich dachte an Tira, an das arabische Dreieck, an den Negev und an Galiläa. An uns, die wir, ohne gefragt worden zu sein, zu israelischen Staatsbürgern geworden waren. Ich dachte an die machtlosen Bewohner arabischer Dörfer, die ihre Ländereien verloren hatten und über Nacht verwaist waren, an die Fellachen, die von ihrem arabischen Lebensraum getrennt waren und nach zionistischen Vorstellungen unterdrückt wurden.

Ich dachte auch an uns und begriff, dass ich mich bei niemandem entschuldigen wollte, weder bei Juden noch bei Arabern, dass keiner uns beherrschen durfte, dass ich niemanden um Verzeihung bitten musste, keinen israelischen Juden, wenn ich über Gewalt und Unterdrückung sprach, und keinen palästinensischen Araber, der mir meine israelische Staatsbürgerschaft und die Verwendung der hebräischen Sprache vorwarf.

Kurz bevor ich bereit gewesen war, mich zu entschuldigen, verstand ich, dass ich eigentlich alle anschreien wollte, sie sollten zum Teufel gehen, ich könne sagen, was ich wolle, und jeden beschuldigen, den ich beschuldigen wolle. Dieses Recht hätte ich mir redlich verdient. Ich wollte laut rufen, dass nichts Gutes von den Israelis zu erwarten war, die der anderen Seite Betrug und Absonderung vorwarfen, ebenso wenig wie Gutes von den Arabern zu erwarten war, die man des Betrugs und der Absonderung beschuldigte.

Es ist in Ordnung, dachte ich, als ich in Montreal am Fenster stand und über die Kritiker nachdachte, jüdische und arabische, die in westlichen Demokratien lebten, es ist in Ordnung, wir sind in Ordnung. Ich kann verwirrt sein, wir können inkonsequent sein, wenn wir über Identität sprechen, über Sprache und über Nationalität, das ist in Ordnung, wir haben die Wurzellosigkeit ehrlich erworben. »Irgendwie«, murmelte ich an jenem Fenster, das von meinem Atem beschlagen war, und kontrollierte wieder, ob der Pass in meiner Manteltasche steckte, »irgendwie wird für uns noch alles gut werden.«

22. März 2013

Elektrizität in der Luft

Am Tag der Nakba, der in diesem Jahr mit Schawu'ot zusammentraf, fiel bei uns der Strom aus. Die Kinder hatten schulfrei und wollten Popcorn machen. Statt zwei Minuten stellten sie zwei Stunden ein, und schon nach drei Minuten nahm ich einen verbrannten Geruch wahr. Rauch stieg aus der Mikrowelle, die Popcorntüte brannte, die Seitenwände der Mikrowelle schmolzen und die Sicherung brannte durch. Ich verfluchte die Kinder, löschte das Popcorn im Spülbecken, zog den Stecker der Mikrowelle aus der Steckdose an der Wand, was gar nicht einfach war. Ich bekam die Hand nicht in die runde Öffnung an der Schrankrückwand, ich musste erst die Schrauben lösen, mit denen die Mikrowelle am Schrank befestigt war, und sie abnehmen, bevor ich an die Steckdose kam. Dann ging ich zum Sicherungskasten, ich versuchte, den Schalter, der nach unten gekippt war, wieder nach oben zu kippen, und da wurde das ganze Haus dunkel. Mehrere Versuche, die Sicherungen einzuschalten, führten zu keinem Erfolg.

»Wo finde ich jetzt einen Elektriker«, schimpfte ich wütend und rief einen Freund an, der mir die Telefonnummer eines guten Elektrikers gab.

»Ich bin in einer halben Stunde da«, versprach der arabische Elektriker, der meinen Anruf annahm, und verlangte unsere Adresse.

»Das hat überhaupt nichts mit der Mikrowelle zu tun«, sagte er, als er den Elektrokasten kontrollierte.

»Aber die Mikrowelle ist verbrannt«, sagte ich. »Sie ist förmlich geschmolzen.«

»Ich verstehe«, sagte er und spielte mit seinem Schraubenzieher, drehte ein paar Sicherungen heraus und bewegte andere. »Das kann ja sein, aber das eigentliche Problem bei Ihnen ist die Brücke, sie ist nicht so befestigt, wie es sich gehört.«

»Die Brücke?«, sagte ich, ich hatte nicht gewusst, dass es beim elektrischen Strom eine Brücke gab. »Ist das kompliziert?«

Er seufzte und schraubte noch ein Stück vom Bord. »Hören Sie, ich kann Ihnen problemlos wieder Strom in die Wohnung führen«, sagte er, und der Strom kam zurück. »Aber dieser ganze Elektrokasten muss neu konfiguriert werden.«

»Eine Tasse Kaffee?«, schlug ich vor.

»Ja«, sagte er und fummelte weiter am Bord herum. »Danke.«

»Mit Milch?«

»Haben Sie keinen arabischen Kaffee?«

»Nein«, antwortete ich verlegen.

»Dann eben, was Sie haben«, sagte der Elektriker, und ich konnte einen leicht mitleidigen Ton in seiner Stimme wahrnehmen.

Ich kochte Kaffee und die Stimmen der Kinder drangen aus einem der Zimmer. Sie sprachen Hebräisch miteinander. Ich ging zu ihnen und bat sie, etwas leiser zu sein. »Und wenn es möglich ist«, sagte ich flüsternd, »sprecht bitte Arabisch, in Ordnung?«

»Danke«, sagte der Elektriker, der eine weitere Sicherung rausnahm, erklärte, sie sei überflüssig, und fortfuhr, Leitungen im Kasten anzubringen. »Entschuldigen Sie die Frage«, fügte er hinzu, »aber ich verstehe, dass Sie Araber sind.«

»Ja«, antwortete ich, »ja, natürlich.«

»Es tut mir wirklich leid, Ihnen das zu sagen.« Er nahm einen Schluck Kaffee und fuhr fort: »Aber ein Baum, der keine kräftigen Wurzeln hat, wird keine Frucht bringen.«

»Das mag sein«, antwortete ich verlegen, denn die Kinder hatten inzwischen wieder angefangen, Hebräisch zu sprechen.

»Sie werden sich über mich ärgern, weil ich das sage«, sagte er, »aber ich mag Leute nicht, die versuchen, anderen etwas vorzumachen.«

Ich fing an zu stottern. »Klar, ich auch nicht.«

»Schauen Sie Ihre Kinder an«, fuhr er fort und wusste genau, dass er hier Oberwasser hatte, »finden Sie nicht, dass es eine Schande ist?«

Mein Sohn kam ins Wohnzimmer und fragte, zu meiner Freude auf Arabisch, ob sie schon fernsehen dürften.

Ich weiß nicht, wie es geschah, aber ich entschuldigte mich verlegen und fühlte mich schuldig vor dem Elektriker aus dem Ostteil der Stadt, der gekommen war, um meine Leitung zu reparieren. Ich senkte den Blick zu Boden, wenn er sprach, und nickte, ich stimmte jedem seiner Worte zu und fühlte mich wie ein Kind, das von seinen Eltern getadelt wird, nachdem man es bei einer Untat erwischt hat.

»Was ist ein Mensch ohne seine Geschichte? Ohne seine Wurzeln, ohne seine Prägung? Nichts, stimmt's?«

»Sie haben recht«, antwortete ich.

»Zu was werden Ihre Kinder heranwachsen? Sagen Sie mir das.«

»Sie haben recht, hundertprozentig.«

»Und ich sage Ihnen Folgendes«, sagte er, »nur weil Sie auf mich den Eindruck eines guten Menschen machen, glauben Sie mir, ich sage das nicht jedem. Es ist schade, einfach schade. Sehen Sie sich Ihren Sohn an.« Er deutete mit seinem Schraubenzieher in Richtung meines Sohnes, der sich »SpongeBob« anschaute und den Elektriker anlächelte. »Mit welchen Werten wächst er auf?«

Mein Sohn, der dem Gespräch lauschte, hob den Kopf, und unsere Blicke trafen sich.

»Nun«, entschied der Elektriker, »kurz gesagt, jetzt ist alles in Ordnung. Wenn Sie trotzdem beschließen, hierzubleiben, rate ich Ihnen, einen neuen Elektrokasten mit einer neuen Kabelführung machen zu lassen, aber der Rat eines Bruders ist: Verkaufen Sie diese Wohnung und ziehen Sie an einen Ort, an dem Sie Ihre Kinder anständig aufziehen können …«

»In Ordnung«, sagte ich, »wie viel schulde ich Ihnen?«

»*Wallah*, so viel Sie wollen.«

»Was soll das heißen?«, fragte ich. »Wie viel nehmen Sie für so eine Arbeit?«

»*Wallah*«, sagte er irgendwie verlegen. »Was soll ich Ihnen sagen, deshalb mag ich es nicht, für Araber zu arbeiten.«

»Warum?«, fragte ich. »Tun sie Ihnen etwas?«

»Nein, sie machen Probleme mit dem Preis, geben Sie mir einfach, was Sie wollen.«

»Woher soll ich wissen, wie teuer es ist? Sagen Sie es mir.«

»Ich habe keine Ahnung.« Er kratzte sich am Kopf und schwieg eine Weile, bevor er sagte: »Sind einhundertfünfzig in Ordnung?«

»Ja«, antwortete ich und nahm das Geld aus meinem Portemonnaie.

»Nun«, sagte er, »hundertzwanzig sind genug.«

»Sind Sie sicher?«

»Ja«, antwortete er, »danke, und passen Sie auf Ihre Kinder auf, sie sollen stolz heranwachsen.«

»Ja«, sagte ich wieder, mit gesenktem Blick.

»Wissen Sie, was wir heute für einen Tag haben?«, fragte mein Sohn und überraschte mit dieser Frage nicht nur mich, sondern auch den Elektriker.

»Heute ist Mittwoch«, antwortete der freundlich. »In welcher Klasse bist du?«

»In der zweiten«, antwortete mein Sohn, der sonst immer so schüchtern war. »Ich weiß, dass heute Mittwoch ist, aber was für ein besonderer Tag?«

»Was meinst du, Schawu'ot?«, fragte der Elektriker.

»Nein«, antwortete mein Sohn, »Schawu'ot ist ein jüdisches Fest. Wir haben gestern bei unseren Nachbarn Käse und Pasteten gegessen, aber was für einen Tag haben die Araber?«

Der Elektriker verstand nicht, was mein Sohn von ihm wollte.

Ich fühlte mich bemüßigt, ihm zu helfen, und sagte: »Heute ist der Tag der Nakba.«

»Wirklich?«, sagte der Elektriker. »*Wallah*, vor lauter Arbeit vergisst der Mensch …«

»Wissen Sie, was das heißt, Nakba?«, fragte mein Sohn so streng, dass ich ihm einen Blick zuwarf.

»Wissen Sie was?«, sagte der Elektriker. »Hundert reichen auch.« Er gab mir einen Zwanziger zurück.

24. Mai 2013

Gibt es eine Zukunft?

Ich war an jenem Morgen schrecklich müde und fürchtete ernsthaft, am Steuer einzuschlafen. Es handelte sich zwar nur um eine kurze Fahrt in der Stadt, trotzdem musste ich immer wieder den Kopf schütteln und das Fenster herunterdrehen, um mich wach zu halten. Wir hatten eine schwere Nacht mit dem Baby hinter uns, schon seit vier Tagen sank sein Fieber nicht, obwohl der Kleine Antibiotika bekam. Am Vorabend hatte uns der Kinderarzt zur Klinik geschickt. Wir waren zur Hadassa in Ein Kerem gefahren, und das war schwer, sehr schwer gewesen.

Ich muss wach bleiben, sagte ich mir immer wieder und stellte das Radio an und lauschte Berichten von Juden aus arabischen Ländern, die vom Moment der Vertreibung erzählten, von der Flucht und was sie alles zurückgelassen hatten. Verschiedene Stimmen mit orientalischem Akzent erzählten anklagend und leidend von ihren Traumata, ihrer Angst, und dann erklang Yossi Alfis Stimme, der im Namen irgendeines Ministeriums ein Projekt »Erzähle es deinem Sohne« ankündigte und über zweitausend Jahre jüdischer Tradition in den arabischen Ländern sprach.

Vertreibung und Flucht? Ich besaß noch genug Kraft, um mich über eine weitere armselige Sendung aufzuregen. Das ist die jüdische Überlieferung in den arabischen Ländern? Das ist es, was man seinen Kindern erzählt? Vertreibung und Flucht? Vielleicht muss ich trotzdem weggehen, dachte ich, von hier verschwinden und alles hinter mir lassen.

Ein Wachmann mit einem Namensschild, auf dem ein arabischer Name stand, bat mich höflich, den Motor auszumachen und den Kofferraumdeckel und die Motorhaube hochzuklappen, und ein anderer Wachmann kontrollierte mit einer Stange, an der ein Spiegel befestigt war, die Unterseite des Autos, und dann wünschten sie mir viel Erfolg und begleiteten mich zum Parkplatz. Ich prüfte zweimal, ob auch nichts fehlte. Pass, zwei Bilder, Zahlungsbeleg, Antragsformular, Genehmigung der amerikanischen Einwanderungsbehörde und noch andere Formulare und Genehmigungen, die ich sicherheitshalber zum Konsulat mitnehmen sollte, wie mein amerikanischer Arbeitgeber empfohlen hatte.

»Wie geht es ihm?«, fragte ich meine Frau am Telefon, bevor ich mich ans Ende der Schlange stellte.

»Neununddreißig-fünf«, sagte meine Frau, »ich habe ihm Fiebersaft gegeben, mach dir keine Sorgen.«

Ich machte mir Sorgen, ich machte mir noch mehr Sorgen, als ich erfuhr, dass ich mein Telefon beim Eintritt in das Konsulat abgeben musste, ich hatte Angst, ein paar Stunden lang von der Welt abgeschnitten zu sein, von der Familie, von meinem kleinen Sohn. Die Sicherheitskontrolle dauerte nicht lange, und ich betrat, als ich auf der anderen Seite angelangt war, den Saal, in dem die Antragsteller für ein amerikanisches Visum warteten.

»Was für ein Visum?«, fragte mich ein Mann am Empfang.

»Einwanderung«, antwortete ich, und mein Gegenüber drückte auf einen Knopf und zog eine Nummer. »Warten Sie, bis Sie drankommen.«

Zahlen wanderten über die digitale Anzeige und zeigten den Weg zu den richtigen Schaltern. Im Saal befanden sich Juden, weltliche und religiöse, doch vor allem Araber, sehr viele Araber wollten an diesem Tag ein Visum für Amerika. Die Araber sahen anders aus als die Israelis, die Männer waren rasiert und gut angezogen, und die Frauen sahen aus, als würden sie zu einer Hochzeit gehen. Die Israelis, selbstsicher, wie sie waren, erlaubten sich, zu dieser Befragung in kurzen Hosen und Sandalen zu erscheinen. Ich selbst hatte mich für diesen Anlass rasiert.

»Ein beschissener Ort«, flüsterte mir ein etwa vierzigjähriger

Mann, der neben mir saß, mit ostjerusalemer Akzent zu, »hier gibt es keine Hoffnung.« Und dann fragte er: »Bist du zum ersten Mal hier?«

Ich schüttelte den Kopf und dachte an meinen kleinen Sohn und hatte Angst. Ich hatte zum ersten Mal die Notaufnahme ohne ärztliche Genehmigung verlassen. Und wenn ihm etwas passiert?, dachte ich in diesem Moment, was ich mich auch während der ganzen schlaflosen Nacht schon immer wieder gefragt hatte. Aber ich hatte die Notaufnahme verlassen müssen, versuchte ich mir einzureden, nie im Leben wäre ich gegangen, wenn ich nicht geglaubt hätte, dass es für meinen Sohn besser wäre, von dort wegzukommen.

An jenem Abend war die Ambulanz für Kinder so voll, wie ich es nie zuvor gesehen hatte. Nicht nur alle Betten waren besetzt, sondern auch alle Sofas und Stühle, so dass viele Eltern gezwungen waren zu stehen und ihre kleinen Kinder auf dem Arm zu halten, auch wir gehörten zu ihnen. Die Ärzte und die Krankenschwestern liefen zwischen den Kranken und ihren Eltern hin und her, zwischen denen, die hinter zugezogenen Vorhängen lagen, und denen, die auf Stühlen saßen oder stehen mussten. Nach einer Weile kam eine Schwester zu uns, maß dem weinenden Kleinen Puls und Fieber, schmierte ein Betäubungsmittel auf seinen Arm und verkündete: »Jetzt muss man eine Stunde warten, dann können wir ihm Blut abnehmen. Sie können inzwischen herumlaufen.«

Wir liefen herum, der Kleine glühte vor Fieber, mal nahm ich ihn und versuchte, ihn zu beruhigen, dann wieder trug ihn meine Frau. Wir liefen herum, versuchten, ihn mit Eis zu füttern, das er sonst so liebte, aber es half nichts. Wir trieben uns eine Stunde herum, dann gingen wir zurück. Der Raum war noch immer voller kranker Kinder und nervöser Eltern. »Kommen Sie in einer halben Stunde zurück«, bat die überforderte Schwester, und wir gingen mit dem Kleinen hinaus und versuchten, in den Klinikfluren noch eine halbe Stunde totzuschlagen.

Als wir zurückkehrten, flehte ich die Schwester an: »Sie sehen doch, wie er schreit, wir haben noch nicht mal einen Stuhl, auf den wir uns setzen können.«

»Ich weiß«, sagte sie, »gleich.«

Wir warteten stehend, und endlich kamen wir für eine Blutuntersuchung an die Reihe. Der Kleine schrie auf dem Bett, meine Frau hielt ihn fest und ich half der Schwester und hielt seinen Arm, als sie mit der Nadel hineinstach. Der Kleine krümmte sich, brüllte und schaute mich vorwurfsvoll an, und die Schwester fummelte mit der Nadel herum, bewegte sie nach links und rechts und verkündete, sie schaffe es nicht, eine Blutprobe zu entnehmen.

»Gehen wir nach Hause?«, fragte ich meine Frau nach drei Stunden in der überfüllten Ambulanz, als mir klar wurde, dass es für die Gesundheit unseres Sohnes besser wäre.

»Ja«, sagte sie und seufzte leise, während der Junge sich auf ihrem Schoß hin- und herwarf.

»Es tut mir so leid«, sagte die junge Ärztin, die unseren Entschluss vernommen hatte, wieder zu gehen, noch bevor der Kleine ärztlich untersucht worden war. Sie entschuldigte sich und sagte, üblicherweise müsse derjenige, der eine vorgeschlagene Untersuchung verweigerte, achthundertfünfzig Schekel bezahlen.

»Welche Behandlung ist vorgeschlagen worden?«, fuhr meine Frau die übermüdete Ärztin an. »Sie haben uns nicht einmal einen Stuhl angeboten und Sie wollen achthundertfünfzig Schekel? Wir unterschreiben nichts, da können Sie machen, was Sie wollen.«

»Es tut mir sehr leid«, sagte die Ärztin und senkte den Blick. Die Ambulanz war voll mit schreienden Kindern, nervösen Eltern und Ärzten, die keine Ruhe fanden. Die Zahlen auf der digitalen Anzeigetafel wechselten und eine Computerstimme schickte die Kranken zu verschiedenen Schaltern.

»Ein Scheißort ist das hier«, sagte jetzt der Araber, der neben mir saß, zu einem jungen Mann vor ihm. »Bist du zum ersten Mal hier?«

»Ja«, antwortete der junge Mann und packte die Unterlagen für das Visum fester. »Zum ersten Mal, ich will nur reisen, die Welt sehen.«

»Komm ja nicht zurück«, sagte der Erfahrene, »hier gibt es keine Zukunft.«

»Aber wie?«, fragte der junge Mann leise und setzte sich neben den Erfahrenen.

»Ich sage dir, was du tun sollst«, antwortete ihm der andere, und der junge Mann schaute nach links und nach rechts, um sicher zu sein, dass keiner zuhörte.

7. Juni 2013

Ein Scheißmonolog

Hi, Yoav, ja, ja, du bist ein Soldat der Golani-Brigade, warum hast du nicht gesagt, dass du ein Freund von Bennett bist? Das hätte dir Ehre gemacht, ja, ich spreche mit dir, der Splitter in deinem Hintern, nicht weit von der Wirbelsäule. Ich weiß, dass dich das überrascht, dass ein Stück Metall sprechen kann, noch dazu auf Hebräisch. Was soll ich machen, ich stecke in deinem Hintern fest, ich bin schon viel zu lange ein Teil deines Körpers, ich habe inzwischen auch deine Sprache gelernt. Entschuldige den Akzent, die Mutter-Granate hat die Kehllaute betont. Übrigens, Mann, es tut mir wirklich leid, dass du dich immer vor Schmerzen winden musst, wenn du aufs Klo gehst, aber glaub mir, ich leide viel mehr als du, Gott schenke dir Gesundheit, aber du stinkst ganz gehörig, ich bin dem Ersticken nahe.

Die Wahrheit ist, ich war stolz, als Bennett dich bei seiner Rede erwähnte. Seine Stimme kam mir bekannt vor, aber du weißt ja, ich kann niemanden von vorn sehen. In Bennetts Fall hast du mir einen Gefallen getan, aber konntest du bei der Feier zum neunzigsten Geburtstag von Peres den Rücken nicht ein bisschen weiter zum Bildschirm drehen? Ich wüsste zu gern, wie der Mann heute aussieht, man sagt, an seinem Arsch klebe die schönste Frau des Viertels.

Mir fällt es jedenfalls nicht leicht, dieses Gespräch mit dir zu führen. Seit ich weiß, dass du Bennett nahestehst, kämpfe ich innerlich mit mir, ich habe mich auch mit ein paar anderen Splittern beraten, die ich gestern traf, als du zum *Haus des Soldaten* gegangen bist. Sie haben mir geraten zu schweigen, es würde nichts nützen, aber ich habe mir gesagt, ich bin anders. Ich kenne dich seit 1948, und obwohl du mir mit dem Muskel den Hals fest umklammerst und alles versuchst, meine Existenz zu vergessen, bin ich doch die ganze Zeit dort hinten und fange inzwischen irgendwie an, mich als ein Teil von dir zu fühlen. Ich weiß, dass du das nicht magst, aber so ist der Mensch. Glaub mir oder nicht, ich mache mir sogar ein bisschen Sorgen um dich.

Yoav, hör nicht auf deinen Freund, hör nicht auf Bennett, merk dir, dass er sich vor allem um seinen eigenen Arsch kümmert. Er weiß nicht, wie du leidest und wie viel schwerer es im Lauf der Zeit wird. Du bist nicht mehr jung, Yoav, und noch immer hast du keine Liebe gefunden. Du hast schwer gekämpft, das kann ich bezeugen, und du hättest ein etwas gesünderes Leben verdient. Yoav, ich weiß, dass es dir schwerfällt, nachts zu schlafen, ich weiß, wie hart es für dich ist, morgens in den Spiegel zu schauen und die anderen zu belügen. Falls es dir nicht aufgefallen ist, du gehst schon nicht mehr auf Partys wie früher, und wer außer mir könnte die Gründe verstehen. Erinnere dich, dass ich es bin, der hinten in dir steckt und alles hört, was man hinter deinem Rücken über dich spricht.

Es ist mir nicht angenehm, Yoav, aber man sagt, dass du krumm gehst, man sagt sogar, dass du hässlich bist. Auch die, von denen du glaubst, dass sie dich gernhaben, die immer noch zu deiner Geburtstagsfeier kommen und dich anlächeln, sehen in dir einen, der es nicht schafft, seinen Mann zu stehen. Inzwischen haben sie Angst vor dir wegen deiner Kraft, sie lächeln dich an, weil du in der Vergangenheit gelitten hast, aber in Wirklichkeit verabscheuen sie dich, Yoav. Nein, nicht weil du hier geboren wurdest, sondern wegen deiner Taten, wegen deiner Beziehung zu mir.

Ich weiß, wie schwer es ist, einsam zu sein, schau mich doch an. Ich habe doch nur dich, sonst keinen. Ich, der ich in tausend Stücke explodiert bin, bin allein hier. Glaubst du etwa, dass ich mich nicht mit anderen Splittern anfreunden will, glaubst du etwa, dass ich nicht davon träume, nach Hause zurückzukehren, zur Erde?

Mach die Operation, Yoav. Rette mich und rette dich selbst. Auch ich gerate in Gefahr. Auch bei uns sagt man: Ein Arsch, den du kennst, ist besser als ein fremder. Oft denke ich, ich hätte mich schon an deinen Geruch gewöhnt, oft denke ich, es ist schwerer, draußen zu sein. Splitter, wie du weißt, sind zwar nur Bruchstücke, aber manchmal bringt mich der Gedanke, dass ich mich lieber in der Welt herumtreiben sollte als jemand, der aus einem jüdischen Arsch gekommen ist, dazu, mich an meinem Platz zusammenzuziehen. Ich weiß, dass dir das wehtut, und bitte dich noch einmal um Verzeihung.

Erkenne die Grenzen deines Körpers, Yoav, und gib dich damit zufrieden, dich selbst zu belügen, höre auf, den Kindern Lügen zu erzählen. Wir beide wissen, dass du keine Ahnung davon hast, was das Volk ist. Wir beide wissen, dass du auch nicht genau weißt, was genau Eretz Israel ist, wo das Land anfängt und wo es aufhört, ganz zu schweigen von mir, der ich mich zwischen deinem Dickdarm und deinem Anus bewege. Obwohl ich manchmal, in Momenten der Stille, hören kann, wie dein Herz klopft, und das schenkt mir für kurze Zeit Gelassenheit, manchmal sogar Hoffnung.

Deine Zeit vergeht, Yoav, und im Lauf der Jahre wirst du immer hässlicher. Wie lange, glaubst du, kannst du dich nur in der Nähe derer aufhalten, die dir gleichen? Wie lange, glaubst du, kannst du noch ohne Liebe überleben, ohne den Kopf zu heben und aufrecht zu gehen?

Manchmal, wenn du dich mit den wenigen Freunden triffst, die noch bereit sind, sich mit dir zu unterhalten, und die, ohne Ausnahme, an einem oder zwei Splittern da oder dort leiden, empfinde ich Mitleid und das Herz wird mir schwer. Wenn ihr euch trefft, um euch gegenseitig zu ermutigen, wenn ihr schwört, die Splitter zu zermalmen, genau dann, wenn ihr voller Selbstsicherheit seid und über Schmerzmittel sprecht, die die Splitter niedermachen, oder von einer Laseroperation, die sie entfernt, spreche ich mit meinen Freunden. Ich unterhalte mich mit meinen Freunden aus Metall, die sich ebenfalls treffen, zusammen mit euch, und ich bekenne, dass es oft erschreckend ist. Denn wir wissen alle, wenn ihr so weitermacht, wird euch beschieden sein, zu vergehen und zu verfaulen, und erst dann werdet ihr uns in die Freiheit, in die Erde entlassen.

21. Juni 2013

Ein revolutionärer Friedensplan

Ich rang sehr lange mit mir, wie ich auf den Vorschlag reagieren sollte, die arabischen Siedlungen des Wadi Ara mit denen im Dreieck und der Westbank zusammenzulegen. Ich entschied, statt mich nur zu ärgern und auf die Regierungspläne zu reagieren, wie die Araber üblicherweise reagieren, zum Pionier zu werden und einen eigenen Friedensplan zu entwickeln, dessen wichtigste Paragraphen ich hier vorlege:

1 Jeder, der sich zwischen dem Meer und dem Fluss befindet und im Besitz eines Ausweises/Passes/Führerscheins ist und Bürger des neuen Staates sein möchte, ist laut Gesetz dazu berechtigt.

2 Jeder, der nach dem 1. 1. 2014 ins Land eingereist ist und die Staatsbürgerschaft erhielt, nur weil seine Mutter Jüdin ist, ist kein legitimer Bürger des Staates und gilt als Relikt des alten kolonialistischen Systems, solange nichts anderes bewiesen wird.

3 Der neue Staat wird ein Schutz für alle Juden aus der ganzen Welt sein, die herkommen und beweisen, dass sie als Juden verfolgt werden.

4 Der neue Staat wird ein Schutz für alle Palästinenser sein, die herkommen und beweisen, dass sie als Palästinenser verfolgt werden.

5 Den Reichen unter den Juden und Palästinensern wird man im Empfangskomitee Rabatte gewähren.

6 Das Dreieck wird in ein Viereck verwandelt.

7 Die Juden werden aus ganzem Herzen um Verzeihung bitten.

8 Die Araber werden ihnen aus ganzem Herzen verzeihen.

9 Die Araber werden um Verzeihung bitten, vor allem einander.

10 Im ganzen Land wird man *matkot* (Paddleball) am Strand verbieten.
11 Die Schüler im neuen Land werden beim Abitur in einem neuen Fach namens »Schlangestehen« geprüft.
12 Der Wadi Ara wird zu einem Fluss verbreitert.
13 Es gilt null Toleranz gegenüber Rassismus.
14 Es ist erlaubt zu glauben.
15 Es ist erlaubt, nicht zu glauben.
16 Der Staat wird religiös ungebunden sein.
17 Es ist verboten, jüdische Parteien zu gründen.
18 Es ist verboten, arabische Parteien zu gründen.
19 Araber und Juden wohnen da, wo sie wollen.
20 Zulassungsausschüsse werden abgeschafft.
21 Juden und Araber haben das Recht, einander zu lieben.
22 Staatsbürger sind berechtigt, einen Partner jeden Geschlechts zu heiraten.
23 Arabisch und Hebräisch sind Pflichtsprachen im Erziehungssystem, bis sie sich zu einer Sprache mischen.
24 Es ist verboten, arabische Schulen zu gründen.
25 Es ist verboten, jüdische Schulen zu gründen.
26 Es ist alle vier Jahre erlaubt, sich scheiden zu lassen.
27 Fahnen werden abgeschafft. An offiziellen Feiertagen und an sportlichen Wettkämpfen werden weiße Fahnen geschwenkt.
28 Der Name des Staates wird geändert.
29 Die Hymne wird eine Melodie ohne Worte sein.
30 Die Sozialarbeiter werden ein besseres Gehalt bekommen.
31 Alle Kinder lernen in Geschichte den gleichen Stoff.
32 Es ist verboten, Kinder anzulügen.
33 Politiker wird ein Beruf sein, den man erlernen muss.
34 Philosophen werden die Politiker ersetzen.
35 Ein Philosoph, der an Gott glaubt, ist kein Philosoph.
36 Journalisten dürfen nur die Wahrheit berichten.
37 Es ist verboten, sich mit Exegesen zu beschäftigen.

38 Orthodoxe und Araber bekommen lebenslänglich einen Fahrer.

39 Jeder, der ein Paket schickt, von dem er weiß, dass es nicht in den Briefkasten passt und den Empfänger zwingt, zu einer Zweigstelle der Post zu gehen, muss eine Strafe zahlen.

40 Ein Bürger, der sich einem anderen Bürger überlegen fühlt, wird nach Sibirien geschickt.

10. Januar 2014

Amerika

Diese Woche fuhr ich mit meiner Frau zum amerikanischen Konsulat in Jerusalem. Irgendwie war es der Kindergärtnerin unseres Jüngsten gelungen, ein Foto von ihm zu machen, das sich für das Antragsformular für ein Visum eignete, und so hatte ich endlich einen Termin ausmachen können. Auf den Formularen gab es einige außerordentlich beängstigende Punkte. Auf mich konnte ich mich verlassen, aber meine Frau hatte ich in die Zange nehmen müssen, bevor ich die Fragen zur Sicherheit beantworten konnte. »Hast du dich mal an einem Völkermord beteiligt?«, erkundigte ich mich im Wohnzimmer, während die Kinder dabeisaßen und zuhörten.

»Nein«, sagte sie, »bist du völlig verrückt geworden?«

»Ich muss das von dir selbst hören«, sagte ich und fuhr fort. »Hattest du einmal eine Beziehung zu jemandem, der zu einer terroristischen Vereinigung gezählt wurde?« An dieser Stelle schaute ich ihr wirklich direkt in die Augen, um sicher zu sein, dass sie die Wahrheit sagte.

»Nein«, erwiderte sie entschieden und ich nahm ihr die Antwort ab.

»Das fragen sie?«, wollte sie wissen.

»Ja, du musst all diese Fragen beantworten, um in Amerika einreisen zu dürfen«, sagte ich und machte weiter: »Hast du die Absicht, einen amerikanischen Staatsbürger zu heiraten und in Amerika zu bleiben?«

»Was?« Meine Frau war erschüttert. »Zeig, ich muss diese Frage mit eigenen Augen sehen.«

»Lass nur«, sagte ich und versteckte das Formular vor ihr, »ich schreibe nein hin.«

Ausgerüstet mit den richtigen Formularen für ein Nichteinwanderungsvisum kamen wir pünktlich am Konsulat an. Die Warteschlange vor dem äußeren Schalter war lang, und hinter dem Glasfenster, von dem ich hätte schwören können, es sei kugelsicher, saß eine junge Frau und empfing die Ankommenden. Wir standen in der Schlange und es dauerte ein bisschen, bis ich die Tatsache verdaute, dass die uniformierten Wachleute, die am Eingang zum Konsulat standen, untereinander Arabisch sprachen. Dieser Sachverhalt verblüffte mich immer, obwohl ich wusste, dass die Wachleute in Einkaufszentren, beim Literaturfestival und an anderen Plätzen Bewohner Ostjerusalems waren, aber ich konnte das nie ganz verinnerlichen. Ich spreche nicht von Arabern, die beim Militär dienten und den Befehl zum Wachdienst bekommen hatten, sondern von Arabern, wie ich einer bin, die nie eine Waffe angefasst hatten und als Wachleute dienten. Sie sind zwar nie bewaffnet, aber es ist trotzdem nicht angenehm, wenn ein Araber meinen Motorraum kontrolliert und mit mir ein paar Worte auf Hebräisch wechselt, um meinen Akzent auszumachen. Aber hier gefielen mir die arabischen Wachleute.

»Bitte in einer Reihe stehen«, bat die junge Frau hinter dem Fenster über einen Lautsprecher, und alle Wartenden bildeten eine gerade Reihe. Auch meine Frau und ich ordneten uns ein, denn wir wollten, wie alle, die Erlaubnis, nach Amerika zu fahren. Und bei den westlichen Bewohnern gibt es, obwohl die junge Frau ebenfalls Araberin war, genau wie die Wachleute, andere Regeln, es ist eine andere Kultur, und eine Schlange ist eine Schlange, vielleicht ist das ja auch ein Test, und keiner der hier Wartenden wollte sich eine mögliche Genehmigung dadurch gefährden, dass er sich nicht wie ein kultivierter Mensch korrekt einreihte.

»Ist dir aufgefallen, dass hier alle Araber oder Orthodoxe sind?«, flüsterte mir meine Frau ins Ohr, und ich antwortete: »Wir sind in Jerusalem, was gibt es da sonst noch?«

Die Schlange bewegte sich schnell vorwärts, und nachdem wir

die höfliche Frau am Empfang hinter uns gelassen hatten, passierten wir auch die arabischen Wachleute. Telefone durfte man nicht mit hineinnehmen, wir ließen unsere Handys in Fächern am Eingang, und sofort fühlte ich mich bedrückt, abgeschnitten und verängstigt von der Tatsache, dass ich nicht erreichbar war. »Ich bin erreichbar, also existiere ich.« Wie ein Schlag traf mich die Bedeutung des Lebens.

Nach der Sicherheitskontrolle betraten wir den großen Saal mit den Sitzgelegenheiten und den Fenstern, hinter denen die Sachbearbeiter saßen. Die langen Schlangen lösten sich verhältnismäßig schnell auf, die Mitarbeiter waren nett und freundlich, obwohl die meisten keine Amerikaner waren, sondern Araber oder Israelis.

»Schau nur, was Dienstleistung heißt«, flüsterte ich meiner Frau zu, als wir vor einer Maschine standen, die unsere Fingerabdrücke nahm und Unterlagen herausgab.

»Ich weiß«, antwortete sie und erzählte von ihrer Freundin, die zwei Jahre lang in Amerika verbracht und gesagt hatte, dass das Leben in den Vereinigten Staaten viel bequemer sei.

»Was heißt das, bequemer?«, fragte ich beunruhigt.

»Wenn du zum Beispiel einen Supermarkt betrittst und es gibt keine Einkaufswagen, bringen sie dir einen. Dafür gibt es dort extra Angestellte.«

»Wirklich?«

»Ja«, sagte sie, »und sie hat auch erzählt, dass es keine Schlangen an den Kassen gibt, wenn viel los ist, warten sie nicht lange und machen sofort eine weitere Kasse auf.«

»Wir fahren also nach Amerika, weil es dort leichter ist, im Supermarkt einzukaufen?«, fragte ich.

»Und damit die Kinder Englisch lernen«, sagte meine Frau.

Anders als meine Frau und meine Kinder hatte ich Angst vor der näher rückenden Reise. Wir würden im Süden von Illinois leben, und die Winter dort waren angeblich wie die Winter in Büchern. Ich stellte mir vor, wie ich Schnee vom Parkplatz schippte und versuchte, die gefrorenen Scheiben des Autos aufzutauen, und schon spürte ich, dass ich lieber zu Hause wäre, mit Tee und Zitrone und Ähnlichem. Ich ging dahin, um zu unterrichten, und das machte mir große Angst. Ich wusste nicht, was für eine Art Lehrer ich sein würde. Ein Teil meiner Aufgaben würde auch darin bestehen, Hebräisch zu unterrichten. Und wenn ich daran dachte, dass ich amerikanische Studenten haben würde, die Hebräisch mit einem arabischen Akzent lernen würden, war ich kurz davor durchzudrehen.

Die Kinder sind meine größte Sorge, was Amerika betrifft. Sie sind zwar begeistert und aufgeregt beim Gedanken an die einjährige Reise, aber ich habe Angst, dass sie das Ganze für eine Art Familienausflug halten und die Auswirkungen, die eine andere Sprache, eine andere Kultur, eine andere Gesellschaft und die Schwierigkeiten der Akklimatisierung mit sich bringen, nicht verstehen.

»Für die Kinder ist es am leichtesten«, haben Freunde gesagt, aber ich glaube ihnen nicht. Ich habe meinen kleinen Sohn schon in einem Kindergarten angemeldet, in der Nähe der Wohnung, die wir für ein Jahr gemietet haben, und die beiden Großen werde ich in öffentliche Schulen schicken, von denen gesagt wird, sie seien gut. Ich habe mir im Internet die Standards der Schulen angesehen und mich mit den örtlichen Behörden in Verbindung gesetzt.

Als ich die Formulare durchsah, hat mich der »Rasse«-Paragraph irritiert, ich habe vergeblich nach »arabisch« gesucht. Es gibt Weiße, Schwarze, Hispanos und Asiaten, aber keine Araber. Ich suchte im Internet, um herauszufinden, als was wir gelten, und entdeckte, dass in den Vereinigten Staaten alle, die aus dem Nahen Osten oder Nordafrika kommen, als Weiße betrachtet werden. Das überraschte mich sehr, denn ich hätte mich nie im Leben als Weißen betrachtet, aber ich erinnere mich genau an den Moment, als ich uns in den Formularen als Weiße eintrug. Ein böses Lachen stieg in mir auf, und ich wusste, dass ich ein Rassist sein würde, und was für einer, ich würde die Erfahrung von vierzig Jahren umsetzen.

»Das sind wir«, sagte ich zu meiner Frau, als der Lautsprecher unseren Namen aufrief. »Kasuha.«

»Kasuha?«, fragte sie erstaunt.

»Ob du es glaubst oder nicht«, sagte ich, als wir zu dem Bearbeiter gingen. »Das ist der Name von Weißen.«

7. Juni 2014

Was zu Hause zurückbleibt

Seit mein Führerschein kassiert wurde, verlasse ich das Haus nur selten. An die vier Tage habe ich die Wohnung nicht mehr verlassen, außer um den Müll rauszubringen oder nach der Post zu sehen. Die meiste Zeit sitze ich vor dem Computer und versuche, zwischen Facebookeinträgen ein paar Sätze zu schreiben, ich schaue Youtube und verfolge die Entwicklungen der Krise in Nazareth anlässlich der Kommunalwahlen.

Jede halbe Stunde zünde ich mir eine Zigarette an, jede volle Stunde gehe ich in die Küche, mache den Kühlschrank auf und schaue nach, was ich diesmal essen könnte, meist ist es ein Sandwich mit Wurst und Mayonnaise. Das Sandwich esse ich vor dem Fernseher, schaue mir Wiederholungen von Comedy-Shows an und werde dicker. Ja, es ist erst zwei Wochen her, seit man mir meinen Führerschein aberkannt hat, und die Waage gibt an, dass ich drei Kilo zugelegt habe.

Zwischen Sandwich und Kuchen spüle ich Geschirr, wische die Anrichte ab und räume die Küche auf. Ich hasse es, den Boden zu putzen, aber es macht mir nichts aus zu staubsaugen, zu kehren und die ewige Unordnung in den Kinderzimmern aufzuräumen. Seit der Aberkennung findet man kein schmutziges Kleidungsstück in der Wohnung. Davor hatte sich die Wäsche zu erschreckenden Haufen aufgetürmt, heute kann ich mich nicht beherrschen und stelle die Maschine an, selbst wenn sie nur halb voll ist, und stecke die Sachen anschließend in den Trockner, die Feinwäsche und die Jeans hänge ich auf. Dann lege ich die trockenen Kleider zusammen und räume sie in den Schrank. Das habe ich von meiner Frau gelernt. Aber ich koche nicht.

Trotz der ganzen Hausarbeit, dem Fernsehen und der Sandwiches bin ich zufrieden mit dem Fortschritt meiner Arbeit. Letztlich habe ich in meinem Büro in der Produktionsgesellschaft mehr Zeit mit Kaffeekochen, mit meinen Kollegen und endlosen Klatschgeschichten vergeudet, obwohl nie etwas Interessantes geschah.

Ich leide nicht zu Hause, im Gegenteil, ich liebe unsere Wohnung. Ich habe sie immer geliebt, und jetzt, da ich den ganzen Tag in ihr verbringe, liebe ich sie sogar noch mehr. Der Gedanke, dass wir sie in einem halben Jahr wegen der Reise nach Amerika vermieten müssen und dass Fremde in ihr leben werden, bedrückt mich. Aber wir haben keine Wahl, wir brauchen das Geld, wir haben eine hohe Hypothek, und die Wohnung, die wir dort in Illinois mieten, ist alles andere als billig.

Wir haben schon etwas gefunden, das heißt, einer der Dozenten an der Universität Illinois hat uns Fotos von einem amerikanischen Haus nahe dem Campus von Urbana geschickt. Ein schönes, zweistöckiges Haus, mit Kamin im Wohnzimmer und einem großen Garten. Die Kinder waren ganz begeistert von dem Schnee, der den Garten bedeckte, und ich schaute mir jeden Tag die Wetterprognosen für die kleine Stadt an und freute mich, dass es immer wärmer wurde, jetzt waren es nur noch vierzehn Grad minus. Ich ging auch regelmäßig auf die Homepages der Schulen, die ich für die Kinder vorgesehen hatte. Sie waren fast die ganze Woche wegen des Sturms geschlossen, stand auf der Homepage, neben einem gelben dreieckigen Zeichen, auf dem das Wort *Alert* stand.

Wenn alles klappt, werden wir im Haus eines Dozentenpaars wohnen, das sich für ein Sabbatjahr in Europa befindet. Die Hausbesitzer waren sehr nett, sie berichteten von den Schulen in ihrem Bezirk und der Verkehrsanbindung. Sie sagten, sie würden für mich und meine Frau Fahrräder dalassen, und versicherten, dies sei der bequemste und gesündeste Weg, um zur Universität zu gelangen. Meine Frau lachte, als ich ihr von den Fahrrädern erzählte, und ich sagte, wer weiß, vielleicht habe das Ausland doch einen guten

Einfluss auf mich und würde mich zu einem besseren Menschen machen, der sich um die Umwelt sorgt. Ich würde jeden Morgen zu einem netten Café radeln und anschließend voller Energie zum Campus. Im Haus darf nicht geraucht werden, sagten die Hausbesitzer, und ich stimmte sofort zu. Umso mehr, als ich die Hoffnung hege, dass die strengen Antirauchergesetze mir letztlich helfen würden, von meiner widerlichen Abhängigkeit loszukommen. Ihren Worten zufolge ist das Rauchen auf dem gesamten Campus nicht gestattet. Wer weiß, vielleicht fange ich auch mit Yoga an oder gehe ins Fitnessstudio.

Die netten Dozenten schickten uns auch Fotos von jedem Zimmer des Hauses. Ich schaue mir die Fotos immer wieder an, um mehr über das Haus und seine Besitzer zu erfahren, die wir für ein Jahr ersetzen werden. Die Möbel sind einfach und angenehm, in allen Ecken stehen Bücher, es gibt ein Klavier, Legosteine für die Kinder, ein Radiogerät, in einem der Jungenzimmer lugte unter dem Bett ein Baseballschläger hervor, und neben einem leeren Stuhl lag ein Stapel Noten. Ein Cello, entschied ich, obwohl ich nirgendwo eine Spur des Instrumentes entdeckte, ihr Sohn muss Cello spielen.

Was werden sie mitnehmen und was zurücklassen? Ich dachte über sie nach, dann über uns. Was werden wir mitnehmen? Kleidung. Wie viel? Der Winter dort ist ganz anders als unserer. Und Bücher? Ja, damit die Kinder ein paar Bücher haben, wegen der Sprache, natürlich auf Arabisch, und nehmen wir auch Bücher auf Hebräisch mit?

Wer wird auf meine Bücher hier aufpassen? Wie kann ich zulassen, dass ein Fremder in meinem Arbeitszimmer sitzt, meine Bücher anfasst? Und meine Frau, ich kenne sie doch, sie wird die Matratzen verbrennen, wenn sie weiß, dass Fremde darauf geschlafen haben. Schließlich hat sie bereits verkündet, es sei ihr egal, auch dort, in Urbana, würde sie für uns alle neue Matratzen und neue Bettwäsche kaufen.

Wir werden gut auf Ihr Haus aufpassen, wollte ich den beiden Dozenten sagen, in deren Haus wir für ein Jahr wohnen würden, aber ich sagte kein Wort.

Wir haben keine Wahl, wir werden die Wohnung vermieten müssen, etwas anderes ist nicht möglich: Immobiliensteuer, Rechnungen, Hausverwaltung und Hypothek, vor allem die Hypothek, die auch nach sechs Jahren nicht geringer geworden ist, nicht um einen Schekel, die monatlichen Zahlungen steigen immer nur. »Eines Tages werden sie sinken«, hat ein Freund versprochen, doch ich bleibe kleingläubig.

Wir haben eine großartige Wohnung, dachte ich, nachdem ich die Küche aufgeräumt hatte und wieder Wäsche faltete. Wir werden die Mieter sorgfältig aussuchen, tröstete ich mich, als ich Kaffee kochte und mich in der strahlend sauberen Küche hinsetzte, um gemütlich die Zeitung zu lesen. Auf der ersten Seite stand, dass der Bürgermeister, Nir Barkat, vorhabe, den Rabbiner Schmuel Elijahu zum Stadtrabbiner zu ernennen. Ich hoffe, dass es bis zu unserer Abreise kein Gesetz geben wird, das Arabern verbietet, ihre Wohnung zu vermieten.

31. Januar 2014

Abschied

Schon bald gehe ich weg von hier. In wenigen Tagen verlasse ich Jerusalem, verlasse ich Israel. Gestern haben wir kleine Koffer für die Kinder gekauft. Wir brauchen nicht viel Kleidung mitzunehmen. Unsere Wintersachen lassen wir hier – sie wären sowieso nicht warm genug für die Kälte im südlichen Illinois, USA. Wir brauchen nur ein paar Anziehsachen, bis wir uns halbwegs eingewöhnt haben. Die Kinder sollten vielleicht ein paar Bücher mitnehmen, zwei oder drei auf Arabisch und ein paar auf Hebräisch, damit sie diese beiden Sprachen nicht vergessen. Dabei bin ich mir gar nicht sicher, ob ich überhaupt möchte, dass meine Kinder sich an diesen verfluchten, geliebten Ort erinnern.

Der ursprüngliche Plan war, in einem Monat für ein Sabbatjahr wegzufahren. Doch letzte Woche wurde mir klar, dass ich nicht länger hierbleiben kann, und ich beauftragte das Reisebüro, unseren Abflug vorzuziehen, auf das frühstmögliche Datum »und bitte nur einfache Tickets«. In einigen Tagen werden wir in Chicago landen, und ich weiß noch nicht einmal, wo wir in den ersten Monaten unterkommen, doch das wird sich schon finden.

Ich habe drei Kinder, eine Tochter, die schon vierzehn ist, und zwei Söhne von neun und drei Jahren. Wir leben in Westjerusalem. Wir sind die einzige arabische Familie in unserem Viertel, in das wir vor sechs Jahren gezogen sind. »Du kannst dir zwei Spielsachen aussuchen«, haben wir diese Woche zu unserem kleinen Sohn gesagt, der in seinem Zimmer stand und seine Spielzeugkisten anstarrte, und er fing an zu weinen, trotz unserer Versicherung, dass wir ihm alles kaufen, was er will, wenn wir erst einmal dort sind.

Ich muss mich ebenfalls entscheiden. Ich kann nur zwei Bücher mitnehmen, sagte ich mir, als ich vor den Bücherregalen in meinem Arbeitszimmer stand. Abgesehen von einem Gedichtband von Mahmud Darwisch und einer Anthologie von Khalil Gibran sind meine Bücher alle auf Hebräisch. Bücher, die ich mit fünfzehn angefangen habe zu kaufen und die mich seither begleitet haben, egal wohin ich im Lauf der Jahre gezogen bin. Ich habe kaum ein Buch auf Arabisch gelesen. Ich war vierzehn, als ich zum ersten Mal eine Bibliothek sah. Vor fünfundzwanzig Jahren kam unser Mathematiklehrer in Tira, dem Ort, in dem ich geboren bin, zu meinen Eltern und sagte, im nächsten Jahr würden die Juden in Jerusalem eine Schule für begabte Schüler einrichten. Er denke, sagte er zu meinem Vater, ich solle mich bewerben und die Aufnahmeprüfung machen. Ich weiß noch, wie er zu meinen Eltern sagte: »Das wird besser für ihn sein.«

Ich bestand die Prüfung, auch die mündliche, und als ich so alt war wie meine Tochter heute, verließ ich mein Zuhause in Tira, um eine jüdische Internatsschule zu besuchen. Es war schwierig, fast grausam. Ich erinnere mich, dass ich weinte, als mein Vater mich umarmte und mich am Eingang der großen neuen Schule stehen ließ, die ganz anders aussah als alles, was ich von Tira her kannte. Ich habe einmal geschrieben, die erste Woche in Jerusalem sei die schwerste meines Lebens gewesen. Ich war anders als die anderen. Meine Kleidung war anders, auch meine Sprache. Der Unterricht war nur auf Hebräisch, die naturwissenschaftlichen Fächer, Bibelkunde, Sprachunterricht. Ich saß da und verstand kein Wort. Wenn ich versuchte, etwas zu sagen, wurde ich ausgelacht. Am liebsten wäre ich zurück nach Hause gelaufen, zu meiner Familie und meinen Freunden, in mein Dorf, zur arabischen Sprache. Ich weinte am Telefon und bat meinen Vater, mich abzuholen, und er sagte, es sei nur am Anfang so schwer, in ein paar Monaten würde ich besser Hebräisch sprechen als alle anderen. Ich weiß noch, dass unser Literaturlehrer uns in der ersten Woche aufforderte, *Der Fänger im*

Roggen zu lesen. In Tira hatte es keinen Literaturunterricht gegeben, wir hatten auch keine öffentliche Bibliothek – bis heute gibt es dort keine. Es war der erste Roman, den ich je las. Ich brauchte dafür ein paar Wochen, und als ich fertig war, verstand ich zwei Dinge, die mein Leben veränderten. Das erste war, dass ich ein Buch auf Hebräisch lesen konnte, und das zweite war die tiefe Erkenntnis, dass ich Bücher liebte. Von dem Moment an, an dem ich Bücher entdeckte und die Naturwissenschaften aufhörten, mich zu interessieren, saß ich in der Bibliothek und las. Mein Hebräisch wurde sehr schnell nahezu perfekt. In der Schulbücherei gab es nur hebräische Bücher, also fing ich an, israelische Autoren zu lesen. Ich las S.Y. Agnon, Meir Shalev, Amos Oz, und ich las über den Zionismus, das Judentum und die Gründung einer neuen Heimat. Ich verstand sehr schnell die Macht dieser Bücher, ich las über jüdische Pioniere, über die Shoa, über den Krieg. Damals begann ich auch meine eigene Geschichte zu verstehen, und ohne es zu planen, schrieb ich über Araber, die in einem israelischen Internat leben, in einer westlichen Stadt, in einem jüdischen Land. Ich begann zu schreiben und glaubte, alles, was ich tun müsse, um die Dinge zu verändern, wäre, über die andere Seite zu schreiben, die Geschichten zu erzählen, die ich von meiner Großmutter gehört hatte. Zu schreiben, wie mein Großvater 1948 im Kampf um Tira getötet worden war, wie meine Großmutter unser Land verloren hatte, wie sie meinen Vater, mit wenigen Monaten vaterlos geworden, großzog, indem sie als Erntehelferin bei den Juden arbeitete. Ich wollte auf Hebräisch von meinem Vater erzählen, der wegen seiner politischen Ansichten jahrelang im Gefängnis gesessen hatte, ohne dass ihm der Prozess gemacht wurde. Ich wollte den Israelis eine Geschichte erzählen, die palästinensische Geschichte. Wenn sie das lesen, werden sie es verstehen, dachte ich, wenn sie es lesen, werden sie sich ändern, ich muss nur schreiben, dann wird die Besatzung aufhören, ich muss nur ein guter Schriftsteller werden, dann kann ich mein Volk aus den Ghettos befreien, in denen sie leben, ich muss nur gute Geschichten auf Hebräisch schreiben, und ich werde sicher sein. Ein Buch, ein Film, ein Drehbuch fürs Fernsehen, und schon werden meine Kinder eine bessere Zukunft haben. Dank meiner Geschichten würden wir eines Tages gleichberechtigte Bürger sein, fast wie die Juden.

Fünfundzwanzig Jahre Schreiben auf Hebräisch, und nichts hat sich geändert. Fünfundzwanzig Jahre an die Hoffnung klammern, glauben, dass die Menschen nicht so blind sein können. Fünfundzwanzig Jahre, in denen ich wenig Grund hatte, optimistisch zu sein, und trotzdem daran glaubte, es wäre noch immer möglich, dass Juden und Araber eines Tages hier zusammenleben könnten, ich glaubte an eine Geschichte, in der die Geschichte des jeweils anderen nicht geleugnet würde. Dass die Israelis eines Tages aufhören würden, die Nakba zu leugnen, die Besatzung und das Leiden des palästinensischen Volkes. Dass die Palästinenser eines Tages bereit wären zu vergeben und dass wir gemeinsam ein Land bauen würden, in dem es sich zu leben lohnte, wie in den Geschichten mit einem Happy End.

In fünfundzwanzig Jahren Schreiben habe ich herbe Kritik von beiden Seiten einstecken müssen, doch letzte Woche habe ich aufgegeben. Letzte Woche ist etwas in mir zerbrochen. Als jüdische Jugendliche durch die Stadt zogen und »Tod den Arabern« riefen und Araber angriffen, nur weil sie Araber waren, verstand ich, dass ich meinen kleinen Krieg verloren hatte.

Ich habe den Politikern und den Medien zugehört und weiß, dass sie einen Unterschied zwischen Blut und Blut, zwischen dem einen Volk und dem anderen machen. Jene, die die Macht haben, sagen das, was die meisten Israelis denken: »Wir sind bessere Menschen als die Araber.« Bei Diskussionen, an denen ich teilnahm, wurde gesagt, Juden seien überlegen, hätten einen höheren Anspruch auf das Leben. Ich habe keine Hoffnung mehr, ich weiß, dass eine große Mehrheit das Recht der Araber auf Leben nicht anerkennt, zumindest nicht in diesem Land.

Infolge meiner Kolumnen verlangten manche meiner Leser, man solle mich nach Gaza ausweisen, sie drohten, mir die Beine zu brechen, meine Kinder zu entführen. Ich lebe in Jerusalem und ich habe einige wunderbare jüdische Nachbarn und ich habe wunderbare jüdische Freunde – Schriftsteller und Journalisten –, aber ich kann meine Kinder noch immer nicht zu ihren jüdischen Freunden, in Feriencamps oder Parks lassen. Meine Tochter protestierte wütend und sagte, keiner wisse, dass sie Araberin sei, wegen ihres perfekten Hebräisch. Aber ich wollte das nicht hören. Sie verschwand in ihrem Zimmer und weinte.

Sehr bald verlasse ich diesen Ort und jetzt stehe ich vor meinen Bücherregalen, habe Salinger in der Hand, das Buch, das ich las, als ich vierzehn Jahre alt war. Ich habe beschlossen, keine Bücher mitzunehmen, ich muss mich auf meine neue Sprache konzentrieren. Ich weiß, wie schwer, fast unmöglich es ist, aber ich muss eine andere Sprache finden, um darin zu schreiben, meine Kinder müssen eine andere Sprache finden, um darin zu leben.

»Komm nicht rein«, rief meine Tochter wütend, als ich an ihre Tür klopfte.

Ich ging trotzdem hinein. Ich setzte mich neben sie auf das Bett, und obwohl sie mir den Rücken zukehrte, wusste ich, dass sie zuhörte. »Hör zu«, sagte ich, bevor ich Wort für Wort wiederholte, was mein Vater mir gesagt hatte, als er mich vor fünfundzwanzig Jahren vor dem Eingang der damals besten Schule des Landes zurückließ. »Vergiss nicht, egal was du im Leben tust, für sie wirst du immer, wirklich immer, eine Araberin bleiben. Verstehst du das?«

»Ich verstehe es«, sagte meine Tochter und umarmte mich fest. »Papa, ich habe das schon lange verstanden.«

»Bald verlassen wir das Land«, sagte ich und wuschelte ihr durch das Haar, was sie nicht leiden kann. »Bis dahin lies das hier.«

Und ich gab ihr *Der Fänger im Roggen.*

19. Juli 2014

Dank

Ich bedanke mich bei den Redakteuren der Wochenendbeilage der *Haaretz* für die jahrelange Zusammenarbeit:

Roger Alpher, Nir Bachar, Amit Shoham, Shay Golden, Ehud En-Gil, Mike Dagan, Moram Sharir, Noa Epstein.

Außerdem gilt mein Dank der wunderbaren Lektorin Iris Argash. Ebenfalls den Herstellerinnen der Beilage Racheli Vardi, Hamutal Radoschitzki, Yael Vikman.

Ich bedanke mich auch bei Tal Niv und dem Übersetzer Ralf Mendel.